吕霄霄 译

宁波商人研究丛书

NINGBOSHANGRENYANJIUCONGSHU

李瑊 主编

上海棉纺织业的现代化进程

以达丰染织厂为例

[西班牙] 卡洛斯·布拉索·布洛基 著

上海辞书出版社

图书在版编目(CIP)数据

上海棉纺织业的现代化进程：以达丰染织厂为例 / (西)卡洛斯·布拉索·布洛基著；吕霄霄译. — 上海：上海辞书出版社，2024
(宁波商人研究丛书 / 李瑊主编)
ISBN 978-7-5326-6179-4

Ⅰ.①上… Ⅱ.①卡… ②吕… Ⅲ.①棉纺织工业—工业史—研究—上海 Ⅳ.①F426.81

中国国家版本馆 CIP 数据核字(2023)第234388号

宁波商人研究丛书
李　瑊　主编
SHANGHAI MIANFANGZHIYE DE XIANDAIHUA JINCHENG:
YI DAFENG RANZHICHANG WEILI

上海棉纺织业的现代化进程：以达丰染织厂为例

[西班牙] 卡洛斯·布拉索·布洛基(Carles Brasó Broggi) 著
吕霄霄　译

责任编辑　杨丽萍
装帧设计　姜　明
责任印制　王亭亭
封底篆刻　蒋　明

出版发行　上海世纪出版集团
上海辞书出版社®(www.cishu.com.cn)
地　址　上海市闵行区号景路159弄B座(邮政编码：201101)
印　刷　上海中华印刷有限公司
开　本　720毫米×1000毫米　1/16
印　张　16.5
字　数　286 000
版　次　2024年7月第1版　2024年7月第1次印刷
书　号　ISBN 978-7-5326-6179-4/F·307
定　价　98.00元

总序一

近代上海的宁波商帮崛起之逻辑

近代上海是中国最发达的工商业经济中心，更是一个移民城市，曾被称为“客帮垄断的舞台”。[①]在上海的众多移民中，宁波移民群体占有最为引人注目的地位，也可以说是最成功的移民群体。首先宁波移民中商帮群体数量庞大，清末已达40余万，20世纪20年代后几达百万之谱，[②]产生了众多的著名工商经济界人物，其中有不少的所谓“大王”，如“五金大王”叶澄衷、“火柴大王”刘鸿生、“医药大王”项松茂等，在各自行业中都成为顶尖的头面人物。在代表上海工商业者利益的团体组织中，宁波人同样扮演着重要角色。清光绪二十八年（1902年）成立的上海商业会议公所，此后历经改组为上海商务总会和上海总商会，从创立开始到1929年总商会被改组的27年间，共换届18次，其中宁波籍的严信厚、李厚祐、周金箴、朱葆三、宋汉章、虞洽卿、傅筱庵7人共14次当选总理（会长），总任职年限达23年。[③]

19世纪末20世纪初这一段时期内，上海20多个客籍商帮人数总和中，宁波帮人数占到七成，广东帮约占一成，其他各帮合占两成。[④]

近代宁波商人之所以能在上海崛起与成功，三大因素为其他商帮不突出或不具备。首先是宁波商帮在上海建立了强大的以地缘、血缘和业缘为中心的同乡组织，能够有效地动员、组织一些有成效的活动，这些活动反过来进一步使得宁波商帮成员更加团结，也更有活力和实力。其次是在经济经营活动中充分发挥了金融的力量和作用，使金融成为工商企业的有力后盾，彼此间又相互渗透和互助共同发展。第三是依靠上海位居中西交汇的地利之便，充分发挥引进、吸收进而创新的经

---

① 【日】根岸佶：《上海的行会》，日本评论社1951年版，第15页。

② 宁波政协文史委员会编，孙善根执编：《〈申报〉宁波帮企业史料》，宁波出版社2012年版，“前言”。

③ 陶水木：《浙江商帮与上海经济近代化研究》，上海三联书店2000年版，第234页。

④ 据当时设在上海的日本东亚同文书院调查资料。东亚同文会编：《支那经济全书》第7辑，第158页。转引自丁日初主编：《上海近代经济史》第一卷，上海人民出版社1994年版，第659页。

济后发优势，在自身成功的同时也推动了上海和中国的发展。这些因素的综合和相互影响相互推动，是宁波商人在近代上海取得明显成功的前提和保障。以下分而述之。

一、同乡组织：四明公所与宁波商人旅沪同乡会

张让三在其《上海四明公所缘起》一文中说："宁波之为郡，背山面海，地狭人稠，往往出外贸易，兼营航海之利。风帆浪舶，北至辽沈，南迄闽广，中入长江，而以上海为集市居货之地。概甬人之旅沪，自明至清数百年于兹矣。嘉庆二年丁巳，乡人念客地人众，疾病死亡，旅榇寄殡，苦于无所，爰有费元圭、潘凤占、王秉刚诸君，创捐一文善愿。凡旅沪者，每人岁输三百六十文，由首事钱君分投劝捐。陆续购置上海坐落廿五保四图改字民地，建造厂屋，停寄柩棺，而以空地为丛冢。八年癸亥，复建正殿，供奉关帝，因额曰'四明公所'。"[①]从中可以看出：第一，宁波人出外谋生有传统，足迹遍布沿海南北各地和长江沿岸，而长期以来均以上海为集市居货的中心。第二，宁波人的地缘组织源远流长，清嘉庆二年（1797年）就设立了客居上海以地缘为中心的同乡组织四明公所，成立所需的经费是以广大宁波人每人每天捐一文钱的方式凑集，是"集众人钱办众人事"而成立的组织。第三，用凑集的钱在上海购地建造厂屋，用作"停寄柩棺，而以空地为丛冢"，中心事务是客居沪上人口去世后柩棺的处理。这种状况长期延续，直到1919年四明公所修订章程时，仍然以"建丙舍、置义冢、归旅榇、设医院等诸善举为宗旨"。也因此，由广大宁波人凑钱成立的四明公所自然成为旅沪宁波人在外的活动中心和庇护中心，是宁波人心中自己的组织。广大旅沪宁波人对其维护之心自然十分强烈，这也就是同治十三年（1874年）法租界开马路，侵入四明公所冢地时引发旅沪宁波人的强烈反弹，以至于付出死亡七人的代价进行保卫的原因。[②]当光绪二十四年（1898年）法国人又一次谋划侵入时，再一次引发上海"南北市同盟罢工，势将酿成重案"，后经"南洋大臣特派按察使来沪查办"，并经"各国出而和解"，才使得"法人让步，重造围墙，明定界址"，解决了问题。两次迫使法国人让步，惊动清政府高层并使得各国出来调解，在沪宁波人如果没有四明公所这样的组织居中调度、组织动员和调动

① 张让三手撰：《上海四明公所缘起》，《档案与史学》，1996年第6期，《上海四明公所档案选（一）》。
② 具体情况可参见《第一次四明公所血案档案史料选编》，载《档案与史学》，1997年第1期。

安排等一系列活动，是难以取得这种成功的。

20世纪初，在原有四明公所的基础上，上海宁波旅沪同乡会成立，该会与此前四明公所相比出现一个大的变化，这就是在组织力和活动内容等方面都上了一个新的台阶。宁波旅沪同乡会以“集合同乡力量，推进社会建设，发挥自治精神，并谋同乡之福利”①为宗旨，经费来源为会员所交会费和同乡捐助，活动的中心是团结同乡、服务同乡、增进同乡福利、促进家乡建设等方面。

宁波旅沪同乡会的活动主要集中在社会救助和推进办学教育两大方面。社会救助方面一是开展无息借贷，1911年6月成立了免利借钱局，借以救济和扶助同乡失业、无业和流离上海者。此后并增设职业贷金，有专会组织和司理其事。其次是救助和资助无钱返回原籍者。1911年辛亥革命期间撤退武汉居留的宁波人；1922年撤退日本东京、横滨地震同乡回籍；1931年长江大水灾，汉口危难，组成急救汉灾会，派轮载被难同乡，直放宁波，并派出医士赴汉口进行救护工作；1932年一·二八淞沪抗战、1937年八一三抗战发生，同乡会都设专会办理救护、收容、遣送被难同乡的善后工作。其三是在救济、救护、救灾之外的赈济和施诊施药。1911年9月，宁属各县水灾，同乡会募集五万元以赈济家乡灾民。1915年8月，宁绍水灾，即联合绍兴七邑同乡会，设“浙江宁绍义赈分事务所”募款赈济。“平时也对贫病同乡，进行施诊施药或受施主委托代办施衣等事宜”。②

在推进办学教育方面，宁波旅沪同乡会投入了大量财力物力和精力，包括设立和推进小学、中学教育，设置各种奖学金等。1927年在上海设立的小学已有十所，学生在抗战前人数最多时达到3 460人。另外，宁波旅沪同乡会在推进家乡建设特别是道路和水利等方面也做了不少工作。如“1926年起为建造灵桥筹款；1930年为筑鄞慈镇公路筹款；1929年参加‘协浚曹娥江委员会’；1946年组织‘宁波整理东钱湖协赞会’，请恢复梅湖，以保障鄞、奉、镇三县之水利；同年7月拨款协助鄞、镇两县防疫等”。③

作为一个地域性的商帮，近代上海的宁波移民数量多，以地缘、血缘和业缘为中心形成各种小团体，四明公所和宁波旅沪同乡会作为核心又居于这些小团体中联络和组织，成为有核心的能够同进退的社会组织。在这种组织面前，成员的贫富

① 浙江省政协文史资料委员会编：《宁波帮企业家的崛起》，浙江人民出版社1989年版，第43页。
② 同上书，第43—44页。
③ 同上书，第45—46页。

和所居的社会层次反而在某种程度上退居其后，发挥核心作用的是血缘关系，发挥持久和广泛作用的凝聚力是地缘和业缘关系，而大家都以宁波这个地缘因素为纽带团结在一起，共同争取自己的利益和权利的特点十分突出。

以宁绍轮船公司维持会的成立为例。20世纪初，由于经济贸易的发展，上海和宁波间的客货贸易已渐有规模，再加上宁波人移民上海日渐增多，宁波至上海间的交通益显重要。

虞洽卿等宁波商人出面组织宁绍轮船公司，这一举动得到了各阶层宁波商人的支持。光绪三十四年六月《申报》刊载文章称，宁绍商轮公司5日在四明公所开会，宁绍两帮到会者四千余人。会议“推李薇庄君为临时议长，宣布发起人（初六日止）已认股洋四十八万七百元，并声明由发起人中按照认股权数投票公举暂时经理五位，当举定虞洽卿、严子均、李薇庄、叶又新、方樵苓五人”。在随后举行的同乡演说中，有多人发表意见，其中有“愿各同乡各抱此志，勿使我宁绍人失自立之资格”的演说；有“提议订造轮船宜大宜坚者”；“提议先租合宜商轮驶走者”；“提议他日股东会议事权需定五股为一权者”等各种演说发表。该日还有兆丰、会余、和康、宏大、瑞丰各钱庄“缴到代收股款三千八百五十一股，每股收四成，计收现洋七千七百零一元，此外又继认股份七万余元”，“众情极为踊跃”。至会议结束后，认股缴股者仍然纷纷不散，“计前经认定股洋及已收者共得洋五十七万元有奇”。①

宁绍商轮公司于光绪三十四年设立后，在马尾造船厂购了1只2 641吨的轮船，定名“宁绍”，在上海宁波间往来。

要在已被英商、法商和中国轮船招商局垄断势力的航线上分一杯羹，难度可想而知。在宁绍公司的创设和发展过程中，充满着外资轮船公司的排挤和倾轧。当时上海黄浦江沿岸设置码头的较好地段，都已被外商占尽，宁绍公司成立时，虞洽卿在租用码头时连遭日商、法商等拒绝，历尽艰难才在南通企业家张謇的帮助下租用到大达码头。宁绍轮开航时，在船上立了一块牌子，上写“立永洋五角”，表示永不涨价，②得到华商热烈拥护。但洋商为挤倒宁绍，凭借雄厚资力，把票价从1元跌至3角，太古还以送乘客毛巾、肥皂等来招揽客人。在这种困难的局面下，广大旅沪宁波人爆发出惊人的团结力，宁绍商帮下属各行业团体纷纷开会表态并订立守则支持宁

---

①《宁绍商轮公司开会情形》，《申报》1908年7月6日。

② 孙筹成、黄振世等：《虞洽卿事略》，载《浙江籍资本家的兴起》，浙江人民出版社1986年版，第116页。

绍商轮公司,同时组织“航业维持会”,支持宁绍商轮公司与外商轮船公司竞争。

光绪三十五年七月宁绍商帮绸缎顾绣衣业同人,为维持宁绍商轮起见开会集议,订立支持宁绍轮船公司条规五条,分别为:一、各店朋友往返沪甬者均趁同乡宁绍轮船。二、一应货物亦均装宁绍轮船不得私装某轮。三、同业往来信客或有趁某船者,概不与他寄带信件。四、各店逐年预先买存宁绍船票以备往返所需。五、各朋友如有欲贪贱船价者,可照廉之价向店主领票,各店主自愿津贴。在同一天里,宁绍商帮中的书业团体和豆米业团体也分别召开同行会议商量支持宁绍轮船公司。正因为有这些广大的宁绍旅沪群体同人的支持,宁绍商轮公司不仅获得宁绍航业维持会的十多万元捐助,站稳了脚跟,还在宣统二年(1910年)八月,以三万九千五百两白银购定前太古之通州轮,加以修理及添置各件,“遂得以有甬兴轮”,[①]与宁绍轮“两船一来一往逐日无间”。[②]

如此种种带来的结果之一,就是宁波人建立在团结心和凝聚力基础上的活动必然进一步扩大自身的影响力,进而使该组织具有更大的威望和号召力。

二、金融与工商企业的相互渗透及互助

金融是经济发展的血液,重要性不言而喻。宁波商人在上海的发展和成功,金融在其中同样发挥了无法替代的关键作用。光绪二十三年(1897年)近代中国第一家银行中国通商银行在上海成立时,9个总董中有3个是宁波人,分别是叶澄衷、严信厚和朱葆三。其后不久又全部由旅沪宁波商人发起组织了一家商办性质的银行——四明银行。这家银行成立于光绪三十四年,与浙江兴业银行同为上海华商银行中资历最老的一批银行之一。发起人主要为朱佩珍、吴传基、方舜年、严义彬、周晋镳、虞洽卿等,都是清一色的宁波人。四明银行资本150万两,有发行钞票权。发行钞票的利益大,所负的风险也不小。因为当时中国人的心理普遍不信任钞票而信任现银,所以一有时局变动,就容易发生挤兑风潮。四明银行的资本并不算雄厚,所以也曾发生几度风潮。“每次都靠旅沪宁波同乡的群起支持”而“稳渡难关”。

---

① 虞洽卿:《宁绍轮船公司的创办与发展过程》,《时报》1917年5月14日。转引自聂宝璋、朱荫贵编:《中国近代航运史资料》第二辑下册,中国社会科学出版社2002年版,第1068页。

② 交通铁道部交通史编纂委员会编:《交通史·航政编》,第一册,上海民智书局1931年版,第377页。

此后，宁波商人又在上海设立和投资了多家银行，[①]通过这种金融与实业的交互支持渗透，扎下了在上海经济中难以撼动的根基和扩展的基础。

总体来看，宁波商人在金融与实业结合，相互渗透相互支持和共同发展方面大体可分四种类型：

一是经营传统商业起家，然后投资于钱庄业，再进一步投资于工商业，多业发展的类型。如《上海钱庄史料》记载的9家钱庄家族集团中，镇海李家和慈溪董家，"都是以沙船业起家的"。镇海叶家和方家，"都是以经营洋货洋布起家的"。而宁波秦家"则以经营颜料起家"。[②]这些家族都是经营传统商业起家后，再投资于钱庄业。

二是宁波钱庄广泛向工商企业投资，在支持工商实业发展的同时获取自身的发展。如宁波秦家的恒隆钱庄在1919—1927年的8年时间里，向几十家近代工商企业放款百余次，其中包括汉口第一纱厂、大生纱厂、恒丰纱厂、达丰染织厂等20多家纱厂，汉冶萍煤铁厂矿公司、水泥公司、贾汪煤矿、内地自来水公司等著名企业。[③]值得注意的是，"恒隆钱庄因为经理陈子壎曾任宁波震恒钱庄经理，与宁波钱业一向有密切联系"，因此能够调用宁波的头寸。"例如1919年红账中调用甬洋293 224元，连同宁波钱业存款共达37万两之多"。因为陈子壎"在上海宁波籍工商业中很活动"的缘故，"宁波钱业在阴历三、九月底经常放'六对月'长期放款"，其中大部分就"托由恒隆经手代放，最多时达二、三百万两"。而且，恒隆钱庄成立后"经常用同业拆款并大量吸收各银行的存款，拆款最多时在100万两以上"的方式进行放款，这种做法"运用得法，盈利较多"。[④]

三是宁波籍企业家普遍向金融业投资，入股钱庄特别是银行业。企业家向金融业投资，在近代中国来说，是一个普遍的现象。辛亥革命以前，宁波商人创办或参与创办、经营的银行除中国通商银行外，还有大清银行、四明银行、浙江兴业银行、浙江银行等。部分宁波籍企业家除在银行兼职外，还在钱庄业中也有投资，如刘鸿生除在上述三家银行投资外，还在志裕钱庄、怡诚钱庄、义昌钱庄、中央信托公

---

① 可参见孙善根执编：《〈申报〉宁波帮企业史料》，宁波出版社2012年版，第一章"企业筹备与开业"中载有多家宁波人开设和投资的银行。

② 中国人民银行上海市分行编：《上海钱庄史料》，上海人民出版社1978年重印版，第728—729页。

③ 同上书，第842—843页"1919—1927年工业放款表"。

④ 上引均见中国人民银行上海市分行编：《上海钱庄史料》，上海人民出版社1978年重印版，第839页"恒隆钱庄"。

司、道一银行、五丰钱庄和诚孚钱庄投资。[①]此外，宁波商帮中的不少钱业人士与银行业保险业间也有兼职情况。[②]金融业与实业的关系，正如宁波籍近代著名实业家刘鸿生所说："一个银行，如果没有工商企业的关系，就不能长久存在；而工商企业，如果没有银行作支柱，也就会陷于停闭。"[③]他们知道，入股金融业后，企业在经营中需要资金支持时可以获得方便。

四是当企业做到一定规模后，为了便于周转和统筹调度资金，方便创办的各企业间相互调剂而创办金融机构。这种类型最典型的例子是刘鸿生企业集团。据刘鸿生的儿子刘念义后来回忆此事时说："在1930年左右，我父亲已经先后办了火柴、码头、水泥、煤矿、毛纺等企业。但是这时各个企业之间的资金并不能直接调拨：一则怕彼此拖累，二则是各企业的董事、经理各自为谋，彼此间存在着矛盾。但一个企业的资金，总是有时多、有时少，多的时候存在银行里给别人用，少时向银行借款又要支付利息。为了集中调度资金，便于各企业间相互调剂，就决定自己开设一个银行。"[④]刘鸿生自己曾说："吃银行饭的人最势利，当你需要款子的时候，总是推说银根紧，不大愿意借给你，即使借给你了，因为利息高，自己所得的利润，大部分变为银行的利息。而且届期催还得很紧。"这是他创办自己的银行，使企业和金融相结合的一个动机。他创办银行的另一个动机，是"想吸收游资，以充实企业资金的来源"。[⑤]

三、引进、吸收进而创新的经济后发优势

19世纪中叶以后，伴随着西风东渐和东西方贸易日渐扩大和发展，以及随着中国向西方学习，走上工业化道路的不断推进，经过几代中国人的努力，许多过去未曾有过的产业和行业陆续诞生并有所发达，在此过程中，宁波商帮因为是客帮，还有许多人来上海时是从学徒干起，有一股闯劲，又因为从宁波到上海，一直都处于中西交汇的中心地带，背后具有广大宁波人的人力和金融支持，甲午战争以后，

① 上海社会科学院经济研究所编：《刘鸿生企业史料》，上海人民出版社1981年版，第285页。

② 陶水木等：《江浙财团研究》，人民出版社2012年版，第112—114页，第二章表16统计了近三十位上海宁波籍钱业人士在银行、保险业中的兼职情况。

③ 上海社会科学院经济研究所编：《刘鸿生企业史料》，上海人民出版社1981年版，第293—294页。

④ 同上书，第293页。

⑤ 同上书，第294页。

实业救国的浪潮又经久不衰，在种种因素的综合作用下，宁波商帮从引进外国商品、技术到逐渐自己吸收技术设厂制造，走上进口替代道路，进而在与外商激烈商战竞争中发挥中国本土优势，走出创新之路，已成为必然的趋势。

从19世纪末期开始，宁波商人在近代工商企业中的投资比重逐渐增大。“到20世纪20年代，一大批宁波帮企业在工业制造、轮船航运、内外贸易、金融服务、文化产业、建筑房地产、公用事业和新式服务业等领域脱颖而出，其中一批工业制造企业的成功创办尤为引人注目。宁波人在近代棉纺织工业、火柴工业、日用化学工业、制药工业、电器工业、造纸工业、电力工业以及橡胶工业等领域，创办了一系列规模庞大的工业企业，有的还发展为企业集团。”①航运界的虞洽卿、西药和娱乐业的黄楚九、钱庄业的秦润卿、银行界的宋汉章等，也都是业中翘楚，且不少人都横跨多个领域进行经营，称得上一时之盛。

“创办燮昌火柴厂的叶澄衷，大中华火柴公司的刘鸿生，五洲大药房的项松茂，中国化学工业社的方液仙，大中华橡胶厂的余芝卿，信谊化学制药厂的鲍国昌，亚光制造有限公司的张惠康，美华利企业集团的孙梅堂，三友实业社陈万运，中国亚浦耳电器厂的胡西园，华成烟草公司的戴耕莘、陈楚湘，天一影片公司的邵醉翁，明星影片公司的张石川，以及首次把好莱坞经营方式引入中国电影业而有中国早期电影业教父之称的柳中浩等，都在近代企业的开拓与经营上取得了巨大成功。”②其中五洲大药房在项松茂的主持下，发展成为规模庞大的医药、医疗器械、医疗用品、日用化工生产销售集团；大中华橡胶厂则是一个能生产胶鞋、汽车与脚踏车胎等系列产品的国内首屈一指的民族橡胶工业企业集团；鲍咸昌等参与发起创办的商务印书馆则是近代中国最大的文化出版机构。

兴办这些产业的中国工商业者，因为大多是这些产业在中国最初的拓荒者，在他们的创业过程中，不可避免地要学习、引进并且克服许多技术、知识、管理、资本和其他方面的困难，并且还要面对外资激烈的竞争，因此，必然在开放吸收和融合外来技术及管理经营等方面知识的基础上进行改革、创新，走出一条自己的发展之路。他们倡导“国货”、主张“商战”、抵制外货的倾销和垄断，开创了中国前所未有的产业，其中，特别是“创新”无可避免地成为推动他们产业发展和应对各种挑战的最重要武器。他们在制度、行业和产品等多个方面进行的创新，是他们得以迅

① 宁波政协文史委员会编，孙善根执编：《〈申报〉宁波帮企业史料》，宁波出版社2012年版，“前言”。
② 同上。

速崛起的重要手段。

面对强大的外资压迫和本国封建政府掠夺的不利环境，这些创业者采取各种打破常规的创新手段，以获取生存和发展的空间。尽快扩展规模，获取规模经济效益就是其中之一。

刘鸿生在上海创办的企业资本集团中，火柴工业是支柱产业。从1920年第一家火柴厂鸿生火柴厂建立到1936年成立以大中华火柴公司为中心的"中华全国火柴产销联营社"这一销售联合体，刘鸿生也成为近代中国的"火柴大王"。[①]刘鸿生之所以要创办一系列企业并合并组织火柴联营集团，用他自己的话来说："吾国火柴业在瑞商竞争之下，风雨飘摇，有岌岌不可终日之势，自弟发起荧昌、中华、鸿生三厂合并为大中华之后，对内渐归一致，于是对外始有占优势之望，足见合并一事，为吾火柴业今日谋自立之要图，非此即无从对外而维持其生存也。当此对外竞争剧烈之日，自应群策群力，团结一致，厚植我之势力，以与外商相抗，始能立于不败之地。"[②]

但是要在激烈的中外商战和同行间的竞争中胜出，根本的一点，还在于要创制出名牌产品和树立起品牌意识，最好是能够创出独家优质品牌。这里以五洲固本皂药厂为例进行观察：五洲大药房最初只有人造自来血等不多的产品，"自1921年盘进固本皂厂后，才增制肥皂，嗣后陆续添制新品"。"到20世纪20年代，该厂的皂类产品计达三十余种，分家用块皂、家用条皂及各种香皂、药皂等，以'五洲固本''荷叶荷花'等为商标；药类有补益及内外科各种药剂，其中家庭成药220种，药典制剂527种，化妆品23种，原料药品10种，共计780种，以地球牌为主要商标。""自1904—1935年，五洲皂药厂及附属厂所产药品、皂品共获美国旧金山巴拿马运河纪念会、农林部、美国费城展览会、首都流动展览会、浙江省政府、上海五国货团体展览会等国内外各种机构颁发的优等、最优等奖项48次。"[③]

当时像五洲固本皂药厂这样的企业，绝非个别，而是普遍现象，可以举出一大批来。这种创新思维并非仅仅体现在生产上，在宣传推广自己商品上，同样别出心裁，华洋翻新。最典型者莫过于黄楚九雇佣飞机播撒广告一例了。《申报》1926年5月28日登载一条广告称："荷兰飞机来沪献技，已有数日。本埠发行百龄机补

---

① 上海社科院经济研究所编：《刘鸿生企业史料》(上)，上海人民出版社1981年版，第143—144页。

② 同上书，第139页。

③ 五洲大药房编：《五洲大药房三十周年纪念刊》，转引自李瑊：《上海的宁波人》，商务印书馆2017年版，第134页。

片之九福公司，印就百龄机广告纪念明信片四十万张，定于今日（天雨顺延），由该公司飞行时散发。”次日，对于该事《申报》继续报道称：“本埠九福公司，昨日（二十八）下午三时许，假荷兰飞机散发百龄机传单十万份，此传单印刷精美，式如邮政明信片，上绘一飞机图，并有天台山农题‘天上人间都不老，飞机散遍百龄机’字样。”以飞机播撒广告，本就惊世骇俗，黄楚九还在一部分明信片上加盖图记。拾得者可持向该公司换折扇一柄。“故当飞机翱翔空际之时，万头仰观，皆冀一得此空前纪念品云。”[①]这种创新思维和超前手段，是宁波商人出奇制胜的一个典型例证。

宁波商人在近代上海的成功绝非偶然，尤其是具有凝聚力强大的区域性组织，以其为中心团结和居中调度旅居上海宁波人的各种活动；大范围的产业和金融业的相互协调调度和彼此渗透支持，是其他商帮中很少见到的现象。利用依靠上海位居中西交汇的地利之变，充分发挥引进、吸收进而创新的经济后发优势，创办和创新自己的行业和品牌，进而在中外工商业的激烈竞争中获取市场和份额。这些因素的相互影响和相互推动以及综合作用，是宁波商人在近代上海取得明显成功的前提和保障。

朱荫贵
（复旦大学历史系教授）

①《申报》1926年5月28日、29日。

总序二

“宁波商帮”[①]，简称“宁波帮”或“甬商”。宁波指广义的“大宁波”，包括宁波府城及所属的鄞县（今鄞州区）、镇海、奉化、慈溪、象山、定海等地。这是历经古代、近现代的“长时段”商帮，以“无宁不成市”之名享誉时代。鸦片战争后，宁波商人在新的条件下迅速崛起，以近代商人群体的姿态跻身于全国著名商帮之列，在近现代中国社会经济领域贡献卓著，影响深远，是传统向近代转型最为成功的商帮之一。

“宁波帮”的含义

宁波商帮是以亲缘和地缘纽带联结起来的商人群体，有着悠久的经商传统，以极富经商才能和冒险精神而著称一时。宁波人外出经商古已有之，但结成商帮则在明朝末年。天启、崇祯年间，宁波鄞县的药材商人在北京设立鄞县会馆，学术界公认此为宁波商帮初始形成的标志。“宁波帮”的称谓始于何时，何人所创，难以准确考定，但至少到清朝末年，它已被普遍使用，[②]只是很少有人对其特定指称作明确的规范界定，人们只是约定俗成地用“宁波帮”称呼宁波籍工商人士。

20世纪初年编纂的《中国经济全书》中写道：“上海之所谓宁波帮者，即系表示在上海的宁波商人之意。”《宁波帮大辞典》前言中将“宁波帮”的概念界定为：“宁波帮”系指近代以来在宁波地区以外的一定区域从事工商活动的宁波籍人士。而所谓宁波籍，既包括旧宁波府七县（镇海、定海、鄞县、奉化、慈溪、象山、南田），亦包括现属宁波市属的余姚、宁海籍人士。《宁波帮研究》中对“宁波帮”的界定是：“主要指明清以来宁波府旧属各县在各地活动的工商业者，以血缘、地域关系为基础和纽带，所结成的地域性商人群体。其主要构成成分，是在明清时期的各类商人

① 本文所论及的宁波是指广义的“大宁波”，包括宁波府城及所属的鄞县、镇海、奉化、慈溪、象山、定海。本文中提及的姓名，凡未特意标注者，均为宁波籍工商业者，文中简称宁波商人或甬商。

② 宁波市政协文史委编：《宁波帮研究》，中国文史出版社2004年版，第43页。

和手工业者，在近现代则包括了各种类型的近代企业家、金融家和其他工商业者。”书中还将“宁波帮”的概念归纳为七种不同的含义。[①]按照曾任天津浙江旅津同乡会会长张章翔的说法：“宁波帮是以乡谊为基础，在业务上、生活上互相需要、互相结合、互相利用的一个具有封建地域性的商业结合体。因人兴衰更替，具有实际活动而无具体组织，因之各地对宁波商人称之为‘宁波帮’。这就是称号的由来。”[②]

由上述几种具有代表性的宁波帮的含义可以看出，“宁波帮”是一个见仁见智的概念，其主要的分歧在于：一、宁波帮何以成帮？近代所谓商帮，一般并没有明确的界定，无非是工商界的惯称，用以区别界内人士的籍贯。由于没有一个固定具体的组织，宁波帮的概念歧义丛生，有些论著甚至将文化、教育领域的宁波籍人士也列入其中。另外，对于“宁波帮”是否只是指在宁波以外地区从事经济活动的工商业者，宁波本地的经商者是否包括在内，对此学界也有不同的意见。二、宁波帮概念的泛化。由于宁波地区行政区划几次变更，原属绍兴地区的余姚在1949年后划归宁波地区，使余姚商人在1949年前后存在“归属”不同的问题，目前的相关论著则将余姚商人归于宁波帮的范畴，类似的情况还有定海[③]、宁海[④]商人。不仅如此，还有人习惯将紧邻的宁波、绍兴两地的商人合称为“宁绍帮”，更广泛的“宁波帮”甚至涵盖了江苏、安徽商人。国外研究者有的使用“浙东帮”或“大宁波帮”“大宁波财阀”等概念，实际上是一种泛化了的宁波帮概念。三、宁波帮人士社会身份、社会角色的多样性，也导致宁波帮范畴难以确定。如鄞县人张寿镛创办上海光华大学，并担任校长达20年，是著名的教育家、知名学者，他又任浙、鄂、苏、鲁四省财政厅厅长及民国政府财政次长、中央银行副行长等职，并参与创办上海女子商业储蓄银行，担任交通银行董事长、四明银行监察人。类似这样“一身数任”的情况在宁波帮中并不少见。四、1984年邓小平的号召赋予“宁波帮”新的时代蕴意，扩大了“宁波帮”的内涵和外延。其时邓小平所说的“宁波帮”不仅指一般意义上的“宁波商帮”，实际上涵盖了所有在海外发展的经济、文教各界的甬籍人士。

“宁波帮”有关概念的泛化，以及有些论著叙述的随意性，给学者的研究增加了困难。研究者在论著中议及宁波帮时，都须首先对其进行“自我”界定。规范宁波帮的涵义，这也是今后研究中需要首先解决的问题。

---

① 宁波市政协文史委编：《宁波帮研究》，中国文史出版社2004年版，第43页。

② 张章翔：《在天津的“宁波帮”》，《天津文史资料选辑》第27辑，第68页。

③ 原属宁波地区，1953年2月划归舟山。

④ 原属台州地区，1952年1月划归宁波，1956年10月复隶台州，1961年10月仍归属宁波。

亟待深入的甬商研究

研究宁波商帮在中国近现代社会经济发展过程中的作用，是经济学者一向着力较多的课题，迄今为止已有不少相关研究成果面世，但遗憾的是，不少文章在选题上缺乏突破与新意，缺少扎实、细致、严谨的微观分析，以及深层次、全方位、多视角的综合研究。之所以如此，原因多端，其中主要原因是资料的来源和类型较为单一，缺乏对新资料的挖掘；选题范围亟待拓展，研究方法需要更新。

商人与社会转型和变迁是一个内容丰富的研究课题，在厘清宁波帮在中国近代社会经济领域的重要建树的同时，着力剖析其中重要人物及群体在社会转型时期的奋斗过程和心路历程，揭示个人、群体与社会系统之间的各种关系——包括个人与亲缘、地缘及业缘间的依附、联合、疏离、超越等多重关系，是一个热点问题，也是一个难题。而且，对于宁波帮如何顺应时势，由沙船业、钱庄业逐渐向航运业、银行业转变，其间传统的经营策略、企业特性（如家族企业）、经营者的心态理念在近代如何变化等依然语焉不详。因此亟待研究者更新研究方法，拓展研究内容，更新研究视角，注重运用多样化的研究方法，如社会学、经济学、计量学、历史学等多学科方法的相互渗透和借鉴，进行全面、系统的考察，既探讨中国社会对宁波帮的影响——主要研究社会环境因素对宁波帮本身的影响，还要分析宁波帮对中国近现代经济发展的作用——主要研究宁波帮经济行为的显性和隐性社会功能，如商人及经济行为、商业文化在何种情况下影响社会变革和发展，怎样影响，程度如何等。

迄今为止，对于宁波商帮人物个案研究的涵盖面非常有限。长期以来，宁波帮人物研究的叙述重点都集中在少数具有代表性的人物身上，如严信厚、朱葆三、叶澄衷、虞洽卿、秦润卿、刘鸿生、项松茂、方液仙等。①宁波帮历史悠久，内部构成复

① 《中华民国史资料丛稿·人物传记》第11辑，中华书局1981年版；《宁波帮企业家的崛起》，浙江人民出版社1989年版；孔令仁主编：《中国近代企业的开拓者》（上、下册），山东人民出版社1991年版；马学新等编：《近代中国实业巨子》，上海社科院出版社1995年版；赵云声主编：《中国大资本家传》（时代文艺出版社）第5辑、第6辑、第8辑中有刘鸿生、虞洽卿、朱葆三、叶澄衷、黄楚九等人的传记；宁波市政协文史资料委员会编：《宁波文史系列丛书》第1辑《活跃在沪埠的宁波商人：商海巨子》，中国文史出版社1998年版；洪钧杰主编：《群星灿烂——现当代宁波籍名人》（上、中、下），宁波出版社2003年版。另上海、浙江、宁波及各地的文史资料中也有很多回忆文章。

杂，人们多瞩目于上海的“宁波帮”巨商，对于其他地方的宁波帮人士，如天津的童承初、严蕉铭、王铭槐、叶星海，汉口的史晋生、宋炜臣、盛竹书、卢鸿沧等人则很少提及，更遑论实证研究，对于其他地区一般人物的研究基本上一片空白。即使是对严信厚、朱葆三、虞洽卿、秦润卿、刘鸿生等人的研究，以及陆续出版的有关他们的一些通俗性读物，文章的选题主要集中在经济活动，兼及一些政治活动，深层次、全方位、多视角的研究则付之阙如。

宁波商人不仅在中国经济发展过程中占有重要的一席之地，在上海、北京、天津、汉口、重庆等重要城市多方参与政治、社会、文化事业的活动亦尤为突出，特别是在近代中国各类社会组织中占据着举足轻重的地位。如严信厚、周金箴、朱葆三、李云书、虞洽卿等宁波帮商人长期担任上海总商会的领导职位，虞洽卿还曾担任全国商团联合会名誉会长，周金箴曾担任中华全国商会联合会总干事，王才运曾担任上海南京路商界联合会第一届会长，厉树雄曾任上海保险业联合会会长，周祥生曾任上海出租汽车业同业公会会长等。宁波帮在全国各地的著名工厂、商号、钱庄等机构不胜枚举，从苏州孙春阳南货铺、北京同仁堂药店、上海童涵春堂、上海荣昌祥呢绒店、天津物华楼等著名店铺，到宁波通久源轧花厂、上海中国化学工业社、三北轮埠公司、汉口既济水电公司、重庆渝鑫钢铁厂等工业企业及固本肥皂、双钱牌橡胶制品、三角牌毛巾、亚浦耳电灯泡、美丽牌香烟等国货名牌产品，再到四明银行、中国通商银行、东陆银行、上海华商证券交易所、宁绍人寿保险公司等金融机构，宁波帮创办和经营了大批声誉卓著的名牌企业和名牌产品。但目前从企业史的角度研究宁波帮著名企业的研究成果较为缺乏。行业史方面，对于宁波帮在银楼、医药、成衣、航运等占优势的行业的经营活动也存在许多研究空白点。

宁波商人以上海为基地，以金融资本为主体，以工商、航运各业为助力，是近代上海综合实力最强、最具社会影响力的“强势”商人群体，凭恃着强大的经济实力，影响遍及江浙、京津、汉渝及海外等地。不少宁波帮商人成为当地商业巨子，在商界高踞要津；有些地方的几个行业为宁波商帮所垄断；有些地方的商业团体为宁波商帮所掌控。在近代上海，宁波籍工商业者以其特定的社会构成、群体特征，成为沪上经济领域中不可小觑的强势集团。20世纪二三十年代，正是甬商在上海势力发展极盛之时，他们以宁波旅沪同乡会等同乡组织为凝聚点，充分发挥其擅长经商的特点和优势，逐渐渗透到上海经济的各个领域，再加上以“江浙财团”的雄厚财力作为社会背景映衬，从而在上海社会经济领域居于“王者”地位。近代天津是北方的重要经济中心，沿海各省南北土产物资的集散地，《畿辅通志》中载，天津

"地当九河要津，路通七省舟车"，"商旅往来之帆辑，莫不栖泊于其境"。宁波帮和广东帮是天津商界两个势力最大的帮口，天津未开埠前，宁波商人就不断从海路来津，在北大关一带经营南北土产、洋广杂货。咸丰十年（1860年）天津根据《北京条约》开埠后，宁波商人更蜂拥至天津，依靠原来在此经商的亲友、同乡，使宁波商帮的势力迅速壮大。宁波商帮和广东商帮是最早进入天津法国租界设店经营的中国人，如早期设在法租界的宁波帮名店李同益西服店（另一说是李同益呢绒店）等。近代汉口商贾辐辏，宁波人在汉口经商的也为数不少。宁波商帮在汉口主要经营水产业、银楼业、货运业、火柴业、水电业、杂粮业、洋油业、五金业和银行业。据《夏口县志》载，汉口的水产海味业和银楼首饰业，大半为宁波帮所垄断。作为汉口宁波商帮重要活动场所的浙宁公所，宣统元年（1909年）重加修葺，改名宁波会馆。近代苏州是一个市肆喧阗的繁华城市。宁波的丝绸业商人曾在这里创立宁绍会馆，煤炭业商人也设有坤震公所。在阊门外煤炭公所里，有一块煤炭业商人所立的石碑，碑文上载曰：在苏州经营煤炭业的，都是宁波绍兴籍商人。光绪年间，宁波帮商人曾在南濠大街147号创立浙宁会馆。宁波帮商人在杭州、台州、温州等地经商的人数也不少。如他们在杭州收购丝、茶，推销进口洋货，并大量开设钱庄，同治、光绪年间在杭州开设的宁波帮钱庄有慎粹、豫和、赓和、阜生、阜源、和庆、元大、惟康、介康、寅源、崇源、崙源、堃源、聚源、同源、益源等近20家。

宁波商人从业领域多，遍布区域广，留存的史迹既多且杂。汗牛充栋、浩如烟海的资料既为学者的研究提供了便利条件，也为研究工作增加了困难。所谓研究资料的发掘和拓展，不仅表现在对文献资料的整理，也反映在对各种实物资料的综合认识。上海民间有大量宁波帮留存的故痕遗迹，包括信函、契约、婚帖、账簿及至历史建筑遗存，它们都可以与文献资料互相补充印证；许多乡音未改的"老宁波"讲述的"自己的故事"，更是宝贵的口述资料。数量和类别如此巨大的"资料工程"仅靠个人的力量是难以完成的，需要相关机构投入相当的力量联合进行发掘和整理，才能为进一步的深入研究奠定坚实的基础。

晚清人物及相关研究一般都涉及广阔的历史背景。微观实证研究不足，很多文章只是简单地以上海的"点"取代全国的"面"，以偶见和片段取代普遍的事实，使人们很难全面了解和准确估量宁波帮在近现代中国社会经济发展中的地位和影响。有鉴于此，探究宁波商帮人物在近现代中国社会经济领域的作为和贡献，就需要从收集和整理资料入手，由考辨人物事迹、汇编文献资料、编撰年谱等项工作逐一展开，再将其置于广阔的社会背景下审视，从整体上准确把握时代特征，对其政治参与、组织活动、经济行为、思想理念、心理结构甚至生活方式、习惯癖好、性格心理等各个层面进行剖析，力求从全新的视角分析历史人物。时代的发展要求对宁波帮的研究朝着细微处着手、新方法分析、多学科交叉、大视野考察的方向深化发展。相信在新的时势的推动下，只要研究者摒弃急功近利的心态，去除心浮气躁，一定能在宁波帮研究的学术园地中撷取丰硕的成果。

总之，宁波商帮的研究是一项艰巨的系统工程，也是一个大有可为的领域，特别是随着宁波经济的飞速发展，浙商（其中宁波籍人士亦被称为“新宁波帮”）在中国经济舞台上的迅速崛起，宁波商帮的精神遗产更凸显出鲜明的现实意义。众多宁波商人鲜活生动、厚重多姿的人生风采，其对同乡深厚的情谊，对故乡的眷恋之意，所彰显的团结、公益、奉献的精神传统，着实令后人感动景仰。人们需要从先辈成功的经验中汲取灵感，寻找智慧，总结出可供今人借鉴的现实启悟。梁启超曾说：“所谓精神者何？即国民之元气是矣。”宁波商人为今人留下了丰厚的文化遗产和精神财富，这是用来培养、涵育我们元气的养分，是今人奋发前行的底力和基础。我们要探讨追索文化的精神价值，不仅要使人们能够认识和认同这种精神价值，更重要的是，要将其精神内涵、人文品格内化在我们的心灵和生命之中，使之发荣滋长，发扬光大，这才是对先辈们最好的纪念！

鉴于宁波商帮史料收集及研究的重要性及紧迫性，我们决定成立上海宁波商人（甬商）研究中心，编辑出版“宁波商人研究丛书”，以期深入推进对甬商群体、企业、社会组织等不同方面的实证研究。丛书注重学术性、思想性，著作类型包括学术专著、人物年谱、资料集等。此事得到公牛集团阮立平先生的慨然相助，阮先生事业隆旺，且颇富人文情怀和文化意识，他欣然玉成此事，实可谓功德无量的善举懿行，在此谨向阮立平先生致以诚挚而衷心的感谢！

李　瑊

（中国商业史学会商帮史专委会副主任、上海大学宁波商人研究中心主任）

中文版序言

卡洛斯·布拉索·布洛基

在本书稿中译本付梓之际，感激之情涌上心头。本书能顺利出版，首先感谢上海大学李瑊教授。幸蒙其鼎力相助，本研究专著中文版才能适逢良机与上海辞书出版社结缘。犹记得2009年初到上海，作为上海社会科学院的访问学者，我的工作重点是查询上海市档案馆所保存的达丰染织厂档案。当时李教授就对达丰厂颇感兴趣，并真心实意助我完成相关调研工作。为此也尤为感谢上海社会科学院为我提供访学平台，以及社科院历史研究所张秀莉教授和国际合作处李铁海老师给予我的极大帮助。另外，上海市档案馆的工作人员总能不厌其烦助我解决档案查询过程中的问题，且当时档案还是缩微胶片，在此特表谢意！

本书内容是基于之前的研究成果，并于2010年6月作为本人在西班牙巴塞罗那庞培法布拉大学的博士论文发表。博士毕业后，我又多次奔赴上海，在档案馆继续研究达丰染织厂以及同时期其他纺织公司的相关资料。某种意义上说，我可以继续研究达丰染织厂创办者王启宇在香港纱厂的历史，也可以将达丰染织厂的发展轨迹与另外两家类似的公司进行比较，即无锡唐氏家族的丽新纺织印染厂和常州刘国钧创立的大成纺织印染厂。顺便一提，第二次调研是基于本书内容进行的补充扩展，相关成果发表在*Trade and technology networks. Opening up before the reform* (Palgrave Macmillan, 2016)。

在持续数年的编辑修订中，本人主要负责内容校对，删除面向西班牙读者的中国当代史部分。故本书观点与内容仍然具有学理意义与现实指导性。当然，因相关研究早在2010年完成，至今已十载有余，所引文献已不再新颖，为此本人深感遗憾，还望读者海涵！最真挚的谢意还要致以本书的翻译者：常州大学吕霄霄女士。她的翻译工作尤为出色，在此表示衷心感谢，感谢她的耐心和勤勉。最后，也要感谢香港大学李培德教授的审阅和意见。

本书稿仍有诸多需要完善之处，文责自负，有纰漏之处，敬请各位学友与方家不吝赐教！

致　谢

首先，要感谢导师Dolors Folch博士在我四年读博期间给予的指导，并从一开始就支持我的研究，她的信任是对我最大的支持。

感谢加泰罗尼亚高等教育科研管理委员会和欧洲社会基金的财政支持，没有上述支持就不可能有这篇博士论文。感谢庞培法布拉大学为本人提供了所有科研后勤支持。在此致以本人最真挚的感谢。

借此机会向Jaume Vicens Vives大学历史研究院的教师表示感谢。尤其感谢Jaume Torras、Manel Ollé、Josep Maria Delgado和Josep Maria Fradera，他们深厚的历史学养为本人提供了宝贵的建议，为本研究提供了巨大的支持。还要感谢同事兼同行David Martínez，感谢他耐心倾听我的疑惑和问题。

我还要感谢上海社会科学院的朋友。感谢张秀莉、李莉和李轶海在素未谋面的情况下，支持和信任我，并邀请我到上海社会科学院进一步开展研究。感谢给予我无私帮助的朋友，李瑊、罗苏文、张忠民博士，感谢上海社会科学院经济研究所中国企业史研究中心负责人张伟。也要感谢上海市档案馆，感谢舟山市政府。

在此也要感谢巴塞罗那的朋友们。特别感谢王永梅帮助我整理中文文献。感谢和我一样热爱中国的朋友，Roger Lapuente、Anna Martínez、谢天子、邱克曼、夏航、Eva Soms、Víctor Cañellas、Pau和Estel。感谢我的同事Manuel J. Moreno、Ander Permanyer、Alexandra Prats、Eduard Puig、Albert Avinyó、Jesús Marchán和Anna Serra。

我要诚挚地感谢我的家人，感谢他们给予我的支持和尊重，感谢我最亲密的朋友们。

最后，感谢Marta Rossich，感谢有你。

前　言

本课题研究源于笔者对城市的特殊情结，中国上海、西班牙巴塞罗那和美国新奥尔良三座城市相互之间距离遥远、社会文化迥异，看似毫无关联，但是棉纺织业将这几座城市联系到了一起，棉纺织业是城市经济增长的“吗哪”[①]。研究初期，笔者试图比较这三座城市的发展进程、发展模式，探究每个城市化路径的独特性。但当笔者开始对上海展开调查研究时，意识到三座城市的平行比较研究只能暂且搁置。

首先，上海棉纺织业发展受限于中国经济发展的历史特殊时期。中国棉纺织业的发展往前可以追溯到纺织业在中国的历史地位，在中国近代历史发展中表现出的复杂性。另外，相关文献研究虽然资料丰富，但学术界仍存在一定争议。因此，在开始着手城市比较研究前，我们先研究分析现有文献，奠定理论基础，制定研究目标，确保研究内容更加深入。

进行整体比较研究的潜在风险在于对研究内容过于抽象概括，脱离具体个案。因此，本研究更强调研究目标的针对性，对上海棉纺织业主导企业进行了深入研究，也就是对达丰染织厂（简称“达丰厂”）的个案分析，以此避免偏离研究主题。此外，笔者认为剖析个案有利于理解全球化现象，期望将来能够进一步展开上海与国内外其他棉纺织业城市的对比研究。

确定某一企业作为研究对象后，研究范围就限定为特定组织与特定人群，以及特定的社会因素和经济动力。企业就像一个黑匣子，可以用来专门研究具体问题而不受其他因素干扰。起初笔者想对三座城市进行整体研究，尝试脱离历史环境来分析某一个具体历史事件，但最后以失败告终。随着研究的深入，笔者在此过程中发现了一些制成微缩胶卷的达丰染织厂内部档案。当然，本研究在使用企业内部一手资料时也不局限于此，也会考虑外部环境对企业发展的影响。

对一个企业、一座城市乃至一个国家展开研究，值得探讨的问题有很多。本研究围绕达丰厂展开，并不是因为达丰厂的个案研究具有全球性代表意义，或者说达

① 注：《圣经》中记载古以色列人在经过旷野时所得到的神赐食物。

丰厂模式是一种理想化的企业发展路径。为了能够从宏观角度分析研究对象，本研究也会涉及同时期其他企业的发展情况，深入研究企业的生存空间和历史环境。不过，笔者认为达丰染织厂是上海工业化进程中的先锋企业之一，上海又是中国第一个工业中心城市，上海企业就是中国工业化的领军企业。

本书结构如下：引言部分阐明了本书的研究目标、框架以及达丰厂简要介绍。正文的内容由五章组成：第一章介绍棉花在中国的分布情况以及传统棉花生产的特点，进一步分析棉纺织业的市场和在近代历史中的演变。

第二章主要分析上海这座城市的发展进程，从初期棉纺织业的发源地，到20世纪中期成长为国际化大都市。上海实行特殊的行政管理模式，随着移民潮的到来不断发展壮大。我们从移民对城市的影响这个角度切入，对上海的两个特定移民群体——英国人和宁波人进行了社会学比较，两者在上海的工业化和城市化进程中都扮演了举足轻重的角色。

第三章主要围绕达丰染织厂展开。首先介绍了达丰厂的起源，分析了当时的社会发展环境，阐释了达丰厂之所以可被定义为现代化企业管理典型的原因。达丰染织厂诞生于不断变革的多元的社会环境中，是率先采用纺织科技的少数企业之一，纺织科技对于当时的中国而言还是完全陌生的东西。工厂按照现代企业管理模式构建起来，在当时是极具科学性和前瞻性的。同时，达丰厂采用最新生产设备，采用工业化手段投入生产，从管理模式到生产模式实现了全面革新。这一进程是否意味着它已经与传统生产模式、传统生产方法决裂，这也是本研究要探讨的重要内容之一。

第四章阐述达丰厂在所处时代发生的历史变迁。企业诞生于动荡的革命年代，上海棉纺织业的发展屡经沉浮波折，有过鼎盛时期（被称为黄金时代），也经历了坎坷与危机。在这一部分论述中不难发现某些特定历史事件对达丰厂的发展起到了推动作用，比如20世纪20年代中期的工人运动和对进口商品的抵制运动。本章研究重点在于分析特定历史事件背景下，达丰厂是如何把握有利时机实现自我增长，又如何应对突发事件实现最大程度的趋利避害。

第五章是对第四章研究内容的延伸与拓展。因为历史事件产生后续影响，形成困局，导致当时纺织企业的发展进退维谷。在经历了抗战与内战后，达丰厂的创办者不得不离开上海。不久内地工厂也进行了国有化改制。我们对该企业的研究到此告一段落，因为此时企业家、达丰染织厂和上海这座城市的连接纽带业已断开。达丰厂的湮灭意味着一个时代的终结，但是未来对达丰染织厂的进一步研究不会止步于此。

目 录

总序一 / 朱荫贵 …… 1
总序二 / 李 瑊 …… 1
中文版序言 …… 1
致谢 …… 1
前言 …… 1

引 言 …… 1

第一章 中国棉纺业史

第一节 资本主义萌芽 …… 17
第二节 封建割据 …… 34

第二章 多面体国际社区：上海

第一节 上海的英国人 …… 55
第二节 上海的宁波人：源于宁波，兴于上海 …… 72

第三章 现代企业达丰公司的诞生

第一节 达丰公司的诞生 …… 91
第二节 达丰厂和上海工业化 …… 105
第三节 推动工业化前进的动力 …… 119

第四章　风险和机遇

第一节　蓬勃发展：1913—1924 …………………………… 137
第二节　兵临城下：1925—1936 …………………………… 153

第五章　进退维谷

第一节　战火中的城市：1937—1945 ……………………… 173
第二节　企业、侨民和共产主义 ………………………………… 189

结　语 ………………………………………………………………… 204
附　录 ………………………………………………………………… 209
参考文献 ……………………………………………………………… 217

引　言

一、研究目标

中国历史上有许多让史学家和汉学家着迷的问题。譬如《马可波罗行纪》就描述了一个经济高度发达的中华帝国，18世纪中国技术遥遥领先欧洲，但是许多发明都遗失在历史长河中。早在14世纪初，王祯《农书》里就记载了一人同时操作数个线轴来纺线。[①]也就是说工业革命的关键之一——多锭纺纱车在中国出现时，已领先世界500年，但最终却没能促使中国经济走上工业革命的道路。中国仍然以家庭作坊的形式使用其他较为节省劳动力的工具纺线。针对这不合常理的情况，马克斯·韦伯（Max Weber）提出20世纪西方汉学界最重要的议题：为什么中国没能走上资本主义发展道路？[②]

本书研究目的之一在于深入探讨棉纺生产的奥秘，因为这是中国和欧洲工业的基础经济产业。明朝时期，中国的棉纺生产主要集中在长江三角洲。长江三角洲地处世界最大的可通航三江交汇处，是大运河的起点也是连接帝国北方经济中心与政治中心的要道。长江三角洲平原河流密布、土地肥沃、人口密集，具备得天独厚的经济条件主导中国棉纺生产。直至清朝年间，长三角地区依然是中国的棉纺中心，生产的布料出口到五大洲。1750年前后，中国制造的棉纺加工产品占全世界总量的三分之一。[③]18世纪末，位于世界另一端的英国兰开夏郡也出现了多

---

① （元）王祯撰，缪启愉、缪桂龙译注：《东鲁王氏农书译注》，上海古籍出版社2008年版，第723—725页。

② Weber, Max: *Ensayos sobre sociología de la religión*. Madrid (1998): Taurus. 3 Vol., 1920.

③ 1750年，长江三角洲棉产品产量超过1800年的英国。Davis, Mike: *Los holocaustos de la época victoriana tardía. El Niño, las hambrunas y la formación del Tercer Mundo*. Valencia (2006): Publicacions de la Universitat de València, 2001, p. 330; Pomeranz, Kenneth: *The Great Divergence. China, Europe and the making of modern world economy*. Princeton: Princeton University Press, 2000, p. 18; Frank, Andre Gunder: *Re-orientar: la economía global en la era del predominio asiático*. Valencia (2008): Universitat de València, 1998, pp. 114–145.

锭纺纱车，由此拉开了第一次工业革命的序幕，世界就此改变。

1830年世界贸易形势出现逆转，中国从一直以来的贸易顺差变成进口多于出口。10年后爆发第一次鸦片战争（1840—1842），清政府被迫接受自由贸易，在中国沿海设立英租界，方便工业产品进口，到后来清政府甚至丧失了海关管理权。欧洲列强试图通过不平等条款打入世界上最大的人口市场，向中国输入工厂制造的新商品。这些工业产品进入中国后产生了哪些影响？这一强行实施的自由市场会朝着推动者所预期的那样发展吗？中国终将如何应对西方？[①]

要解决以上问题，必须先确定我们的研究范围。位于长江三角洲中心地带的上海是展开本研究的重点区域。从明朝开始，上海一直是棉产品贸易市场。第一次鸦片战争以后，这座城市依然处于清政府的管辖下，但在上海以北数英里外的苏州河和黄浦江范围内，英国人建立了殖民区。[②]这里从一开始的英租界最终变成上海公共租界，这座以中国居民为主的大城市，管理权逐渐落入资本家和外国领事（特别是英国）手中。与此同时，上海建起了造船厂修理蒸汽船，中国最早的工厂就此诞生。本研究试图定位到这一特定历史背景下，剖析具体的个体样本，探讨中国工业出现以后，如何与中国经济、社会和政治以及过去发生决裂和延续。

首先，本书具体分析了中国棉纺织品生产的变化，先是外国工业品进入中国市场，之后国内才建立起现代化工厂。从这一点来看，达丰厂的演变见证了中国商业向工业的转变，作坊生产向工厂生产的转变过程，直至企业具备批量生产成品的能力。达丰厂最初诞生于宁波商会，该商会团体在棉花贸易方面有着悠久的历史传统，在上海的成立时间要追溯到明朝时期。1913年的达丰厂与鸦片战争前的许多印染作坊相比并没有多少区别。但是在多年后，该企业一跃成为拥有3家以上工厂、3 000多名工人的综合型企业。本研究致力于上海以及达丰厂在工业化进程中所发生的变化的本质性研究，分析传统商会以及传统生产和消费形式究竟是得到了延续，还是发生了重大的变化甚至与过去彻底决裂。[③]

---

① 这是费正清和邓嗣禹1954年出版的《中国对西方的反应》(*China's Response to the West*)中提出的汉学界经典问题。

② 如今苏州河和黄浦江构成了上海的景观。黄浦江将上海分为浦东和浦西，苏州河绕经上海几个区后汇入黄浦江，黄浦江则向北汇入长江。因此，上海位于长江出海口以南的江南地区。

③ 该理论至今各学派都未能达成一致，例如法国传统年鉴学派的Alberto Tenenti和Fernand Braudel（1985），以及英国新自由主义学派的Donald Mccloskey（现改名为Deirdre）（1996），近年学术修正主义学说参见Pomeranz Kenneth（2009）。

（转下页）

达丰厂之所以是本书的研究重点，因为它有两项本质性首创：首先，它是中国最早采用工业印染生产方式的企业；其次，它的创立者是率先在中国建立完整的纺织业生产流程，从原棉到布料印花的企业家。如同世界上任何一个国家一样，工厂生产模式的引入改变了中国的生产方式。工厂在特定区域集中了大量机器、人员、资金，矗立起烟囱，组织工人集体劳动。为了适应机器生产节奏，工厂制定了一系列规章制度，与工人签订了合同。为了获得更高生产效率采用最先进设备，工厂具备非常理性科学的特质。

其次，本书试图深入研究上海城市社团，从而分析工厂对社团的影响以及社团对工厂的反作用。基于中国商人和英国工程师的良性合作关系，达丰厂最终发展成为一个工业综合体。租界有治外法权，此处的居民受该国法律和领事团体约束。这种特殊的殖民体系被称为“条约口岸体系”，其根源是中国在处于劣势的情况下签订的外交条约，即不平等条约。[①]中国有数座口岸城市，上海是该外交制度的最大试验对象。英国率先提出“条约口岸体系”，其他帝国主义国家纷纷加入，如“达摩克利斯之剑”[②]高悬在中国主权之上，但同时也成为促进中国进入现代工业阶段的主要渠道。

除了从经济学角度分析达丰厂之外，本研究还从社会学角度分析研究上海

（接上页）

Tenenti, Alberto and Fernand Braudel: “El capitalismo: Continuidad o mutación?” At Braudel, Fernand (1985): *Una lección de historia de Fernand Braudel*. México D. F.: Fondo de Cultura Económica, 1985, pp. 124–128; Mccloskey, Donald N.: “The economics of choice. Neoclassical supply and demand”. At Rawski, Thomas G. et. al., (eds.): *Economics and the historian.* Berkeley: University of California Press, 1996, pp. 122–129; Pomeranz, Kenneth: “Introduction. World history and environmental history”. At Burke Ⅲ, Edmund and Pomeranz, Kenneth (eds.): *The environment and world history.* Berkeley: University of California Press, 2009, pp. 3–32; Pomeranz, Kenneth: “The transformation of China’s environment, 1500–2000”. At Burke Ⅲ, Edmund and Kenneth Pomeranz: *The environment and world history.* Berkeley: University of California Press, 2009, pp. 118–164.

① David Martínez（2007）列举了所有条约清单。Martínez Robles, David: *La participación española en el proceso de penetración occidental en China: 1840–1870*. Tesis doctoral no publicada, Barcelona: Universitat Pompeu Fabra, 2007, pp. 335–338.

② 达摩克利斯是古希腊时期意大利锡拉库萨的统治者狄奥尼修斯二世的朝臣。狄奥尼修斯二世提议与达摩克利斯交换身份，在晚上举行的宴会上，让达摩克利斯坐在他的宝座上。当达摩克利斯抬头注意到王位上方仅用一根马鬃悬挂着的利剑，顿时吓出一身冷汗。后人用“达摩克利斯之剑”指代和平安宁背后暗藏的危险，提醒人们要有危机意识、忧患意识。（译者注）

两股移民团体——宁波人（包括浙江舟山群岛）和英国人对这座城市发展产生的影响。达丰厂创建者王启宇是舟山人，他与英国工程师威廉·查理·戈默索尔（William Charles Gomersall）的合作堪称宁波人和英国人在上海社交圈、企业发展领域的典型成功代表。根据社会二元性理论，"协会"（德语gesell：指装置、机械、城市）指具有现代特点的理性组织，"社团"（德语gemein：指组织、家庭、居民）受另一种动机约束，是传统社会特有的组织。[1]根据社会学家斐迪南·滕尼斯（Ferdinand Tönnies）的理论，作为现代化标志的工厂抛弃了社团的"情感"纽带（gemein），按照唯一"理性"原则（gesell）开展经济活动。[2]在研究分析达丰厂及其主要人物时，我们将引入这一社会历史学关系机制进行参照分析。

第三，本书将从中国民族主义政策的角度分析上海的工业化进程。19世纪中叶的中国依然处于清王朝统治下，当时的清政府面临着深重的政治危机和经济危机。尽管第一次鸦片战争仅波及数个沿海城市，但清朝的国防系统遭到占据绝对技术优势的英国舰队重创。

更严重的后果是内乱频繁爆发，接二连三的农民起义动摇了清政府的统治根基。太平天国运动集宗教派别、革命团体和农民起义特点于一身，建立政权，后期由于领导集团内部倾轧斗争，最终被清政府镇压。此外一些与太平天国同时期的农民起义，如山东的捻军、云南回民起义等，使得国家政权摇摇欲坠。在农民起义不断爆发的同时，英国在沿海又一次发动帝国主义侵略战争，即第二次鸦片战争（1856—1860）。英法联军直接攻入北京紫禁城，通过武力手段在中国进一步扩张殖民范围。

在中国的进步人士看来，鸦片战争和国内动乱都昭示清政府统治岌岌可危，这与工业革命给西方国家带来巨大的技术进步形成极大反差。在平叛有功的清政府将领推动下，政府监管兴建工厂，用以巩固国防力量，提高国家实力，开始"师夷长技以制夷"的"洋务运动"。中国最早的工厂正是建立在上海。除了增强军事实力，兴建工厂的另一目的是用中国制造替代外国进口的工业产品。本着这一理念，1878年中国第一家棉纺厂投入运营。

1911年辛亥革命后，中国民族资本主义企业遍地开花，棉纺织行业首当其冲。这些工业先驱者都如同达丰厂一样，以替代进口、实业兴国为目标。到了20世纪

---

① 详见Ferdinand Tönnies认为社团和协会概念对20世纪欧洲社会科学有深远影响的研究。

② Tönnies, Ferdinand: *Comunitat i associació*. Barcelona (1984): Edicions 62, 1887, pp. 27-30.

二三十年代，中国工业化进程加快，城市急速增长，上海成为中国最早实现工业化、现代化、多元化的城市，也是亚洲最发达的城市之一。当时的上海灯红酒绿，被称为“东方巴黎”。在此环境下，上海及在上海诞生的中国新兴资产阶级，似乎有能力、有条件带领中国走上工业化国家的道路。①

为什么当时的中国没能像日本一样最终实现工业化？为什么中国其他城市没有能够像上海一样实现工业化？本书最终将给出解答。总体而言，官方史料给出了两个解释：首先是外部因素，帝国主义的入侵是造成这一进程失败的根本原因；其次是内部因素，中国自身的经济和文化结构阻碍了工业化的实现。然而，近十年来，随着新的学术思潮的涌现，学者们提出了颠覆传统的新观点。

新的史学观点认为这一历史现象很大程度上是由一系列偶然因素导致的，如缺乏廉价的能源。当时的河运条件不佳，由于战乱导致运河系统瘫痪。②此外，中国数个世纪以来屡次出现洪水、干旱等自然灾害，也是造成当时中国经济衰退的重要因素。③史学流派一方面肯定人为活动对历史偶发事件起到催化或者消减的作用，另一方面在之前历史学家提出的观点基础上作出新的探索。本书以达丰厂为例，深入研究中国工业社会内部结构，分析当时的中国所面临的外部危机，以及一系列因素带来的连锁反应如何导致了国内矛盾的加深。

1949年中国经济从本质上来说依然是农业经济，中国市场基本处于自给自足的状态。现代工业仅占国民生产总值的10%不到，在接下来的十年实施计划经济，将产业国有化。④本书以企业作为个案研究，结合这一阶段的中国近代历史深入分析，但不展开详述这一时期中国所有历史事件，而是试图探讨整体环境是如何影响到个体企业发展，个体企业又是如何应对的。总而言之，本书旨在通过讲述人文历史展示当时的经济社会史。

---

① Wasserstrom, Jeffrey N.: “Is global Shanghai ‘good to think’? Thoughts on comparative History and post-socialist cities”. *Journal of World History* 12(2), 2007, p. 213.

② Pomeranz, Kenneth: *The Great Divergence. China, Europe and the making of modern world economy*. Princeton: Princeton University Press, 2000.

③ Davis, Mike: *Los holocaustos de la época victoriana tardía. El Niño, las hambrunas y la formación del Tercer Mundo*. Valencia (2006): Publicacions de la Universitat de València, 2001.

④ Lardy, Nicholas R.: “Economic recovery and the 1st Five-Year Plan”. Macfarquhar, Roderick and John King Fairbank (eds.): *The Cambridge History of China. Volume 14. The People's Republic, Part 1: The emergence of revolutionary China, 1949–1965*. Cambridge: Cambridge University Press, 1987, p. 145.

二、达丰厂：1913—1950

19世纪下半叶上海经济蓬勃发展，中国创业者与外国商人往来愈加频繁，在这种大环境下，达丰厂诞生了。达丰厂创办者王启宇（1883—1965）出生于浙江定海（今舟山市定海区），从小随父亲移居上海。[①]在美国教会学校圣约翰大学学习一年后，进入一家做进口贸易的洋行工作。在此期间他的英语水平得到很大提高，并且阅读了大量纺织工业方面的书籍，结识了其他洋行工作的中国商人，也就是"买办"。很多买办一开始从事进口商品贸易，后来学习相关产品的生产技术。1913年王启宇也采用这一策略，创办了达丰丝光线漂炼染色工场。这是中国首次使用西方技术将棉纱进行丝光处理。[②]

起初，达丰是介于传统作坊与现代工厂之间的企业，坐落在属于公共租界的虹口塘山路（今名唐山路）。[③]上海是中国最早出现电网、自来水的地区，给达丰的发展创造了便利条件。最初工厂仅有28名成员和银元2万海关两资本。[④]工厂主要生产优质丝光线，卖给纺织商和袜子生产商。除了王启宇，还有买办余葆三（1849—

① 王启宇生平资料参见：王福元：《中国机器印染之首创者，故实业家王公启宇传略》，见政协舟山市委员会文史资料委员会等编：《舟山文史资料》(第一辑)，浙江人民出版社1990年版。李珹：《上海染织业先驱王启宇》，见上海市宁波同乡联谊会等编：《创业上海滩》，上海科学技术文献出版社2003年版，第258—261页。

② 丝光处理是John Mercer在1850年的专利发明，后经Thomas和Prevost（1895）改进。是一种通过烧碱处理棉纱并施加张力，提高棉纱光泽的方法。关于丝光处理技术，参见Heerman, Paul: *Tecnología química de los textiles: estudio de los procedimientos de blanqueo, teñido, mercerización, estampado, apresto y acabado de los tejidos y de las fibras textiles*. Barcelona: Gustavo Gili, 1925。关于中国引进丝光处理技术详见：李珹：《上海染织业先驱王启宇》，见上海市宁波同乡联谊会等编：《创业上海滩》，上海科学技术文献出版社2003年版，第258—261页以及《上海纺织工业志》，上海社会科学院出版社1998年版，第98页。

③ 上海市档案馆藏，档案编号：Q199-3-7。

④ 海关两（Haikwan Tael）直到1935年一直是中国大宗交易中最常用货币。"两"（tael或sycee）为重量单位。银元的重量在32～39克。两和铜钱都是中国实用的两种货币体系。各地流通的金属银成色、重量不一，最常见的是库平两（Kuping tael, KPT），重36.7克。1854年，西方列强占领上海海关，规定海关两等于37.8克。1934年中国停止使用银本位，采用与美元对等的"元"。有关中国货币史，参见：Shiroyama, Tomoko: *China during the Great Depression. Market, state and the world economy, 1929-1937*. Cambridge: Harvard University Press, 2008, pp. 15-36。关于达丰厂的资本信息来源于上海市档案馆藏，档案编号：Q199-3-8。

1926)、技工崔福庄(1878—1949)和管理人杨杏堤(1883—1944)等核心人物。[①]总之,达丰最初的创业合伙人都活跃于洋行并且从事进出口贸易,他们将国际贸易与中国市场紧密连接起来。

达丰厂成功采用了当时的最新生产技术,企业销量大增。1919年在租界外苏州河对岸的曹家渡浜北光复西路1161号购买了40亩(约2.4公顷)土地,建了振泰纺织厂和达丰染织厂两家工厂。此处通电且靠近水源。工厂大楼门前挂着牌子——中国首创达丰染织厂。

达丰厂是中国棉纺业首家实现一体化生产的工业综合体,覆盖原棉、纺线、织布和成品布的全部生产过程。塘山路的老厂并没有撤掉,而是并入了达丰新厂。1920年达丰注册为股份有限责任公司,注册资本50万海关两。[②]振泰纺织厂依然是独立公司。

王启宇首先聘请了两名英国工程师管理新厂。又从一家英国公司采购了漂白、染色、上浆机,还在协商购买纺纱机、机械织布机、化学染色剂等。[③] 1920年到1921年间第一次投产,曹家渡新厂共有2万只纱锭、200台织布机和1台现代化的染色机。[④]出产各类各色丝线和布料:白色、彩色,平纹、斜纹、缎纹。[⑤]达丰厂出产的布料引领了上海20世纪二三十年代最新潮流趋势。这一时期上海一跃成为了精致和优雅的代名词。[⑥]

达丰厂产品广受欢迎,外包装采用固定商标,辨识度极高。这一时期上海开始出现流行时尚和商业中心,出现了广告行业,达丰厂通过图文广告进行宣传。[⑦]此时的广告宣传语是"日晒雨淋,永不褪色",几乎被其他公司照搬照用。大量达

---

① 上海市档案馆藏,档案编号:Q199-3-94。

② 达丰染织股份有限公司,参见上海市档案馆藏,档案编号:Q199-3-8。黎霞:《旧上海染织业巨匠——王启宇》,《上海档案》1997年第3期,第50页。

③《工商半月刊》第2卷第19期,第21页。

④ 黎霞:《旧上海染织业巨匠——王启宇》,《上海档案》1997年第3期,第50页。

⑤ 平纹、斜纹、缎纹是衣料最主要的几种纺织形式。平纹是经纱和纬纱一上一下交织。斜纹是三根经纱和三根纬纱交织构成斜纹的方式。缎纹是指数根经纱与一根纬纱交织。这是最基本的三种织物结构,不会卷起也无法拉伸。参见《中国大百科全书·纺织》,中国大百科全书出版社1984年版。

⑥ 关于上海时尚流行,参见Finnane, Antonia: *Changing clothes in China. Fashion, history, nation*. New York: Columbia University Press, 2008。

⑦ 参见书前彩色插页。白光主编:《中外早期广告珍藏与评析》,中国广播电视出版社2003年版。

丰厂客户，比如棉纱供应商、布料买家、裁缝等，相继购买达丰股票，达丰资本不断增长。

1923年北方原棉短缺，导致长江三角洲地区棉花价格上涨，加上棉纱价格下跌，上海纺织工业遭遇了经济危机。但对王启宇来说却是有利时机，因为振泰纺织厂的棉纱可以直接在市场销售，也可以转让给达丰厂用于纺织印染。为了减少棉纱价格下跌带来的损失，达丰厂购入了更多的纺织机来消耗振泰纺织厂的大部分产品。1926年王启宇又主持新建了一家纱厂——宝兴棉纺织股份有限公司。[①]这家工厂位于宝山区，距离曹家渡较远。然而，原棉短缺依然是制约上海棉纺业持久发展的一个常态问题。

1925年5月15日，发生了一件轰动全城的事件。上海内外棉七厂工人顾正红被日籍职员枪杀，由此引发了大规模的罢工，人们走向街头示威游行，遭到英国巡捕武力镇压。五卅运动爆发。中国共产党领导的上海总工会成立，罢工持续不断。抗议最终变成抵制英日进口商品，以及洋行在中国生产的所有商品。因为这些遭到抵制的商品都是当时达丰厂产品强劲的竞争对手，上海大范围罢工使得达丰厂成为最终受益者。

1928年南京国民党政府启动上海工业情况的调研工作。当时达丰厂资产达100万海关两，有男工400人、女工150人（未雇佣童工），26名后勤人员。按照中国工厂的传统提供工人住宿，配有寝室、澡堂、食堂、厕所及其他服务设施。[②]一方面达丰厂的档案中极少提及工人（主要在厂规部分提及工人），此外这些服务费用都从工人工资中扣减，因此我们很难评估当时工人的实际生活水平。

20世纪30年代上海纺织业再度陷入困境，工人处境越发艰难。上海黑帮势力不断扩张，日本侵略者蓄势待发，上海周边的局势开始变得紧张起来。日本公司垄断了中国北部原棉，导致上海棉花短缺。为控制并垄断中国北方市场，是日本帝国主义发动侵华战争的主要原因之一。[③] 1932年日军飞机轰炸上海并出兵占领闸北，当时闸北是上海主要的工业集中地之一。免于轰炸的日本工厂逐步对市场施压，1935年行业危机爆发。中国实业家一直担心的问题发生了，中国棉纺织业陷

---

① 宝兴棉纺织股份有限公司，参见上海市档案馆藏，档案编号：Q199-3-30。

② 详见上海纺织博物馆：工商部工厂设施调查，1928年相关许可登记。

③ Sugihara, Kaoru: "The economic motivations behind Japanese aggression in the late 1930s: Perspectives of Freda Utley and Nawa Toichi". *Journal of Contemporary History* 32, 1997, pp. 259-280.

入前所未有的困境,[1]上海时刻面临被日军占领的威胁。中资企业想要自保必须转为外资企业,在这种大环境下达丰厂完成了转资。

信昌机器工程有限公司(China Engineers Limited)是一家英国公司,主要提供工程技术支持,协助中国企业向英国公司采购机器。[2]公司总裁威廉·查理·戈默索尔出生在英国,父亲是中国人,母亲是英国人。他非常了解上海纺织业的需求,与兰开夏郡的大生产商都有贸易关系。戈默索尔和王启宇相识于20世纪20年代,到了1937年两人关系进一步拉近。同年一家新公司就此诞生——中纺纱厂股份有限公司(China Cotton Mills Limited)。[3]公司在香港注册,主要业务在上海。该公司合并了王启宇的达丰、振泰和宝兴三家工厂。如此一来,三家工厂合并后正式成为英资企业。

1937年夏,上海战况愈演愈烈,中纺纱厂股份有限公司迅速将工厂所有机器迁往中立的租界地区。不久,曹家渡的两家工厂被日军占领。工厂迁到了苏州河对岸的延平路,位于今天的静安区,厂房面积比之前小了很多。工厂仍然正常运营生产丝线和布料,只是产量大幅度降低。直至1941年12月,日军占领租界。威廉·查理·戈默索尔被关押进俘虏营,先关押在香港,之后辗转到上海,两年受尽折磨,王启宇则继续秘密谨慎地运营企业。[4]

1945年日本投降,中纺纱厂股份有限公司在静安区一家酒店召开了股东公开大会。公司最终收回了之前被日军占领的厂房,戈默索尔重获自由,前往英国采购机器。然而好景不长,新的经济危机爆发,国共内战打响。战争加上随之而来的通货膨胀,使企业无法在国内正常开展业务,达丰厂只能转向国际贸易。[5]眼看国内局势日益复杂,王启宇和戈默索尔决定将公司迁往中国香港。1949年5月,上海获得解放。

三、研究现状

有关中国棉纺业工业研究的资料十分丰富,上海是学者研究最多的城市,西方

---

① Wu, Leonard T. K.: "The crisis in the Chinese cotton industry". *Far Eastern Survey* 4, 1935, pp. 1-4.

② 上海社会科学院经济研究所中国企业史资料研究中心藏,编号:6-08-13-515。

③ 上海市档案馆藏,档案编号:Q199 3 173。

④ 王福元:《中国机器印染之首创者,故实业家王公启宇传略》,见政协舟山市委员会文史资料委员会等编:《舟山文史资料》(第一辑),浙江人民出版社1990年版,第121—122页。

⑤ 上海市档案馆藏,档案编号:Q199-3-127。

学者的大部分研究都围绕这座城市的工业化进程展开。然而在此之前，从未有学者将达丰厂作为主要研究对象。中国学术界仅发表了两篇文章，以及一部专著中的一个章节对王启宇的生平做了简短说明。[①]本研究重启上海市档案馆至今尚未得到关注的达丰企业内部资料。[②]此外，本研究还参考了大量关于上海纺织工业和上海城市的研究成果，以下简短介绍本书的主要参考文献。

前文提到的两篇关于达丰厂历史研究的文章我们不展开讨论，因为并非真正意义上的历史学研究。国内外关于中国棉纺业工业的学术研究于20世纪50年代兴起。中华人民共和国成立以后，一些中国历史学家提出"资本主义萌芽"的概念。根据这一观点，中国从明朝就开始出现了资本主义萌芽。然而这一资本主义萌芽一直未能成熟，到了19世纪中期，西方列强开到了中国沿海地区，中国沦为半殖民地半封建国家。西方资本主义强加于中国现有的经济结构，导致本国自给自足的资本主义萌芽被扼杀。中国通过仿造进口工业商品重新开始工业化进程。但欧洲帝国主义国家索要战争赔款，给中国经济造成巨大的负担；加上当时中国的封建政治制度，都阻碍了新工业发展。依据这一理论框架，1955年中国经济学家严中平出版了第一本关于中国棉纺业的著作《中国棉纺织史稿》。

美国学者提出另一种理论。哈佛学派放弃早期资本主义研究，将重点放在中国工业化进程上，认为这是一次效法西方失败的实验。1954年费正清（John King Fairbank）、邓嗣禹（Teng Ssu-yü）主编的《中国对西方的反应》（*China's Response to the West*），将当代中国历史阐释为鸦片战争之后的应激反应。书中引用了当时中国思想家和政治家的语录，论述中国如何采用西方技术最后以失败告终。在该方法论影响下，费维恺（Albert Feuerwerker）开启了西方研究中国企业史的时代。在1958年《中国早期工业化：盛宣怀（1844—1916）和官督商办企业》[*China's early industrialization. Sheng Hsüan-huai (1844-1916) and mandarin enterprise*]一书中，作者分析了官僚资本家盛宣怀的企业，其中最值得一提的就是盛宣怀开办的中国第一家棉纺工厂。马克斯·韦伯认为"官办"一词有贬义，官办企业意味着效率低

① 两篇文章指王福元（1990）和黎霞（1997），章节出自李瑊（2003）。王福元：《中国机器印染之首创者，故实业家王公启宇传略》，见政协舟山市委员会文史资料委员会等编：《舟山文史资料》（第一辑），浙江人民出版社1990年版。黎霞：《旧上海染织业巨匠——王启宇》，《上海档案》1997年第3期，第50—51页。李瑊：《上海染织业先驱王启宇》，见上海市宁波同乡联谊会等编：《创业上海滩》，上海科学技术文献出版社2003年版，第258—261页。

② 达丰厂内部资料保存于上海市档案馆，主要是Q199-3和Q199-20号档案。

下管理不合理，最终无法与外国企业竞争。

后出现的韦伯理论是典型的哈佛学派观点，在西方学术界占主导地位，根本上继承了19世纪进化论的观点。这种观点认为中国以及其他亚洲国家受到没落腐朽的国家政治体制的限制，无法像欧美国家那样顺利实现工业化进程。正是制度缺陷阻碍了中国经济发展。当然也有学者持反对观点，比如地理学家罗兹·墨菲(Rhoads Murphey)著有《上海：进入现代中国的钥匙》(*Shanghai: Key to Modern China*)一书，出版于1953年，至今仍影响深远。该书着重研究鸦片战争之前的上海经济，他认为上海的持续繁荣是由这座城市特殊的地理位置决定的。

到了20世纪70年代中期，西方对中国的研究开始出现分歧。马若孟(Ramon H. Myers)是率先对前人研究提出质疑的学者之一，他认为鸦片战争前的经济模式，即家庭作坊生产并没有完全消失，中国工业化也没有彻底失败。马若孟重点研究1840年后区域经济和中国国内贸易困境。章长基(John K. Chang)统计出1912年到1949年间中国工业的增长速度为年平均增长8%～9%。①费维恺采纳了这些学者的大部分观点，认为哈佛学派低估了中国经济的潜力。②赵冈、陈钟毅出版了中国棉纺织业研究领域著名的《中国棉业史》(1977)，分析了棉纺业家庭作坊生产和工厂生产(中国工厂、外资工厂、进口工业)如何并行不悖，任何一种生产方式都没能占据绝对主导优势。

总体而言，目前各个研究流派中还是韦伯的观点占主导地位，认为中国工业化失败的关键原因是制度问题。例如，备受西方史学家推崇的陈锦江(Wellington Chan)在1978年出版的《剑桥中国晚清史》就有一个章节讨论中国工业。作者在该章节讨论了政府在监管企业过程中存在大量腐败问题。这一前提与道格拉斯·诺斯(Douglass North 1973, 1990)的经济分析不谋而合，道格拉斯认为"西方世界的兴起"(The Rise of the West)是因为西方政府鼓励私有制且远超过世界上其他政府，在经济发展过程中秉持透明、理性原则。

80年代初，马若孟学派崭露头角。随着中国的改革开放，中国商会、政府机构、企业档案逐渐向外国学者开放，李察·A.克劳斯(Richard A. Kraus 1980)、顾寿恩(Shou-eng Koo 1982)、卜睿哲(Richard Bush 1982)查询了这些档案资料后重

① Chang, John K.: *Industrial Development in pre Comunist China. A quantitative analysis*. Edinburgh: The University Press, 1969, p. 112.

② Feuerwerker, Albert: "The state and the economy in late imperial China". *Theory and Society* 13, 1984, pp. 297-326.

新全面阐释了中国的工业化进程，推翻了之前学者的观点。此外，法国学者玛丽安娜·巴斯蒂-布吕吉埃（Marianne Bastid-Bruguiere）和格莱尔·白吉尔（Marie Claire Bergère 1986）从社会学角度论述了工业化如何改变了中国社会结构。另外，白吉尔1979年在《另一个中国：1919—1949年的上海》（*Shanghaï ou "l'autre Chine", 1919–1949*）中指出当时上海孤立于中国其他地区，这是造成中国现代化进程失败的原因之一。这一理论与两年前罗兹·墨菲出版的《外来者：西方人在印度和中国》（*The Outsiders: The Western Experience in India and China*）观点一致。

法国学派米歇尔·卡迪亚（Michel Cartier 1994）对棉纺织行业研究进一步深入，安克强（Christian Henriot 1991）和阿兰·鲁林（Alain Roux 1994）重点研究上海历史。美国的韩起澜（Emily Honig 1986）与裴宜理（Elizabeth Perry 1993）解析女性在工人罢工中的作用以及上海棉纺企业工人阶级的形成。无论是法国还是美国学者，他们的研究都有一个共性，就是摒弃了19世纪欧洲的主流观点，如马克思主义、社会达尔文主义或韦伯主义，这些观点认为非欧洲国家的历史具有必然性。但是，中国工业化并未以失败告终，只要对20世纪二三十年代的上海社会稍作分析，就会发现当时的上海正沿着彻底工业化的大道上大步前进。一些著名的经济学家，如托马斯·罗斯基（Thomas G. Rawski）、李明珠（Lillian M. Li 1992）的研究也证实了这一观点。

20世纪八九十年代，中国大陆也涌现了一批历史研究者。1949年以前的工业研究再次吸引了学者的兴趣。上海社会科学院素有政府"智库"之称，秉持自由市场经济的理念，主持了该领域的多项研究工作并取得了丰硕成果。其中，徐新吾主编的《江南土布史》（1992）毫无疑问是棉纺研究领域里程碑式著作，其影响程度可媲美先驱严中平。还有大量的学者研究相关领域，如研究资本主义萌芽的吴承明，研究工业史的黄汉民，研究工人阶级的邹木法，研究商会的徐鼎新等。[①] 如果说80年代末的研究还在使用马克思主义理论，那么90年代的研究则是马克思主义与新自由主义的结合。在此背景下，研究工作将早期资本主义萌芽与西方模式结合起来，而不是将两者对立。二者的结合形成了新的研究范式。同理，中国的社会主义制度与新自由资本主义结合产生了新的经济模式。

---

① 许多相关研究尚未翻译成中文。可参考Tim Wright（1992）编辑的英文版20世纪80年代末文献范例。Wright, Tim (ed.): *The Chinese economy in the Twentieth Century. Recent Chinese Studies*. London: The Macmillan Press Ltd, 1992.

中西学术界首次携手共同研究共和国时期的上海企业家，他们献身实业、励精图治。这里我们首先要感谢的就是上海社会科学院黄汉民教授，他的团队花了数年时间调研整理企业档案，制成中国企业史缩微资料。[①]其研究之详尽可媲美1998年与徐新吾共同编写的《上海近代工业史》。黄汉民所整理的档案也被后来学者如高家龙（Sherman Cochran 2000）等人采用。高家龙研究分析了30年代中国最重要的一家棉纺企业申新（属于荣氏家族），他并不认同中国企业管理模式劣于西方，或西方企业发展凌驾于中国企业之上的观点。事实上，当时的中西方企业发展都依赖中国经济真正的支柱——区域贸易网络。

90年代末亚洲和西方学术界出现了一股新的修正主义思潮，彻底改变了全球史、现代史和当代史。根据这一流派的核心思想，18—19世纪主导世界经济的是亚洲而非欧洲，随着中国资本主义萌芽的产生，中国市场事实上比欧洲资本主义市场更高效。彭慕兰（Kenneth Pomeranz）作为“加州学派”的代表人物，认为长江三角洲是18世纪经济发展的领头羊，参见其2000年出版的代表作《大分流：中国、欧洲与现代世界经济的发展》（*The Great Divergence. China, Europe and the Making of the Modern World Economy*）。李伯重在1998年比较分析了17、18世纪长江三角洲与欧洲地区的农业生产水平和经济水平之后，认为两者之间并无太大差距。一些历史偶然因素（如廉价的能源，尤其是英国拥有价格便宜的煤炭，并且开拓了美国市场；而当时的中国正遭受自然灾害），导致1830年大英帝国对外扩张而中国经济下滑。这些研究论证了爱德华兹·安东尼·里格利（Edward Anthony Wrigley 1988a）提出的著名的工业革命理论，后来罗伯特·C.艾伦（Robert C. Allen 2009a）在其理论基础上又进一步发展。两位学者都认为工业革命的起因应当从历史的偶然性中探寻，而不是归因于所谓的文化特殊性。

除去以上因素，学者们也在探究中国经济下滑以及工业化失败的其他原因。他们将鸦片战争之前与战后联系起来，研究区域经济的可持续发展。杉原薰（Kaoru Sugihara 2005）论述了整个20世纪上半叶亚洲贸易网络如何在区域经济中起着决定性作用。据日本汉学家滨下武志（Takeshi Hamashita）、杉山伸也（Shinya Sugiyama）等人长期以来的研究，亚洲本土工业化模式被称为“勤劳革

① 现藏于上海社会科学院图书馆。

命”(industrious revolution)，即以劳动密集与资源节约为基础。[①]乔万尼·阿里吉(Giovanni Arrighi 2007a,2007b)认为这一模式更像史密斯提出的自由市场社会，而不是靠掠夺资源和领土扩张发展的资本密集型的英国工业模式。

我们并不认同格雷戈里·克拉克(Gregory Clark, 2007)等学者的观点，也不认可是文化或者历史因素在中国工业发展过程中起推动或者阻碍作用。那为什么1949年的中国是世界上贫穷的国家之一？为什么西方工业模式和亚洲贸易结合最后以失败告终？国内军阀割据，近代中国的地缘政治，以及这些历史事件对当时中国社会造成的影响，都是解开谜局的关键。

① 尽管这一概念来源于日本学术界，但荷兰历史学家Jan de Vries将其推广到西方，参见：Vries, Jan de: “The industrial revolution and the industrious revolution”. *The Journal of Economic History* 54(2), 1994, pp. 249-270; Vries, Jan de: *The industrious revolution. Consumer behaviour and the household economy 1650 to the present.* New York: Cambridge University Press, 2008。

第一章

中国棉纺业史

第一节　资本主义萌芽

一、中国棉花发展史

中国的纺织生产比文字更早出现，早在新石器时期先民就掌握了将植物纤维纺织成线然后织布的工艺。[①]浙江的河姆渡新石器（公元前7000年—前5000年）遗址就发现了蚕纹象牙盅，这里也是世界上最早的水稻种植地之一。[②]当时丝绸已成为中国文化的重要组成部分，所以公元前8—9世纪就出现了大量“丝”字旁的早期汉字。[③]数世纪以来，丝绸生产工艺一直不为外界所知。古代地中海国家将中国定义为“丝绸民族”。[④]丝绸以及后期出现的瓷器、茶叶等是最受西方欢迎的中国特产。由于丝绸在中国文化中的中心地位，其他种类的纤维反而较少受到关注。

古代仅有皇室贵族可以享用作为奢侈品的华丽丝绸。如马王堆汉墓出土的公元前2世纪丝绸锦缎，其精美的质地令世人惊叹。[⑤]而公元前443年的马山丝绸锦缎的精美工艺以及丰富的色彩又代表了更高的织造水平。[⑥]官办机构按照标准尺

---

① Hinsch, Bre: “Textiles and female virtue in early imperial Chinese history writing”. *Nan Nü* 5(2), 2003, p. 170.

② Vainker, Shelagh: *Chinese silk. A cultural history*. London: The British Museum Press, 2004, p. 22; Li, Bozhong: *Agricultural development in Jiangnan, 1620–1850*. New York: St. Martin's Press, 1998, p. 6.

③ 甲骨文，参见Vainker, op. cit., p. 20。

④ Needham, Joseph: “Introduction”. At Kuhn, Dieter (ed.): *Science and civilization in China. Volume 5: Chemistry and Chemical Technology. Part 9: Textile technology: spinning and weaving.* At Needham, Joseph (ed.) (1954–): *Science and civilization in China.* Cambridge: Cambridge University Press. 7 Volúmenes, 1986, p. xxiii.

⑤ 丝绸刺绣体现了道教宇宙观，上有《道德经》内容。参见：Folch, Dolors: *La construcció de Xina. El període formatiu de la civilització xinesa.* Barcelona: Empúries, 2001, pp. 179–180。

⑥ 布料计量单位“匹”约为9.8平方米：2.2尺（0.7米）宽，40尺（14米）长。染料颜色主要有：槐蓝（靛蓝）、赤铁矿（赭色）、朱砂（红）、孔雀石（绿）、荩草（黄）、麻栎（黑）。Vainker, *op. cit.*, pp. 36–39.

寸生产的丝绸可在边境贸易中作为流通货币，这就是著名的“丝绸之路”。而当时的平民只能穿麻或苎麻衣物。麻最早出现在中国新石器时代，是当时北方地区最主要的植物纤维。苎麻出现于公元前3000年，主要在中国南方种植和使用。同时还有葛、黄麻、蕉麻等。[①]这些植物纤维可以织出不同厚度的布料，用途各不相同。随着丝绸织造工艺的不断发展，也促进了平民织造工艺的提升。一些古墓出土的战国时期麻料，每平方厘米28支经纱、24支纬纱，这种密度时至今日也是极其精细的。

在中国传统文化中，纺织是女人的分内之事，被称作“女事”或“女红”。传说是神农氏和黄帝教会了人们种地和织布。[②]二帝指定了男女各自应做的事，即“男耕女织”。这种社会平衡方式自古以来深入国人观念中。衣料生产具有了礼教色彩，朝代更迭、气候异常都被视为上天对“男不耕女不织”的惩罚。[③]由于织布与照顾子女可以同时进行，且不需要抛头露面，到了后来儒家思想就将其视为女德的典范。[④]

虽然古代中国人已经知道羊毛的存在，但从未对这些纤维感兴趣。在蒙古入主中原前，中国的文献中极少提及羊毛，就算偶尔提及也总是将其与游牧民族联系在一起。西汉名臣韩安国认为北方游牧民族匈奴人野蛮，就是因为他们不穿纺织的衣物而穿毛皮。[⑤]所以在中国传统文化中，羊毛是制作蛮族服饰的原料。

棉花并非原产于中国本土，而是起源于印度河流域的摩亨佐·达罗（Mohenjo-Daro）和哈拉帕（Harappa）文明。在亚历山大大帝之前棉花种植和加工就传到波斯以及东南亚地区。[⑥]到了汉朝时，棉花通过两条距离遥远的路线从现在的印度和

---

① 参见Dieter Kuhn (1986)《麻纤维作为纺织生产原料》(*Bast fibres as raw material for the production of textile fibres*)。Kuhn, Dieter: *Science and civilization in China. Volume 5: Chemistry and Chemical Technology. Part 9: Textile technology: spinning and weaving*. At Needham, Joseph (ed.) (1954−): *Science and civilization in China*. Cambridge: Cambridge University Press. 7 Vol, 1986, pp. 15−59.

② （元）王祯撰，缪启愉、缪桂龙译注：《东鲁王氏农书译注》，上海古籍出版社2008年版，第1—8页。

③ Hinsch, Bret: “Textiles and female virtue in early imperial Chinese history writing”. *Nan Nü* 5(2), 2003, pp. 170−202.

④ 儒家女德典范讲述了哲学家孟子（前372—前289）的一件轶事。孟子每天放学，母亲都问他学习如何。一日孟子答曰未曾学到东西，孟母大怒，剪断了自己数日来辛苦织出的布。由此孟子领悟到学习不能半途而废，从此坚持勤学苦读。这件轶事广为流传。Hinsch, *op. cit.*, p. 179.

⑤ Ibid., p. 183.

⑥ Bray, Francesca: *Science and civilization in China. Volume 6: Biology and biological technology. Part 2: Agriculture*. At Needham, Joseph (ed.) (1954−): *Science and civilization in China*. Cambridge: Cambridge University Press. 7 Vol, 1984, p. 536.

巴基斯坦传入中国。

第一条传播路线就是丝绸之路。棉花之一种——草棉是源于巴基斯坦荒芜之地的落叶灌木，它沿着与丝绸之路相反的方向传入克什米尔。商道上，中国丝绸被当作货币流通，用于各种商品交换。中国商人用丝绸从北方游牧民族那里换购马匹，到了塔克拉玛干沙漠的罗马人则用其他物品交换丝绸。在频繁的交流和往来中，中国边疆的城市如和田、吐鲁番的居民就开始穿着印度棉制成的衣物。[①]在这些城市也曾出土过汉朝的棉布和棉花种子。[②]根据南朝梁的文献记载，吐鲁番有一种植物名为“白叠”，结出的果实就像蚕茧。[③]直到12世纪，棉花才从吐鲁番与和田的绿洲传入中原地区。

另一条棉花的传播路线是从南部传入。据《后汉书》记载，在云南省西双版纳地区曾经有一个古国名为“哀牢”，哀牢国是印度取道缅甸进入中国的必经之路，当地少数民族种植一种白色的植物，叫作“吉贝”或“古贝”，用来纺线、织布和印染。[④]棉花的异种树棉起源于东孟加拉，植株高大，为多年生热带作物。这种棉花传到了四川地区，再一路进入中国南部。而在中国最南部海南岛，当时黎族人已经用一种开白花的植物纺线，但不是棉花，而是一种竹棉或木棉，常被误认作棉花。[⑤]这种植物除了植株非常像棉花外，纤维也是从果实中取得，但是比棉花纤维更短。因此，在海南很早就出现了竹棉、棉花等短纤维纺织技术。

唐代，棉花在首都长安（今西安）市场上作为外国商品销售，这一时期的文献中出现的“木棉”就指棉花。[⑥]直至宋代末期，棉花植株通过与东南亚贸易逐渐进

---

① Mallory, J. P. and Victor H. Mair: *The Tarim mummies. Ancient China and the mystery of the earliest people from the west*. London: Thames & Hudson, 2000, pp. 48-49.

② Ibid., pp. 165, 212.

③ 可能是借用了梵文发音“Patta”，参见Zhao Gang: *The development of cotton textile production in China*. Cambridge: Harvard University Press, 1977, p. 5。这里也可能指作为货币使用的折叠的白布。

④ “吉贝”和“古贝”的“贝”字，意思是海贝，也可指货币。从中国到非洲海岸，海贝都曾被用作货币。Frank, Andre Gunder: *Re-orientar: la economía global en la era del predominio asiático*. Valencia (2008): Universitat de València, 1998, p. 167.

⑤ 赵冈：《历史文献对班枝花与木本亚洲棉的混淆》，《农业考古》1996年第1期，第207—212页。

⑥ 绵是一种轻薄的白色丝绸。把“绵”字去掉“丝”旁，改成木旁，成为现在使用的“棉”。参见Bray, Francesca: *Science and civilization in China. Volume 6: Biology and biological technology. Part 2: Agriculture*. At Needham, Joseph (ed.) (1954-): *Science and civilization in China*. Cambridge: Cambridge University Press. 7 Vol, 1984, p. 537。现在木棉指一种乔木，而“棉”指棉花。

入海南地区，而当地人已掌握的木棉纺织技术也进入广东和福建等沿海地区，人们开始广泛种植棉花。大部分地区种植的是热带变种“亚洲棉”，因其能适应中国气候条件调整花期而更易于种植。但是草棉变种并没有因此绝迹，而是传入内陆的甘肃、陕西地区。①总之，尽管文字和考古发现证明汉代时期人们已对棉花有所了解，但在全国大规模种植实际上是1 000年以后。导致这种现状有两个因素：首先是文化因素，丝绸在中国文化中的绝对优势阻碍了外来物种发展；其次是技术因素，棉花用于纺织必须先去籽，而且纤维较短。②

到了宋代，中国爆发了一场前所未有的商业革命。③李约瑟（Joseph Needham）认为，利用水利能源带动的丝线纺车是人类历史上发明的第一台自动化工业机器。④此外，宋代还发明了与多轴纺织机结构相似的多转轮苎麻纺车（大纺车）。⑤此时，文字印刷技术也得到了进一步提高。元代王祯（1271—1368）撰写的传世著作《农书》中就收录了这些当时的技术革新。⑥该书不仅是农业史上的代表作，也为世界科学史做出了极大贡献。这一时期中国的技术革命到达了巅峰时期。

二、元明时期的棉花发展史

随着蒙古人进入中原地区，中国经济商业化发展加上人口压力直接改变了农业种植习惯。人口增长迫使北方农民更倾向于种植粮食，而放弃了种植大麻。南方地区引入了东南亚水稻作为主要的粮食作物，腾出更多湿地用于棉花种

① 赵冈：《历史文献对班枝花与木本亚洲棉的混淆》，《农业考古》1996年第1期，第13页。

② Zhao Gang: *The development of cotton textile production in China*. Cambridge: Harvard University Press, 1977, pp. 4–14 ;Cartier, Michel: “À propos de l’histoire du coton en Chine. Approche technologique, économique et sociale”. *Études chinoises* 13(1–2), 1994, pp. 417–435.

③ Elvin, Mark: *The pattern of the Chinese past*. Stanford: Stanford University Press, 1973; Chan, Kenneth S.: “Foreign trade, commercial policies and the political economy of the Song and Ming dynasties of China”. *Australian Economic History Review* 48(1), 2008, pp. 68–90.

④ Needham, Joseph: “Introduction”. At Kuhn, Dieter (ed.): *Science and civilization in China. Volume 5: Chemistry and Chemical Technology. Part 9: Textile technology: spinning and weaving*. At Needham, Joseph (ed.) (1954–): *Science and civilization in China*. Cambridge: Cambridge University Press. 7 Volúmenes, 1986, pp. xxiii.

⑤ Elvin, Mark: *Another history: essays on China from a European perspective*. Sidney: Wild Peony Pty Ltd, 1996, pp. 19–22.

⑥（元）王祯撰，缪启愉、缪桂龙译注：《东鲁王氏农书译注》，上海古籍出版社2008年版，第741—745页。

植。[①]大约11—13世纪，棉花逐渐进入长江三角洲地区。但棉花脱籽难和纤维短造成的纺织技术问题依然限制着棉纺织造的发展。在当地人印象中棉花始终没有摆脱舶来品的烙印。直到蒙古人入主中原建立元朝，这些阻碍才最终扫清。

传说住在松江府乌泥泾的一位女子流落到中国最南端的海南岛。她在那里受到黎族人的热情款待，向黎族人学习了当时已经相当成熟的木棉、棉花等短纤维纺织技术。这名女子就是黄道婆（约1245—？）。在海南居住一段时间后，黄道婆回到了上海，并带回了黎族人的技艺和纺织工具，搅车、弹弓以及卷梃，促进了13世纪当地棉纺工业的发展。[②]尽管并没有充足史料证明黄道婆在历史上真实存在，但是到了1313年王祯详细记述了当时的棉纺织技术革新。王祯描述了棉花的外观，详细记述了这种来自海南的作物如何在海南、广东、福建地区传播开来，直至传到长江三角洲。[③]棉花的广泛种植促进了棉纺织技术的发展，正如王祯所说："欲作器物，先种梓。"[④]

搅车有两个向相反方向旋转的碾轴，将棉籽、棉壳和梗从棉花纤维中分离出来。[⑤]弹弓为木制弧形，用于清理纤维中的杂质。卷梃是一支普通木杆，其重量可拉伸卷在一起的短纤维束，将其变成一束拉长的纤维。[⑥]如若操作得当，纤维可直接用于纺线且不会断裂。纺车由简单的苎麻纺车改造而来，可以有一或三个纱锭。纺纱工右手托住纤维束，左手随着棉纱从纺锤向转轮拉动，转轮由脚踏板驱动。王祯不建议用十二纱锭的大纺车来纺棉。完成上述工作后，将棉纱绷紧、上浆、晾干，然后用丝绸或大麻织布机将线纺成布匹。这一时期还发明了用"梭"来改进纺车，织出的布匹幅度比双臂展开还宽。[⑦]

---

① Cartier, Michel: "À propos de l'histoire du coton en Chine. Approche technologique, économique et sociale". *Études chinoises* 13(1-2), 1994, p. 422.

② 严中平：《中国棉纺织史稿》，科学出版社1955年版，第22—23页；Sadao, Nishijima: "The formation of the early Chinese cotton industry". At Grove, Linda and Christian Daniels(eds.) (1985): *State and society in China*. Tokyo: University of Tokyo Press, 1949, pp. 22-23。

③（元）王祯撰，缪启愉、缪桂龙译注：《东鲁王氏农书译注》，上海古籍出版社2008年版，第319—323页。

④ 同上书，第98页。

⑤ 这是大约500年后，美国人Eli Whitney（1793）发明轧花机的雏形。

⑥ 这三种工具以同样顺序出现，有插图。参见（元）王祯撰，缪启愉、缪桂龙译注：《东鲁王氏农书译注》，上海古籍出版社2008年版，第707—714页。

⑦ 徐新吾、严有礼：《中国手工业布业的历史演变与特点》，《上海研究论丛》1989年第二辑，第69页。"梭"是1733年英国人John Kay发明的飞梭的雏形。

当时的技术已经可用棉纱织出丝绸的经典式样，譬如锦缎、麦斯林纱或塔夫绸等，而且价格更实惠、布料更耐用。还可将棉纱和丝线混合织造，且无须对织布机进行任何改造。在此数十年前，马可·波罗（1254—1324）对薄如蝉翼、色彩斑斓的长江三角洲丝绸甚为喜爱。马可·波罗到达长江三角洲时应该是当地棉纺业大规模发展之前。因为他提到，棉纺在南方的福建省更普遍而不是长江三角洲地区。王祯所记述的技术革新出现在西方国家工业革命之前，也领先于欧洲国家的发明创造水平。

元代的鞑靼布闻名于世，这是一种高级将领才可以穿着的金线和丝线混织的锦缎。[①]中国丝绸锦缎纺织技术（提花技术的前身）与传统波斯地毯纺织技术相结合，满足了蒙古人迁徙时的衣物需求，这些织物也用于可汗宫廷的装饰。与汉唐时期不同，元代从文化上并不排斥使用外来纤维。因此，13世纪末蒙古军队开始穿着棉衣。在新疆考古发现的几处墓葬出土了元朝士兵制服，里层为棉布，外层为金线、丝线和棉纱混纺面料。[②]1289年朝廷开始强制征收棉纺织品作为军需物资：1296年征收了10万匹布料，1299年达50万匹。[③]在主要产棉区设置木棉提举司，专门征收各省赋税。[④]旅行家伊本·白图泰（Ibn Battuta）在元代游历中国时，见到士兵穿着棉衣和棉织长袖外套，像动物皮毛一样有良好的保暖效果。[⑤]起初只是蒙古士兵穿着这种衣料，后来在汉族人中也开始流行，直到棉花成为中国纺织业的主要原料。

棉花引发了中国的经济变革，棉纺织业成为中国最重要的行业。[⑥]由于当时的技术革新，促使了中国历史上一次生产效率的飞跃。许多历史学家认为，从宋元

---

① Allsen, Thomas S.: *Commodity and exchange in the Mongol Empire. A cultural history of Islamic textiles*. Cambridge: Cambridge University Press, 1997, pp. 3-7.

② Zhao Gang: *The development of cotton textile production in China*. Cambridge: Harvard University Press, 1977, p. 19.

③ Ibid., pp. 19-20. 匹是布料计量单位，各地区和历史阶段尺寸不同。

④ 主要地区为：江苏、浙江、江西、福建和广东。Sadao, Nishijima: "The formation of the early Chinese cotton industry". At Grove, Linda and Christian Daniels (eds.) (1985): *State and society in China*. Tokyo: University of Tokyo Press, 1949, p. 19; 严中平：《中国棉纺织史稿》，科学出版社1955年版，第15页。

⑤ 14世纪中期旅行家Ibn Battuta见证了当时的丝绸产量非常丰富，但看到商人穿着棉花制成的长袖外套时，他认为是品位低俗的表现。见Battuta, Ibn: *A través del Islam*. Madrid (2005): Alianza Literaria, XIV, p. 755。

⑥ Elvin, Mark: *The pattern of the Chinese past*. Stanford: Stanford University Press, 1973, p. 270.

时期中国就已经开始酝酿工业革命。①到1350年，这个时代俨然走到了尽头。出乎意料的是，技术革新并未给中国带来社会变革。学者们认为1350年至1850年期间，中国将技术先锋的圣坛让位于欧洲。②尽管元代致力推广新的棉纺织生产技术，但是使用最广泛的还是一锭和三锭纺车。有史学观点认为，是中国封建社会封闭的社会结构阻碍了纺织技术发展。但是，深入分析研究中国棉纺业的发展就会发现，中国经济结构自有其发展逻辑。

长江三角洲地区聚集了中国绝大多数的工业，是全国最优质布料的产地。北方各省由于气候干旱所以棉纱很容易断裂，不利于纺织产业发展。长江三角洲自然条件适宜，所以当地人将一部分土地用于种植棉花，专门从事棉纺织造。另一方面，自宋代开始政府对长江三角洲征收的赋税就远高于其他地区，家庭中女性从事纺织可以提高收入。如果一户农家仅依靠男人种地的收成无法满足家庭支出，妇女纺织的收入则可以用于贴补家用。③

自古以来中国主要有四个地方从事纺织生产：农村家庭、城市作坊、军方被服厂以及官办织造署。④然而棉纺却不在官办织造署或军方被服厂进行。⑤当时的丝绸依然垄断奢侈消费市场，但棉纺织品逐渐从舶来品转而开始成为大众消费品。农村家庭生产的粗布成为普通大众的日常用品，但是生产能力受到当时棉花产量、人手和技术水平限制。家纺布料没有花纹，但是有标准尺寸（标布或大布）及中

---

① 这也是李约瑟（Joseph Needham）在《中国科学技术史》（1954）（*Science and Civilization in China*）中提出的主要疑问之一。参见林毅夫（1995）关于所谓“李约瑟难题”的讨论。其中研究了为何在中国技术革命已产生，而未能出现工业革命的问题。Lin, Justin Yifu: “The Needham puzzle: why the industrial revolution did not originate in China”. *Economic Development and Cultural Change* 43(2): 1995, pp. 269–292.

② Elvin, op. cit., p. 177.

③ 参见日本汉学家Nishijima *Sadao*（1949）的一篇代表论文：Sadao, Nishijima: “The formation of the early Chinese cotton industry”. At Grove, Linda and Christian Daniels (eds.) (1985): *State and society in China*. Tokyo: University of Tokyo Press, 1949, p. 516。

④ Bray, Francesca: *Science and civilization in China. Volume 6: Biology and biological technology. Part 2: Agriculture*. At Needham, Joseph (ed.) (1954–): *Science and civilization in China*. Cambridge: Cambridge University Press. 7 Vol., 1984; Bray, Francesca: *Technology and gender: fabrics of power in late imperial China*. Berkeley: University of California Berkeley Press, 1997, p. 191.

⑤ Chao, Kang: “La Production Textile dans la Chine traditionnelle”. At Mazzaoui, Maurenn Fennell (eds.): *An expanding world: The European impact on world history. Textiles: Production, trade and demand*. Brookfield: Ashgate Aldershot, 1998, p. 130.

（中机）、短（扣布或小布）尺寸。当时一些市镇作坊由于出产高质量布料而闻名全国。比如，最负盛名的就有黄道婆故乡乌泥泾生产的三锭线布料（三纱），以及番布、斜纹布、飞花布等，都是采用丝绸锦缎织造技艺加工而成。[①]长江三角洲地区生产的布料质量上乘，广受欢迎。只是当时的棉纺生产不在工厂、军方被服厂或官办织造署进行，而是完全由家庭式的私人小作坊完成。

元朝时期，朝廷通过征收棉纺织品来充盈国库。元朝覆灭后，明朝的开国皇帝朱元璋（1328—1398）统一中国，沿袭前朝的制度以赋税形式征收棉纺织品。朝廷每年平均征收1 500万到2 000万匹棉布用于军队。[②]棉花种植范围扩大到整个中国。朝廷规定每5～10亩（0.3～0.6公顷）土地必须有半亩种植桑树、麻或棉花，并按照种植类别上交国库。[③]

明朝时期，国内棉产品综合市场的出现和发展具有里程碑意义。北方冬季气候寒冷加上戍边部队御寒衣物的需求，使中国北方成为最大的布料市场。当时，中国棉纺业空前繁荣，长江三角洲成为中国最主要的织造中心，“松江棉布衣被天下”一说广为流传。[④]

元代松江建府，辖区为长江三角洲以东地区，该地区新兴工业持续发展。当时上海已经建市，但仍隶属松江府管辖。到了元代末期，当地居民多达六万四千户。[⑤]所有临海的土地甚至连沙地和盐地都种上了棉花。明永乐皇帝疏浚大运河促进了地区贸易发展。上海地理位置得天独厚：吴淞江（苏州河）处于棉纺织业中心地带，苏州河将上海与经济重镇苏州连接起来。上海通过大运河与北京互通，也可以沿长江或各条运河支流通往内地城市，这样一来上海便成为沟通南北及沿海地区

① 按照日本史学教授西嶋定生（Nishijima Sadao）使用的分类。Sadao, Nishijima: “The formation of the early Chinese cotton industry”. At Grove, Linda and Christian Daniels (eds.) (1985): *State and society in China*. Tokyo: University of Tokyo Press, 1949, pp. 49–53; Lu, Hanchao: “Arrested development: Cotton and cotton markets in Shanghai 1350–1843”. *Modern China* 18(4), 1992, pp. 484–485.

② Chao, Kang (Zhao Gang): *The development of cotton textile production in China*. Cambridge: Harvard University Press, 1977, p. 20；严中平：《中国棉纺织史稿》，科学出版社1955年版，第44页。

③ Sadao, op. cit., p. 516.

④ Lu, Hanchao: “Arrested development: Cotton and cotton markets in Shanghai 1350–1843”. *Modern China* 18(4), 1992, p. 474.

⑤ 最早关于上海的资料出现于唐朝（沪镇）。Johnson, Linda Cooke: *Shanghai. From market town to treaty port, 1074–1858*. Stanford: Stanford University Press, 1995, pp. 38–39, 69–73。

的桥梁。整个地区形成了半城市化网络，当时的上海很可能是15、16世纪世界上最发达的非首都地区。[①]如果这一时期中国城市人口密度为6%左右，1620年长江三角洲城市人口密度达到了15%。[②]

尽管北方已开始种植棉花，但最终还是将棉花作为原料运至长江三角洲织成布料。明朝末年长江三角洲地区引进了东北大豆肥料，由此引发了一场农业生产革命。[③] 1620—1750年大豆肥料投入使用是棉花农业种植技术的最大变革。由于棉衣与肥料的贸易往来，长江三角洲与东北地区的长途贸易日渐繁荣。[④]另一方面，在中国南方地区棉花作为经济作物不如种植甘蔗带来的利润丰厚，于是人们渐渐放弃棉花种植，最终南方商人也开始用蔗糖进行交易，购买长江三角洲的布料。[⑤]这些因素都促使长江三角洲棉纺织造专业化程度进一步提高。

16世纪中期葡萄牙人在澳门港定居。1571年起西班牙人开始在菲律宾马尼拉定居。当伊比利亚半岛的冒险家抵达中国沿海地区时，他们在此开展了利润可观的贸易，用白银换取各种中国商品，如丝绸、瓷器、棉布等。最初是葡萄牙人从日本运来白银用于交易，随即西班牙人满载着美洲银矿开采的白银而来。[⑥]当美洲沦为西班牙帝国殖民地时，世界历史上第一次实现贸易全球化。[⑦]

来自伊比利亚半岛的贸易商用白银购买中国商品，但中国人对他们的商品不感兴趣。西班牙人和葡萄牙人热衷于购买各类丝绸、棉布等中国商品。在16世纪末的一封西班牙皇室信件中提到：

① Marmé, Michael: "Survival through transformation: how China's Suzhou-centred economy weathered the general crisis of the seventeenth century". *Social History* 32(2), 2007, p. 145.

② Li, Bozhong: "Farm labour productivity in Jiangnan, 1620-1850". At Allen, Robert C., Bengtsson, Tommy and Martin Dribe (eds.): *Living standards in the past. New perspectives on well-being in Asia and Europe*. New York: Oxford University Press, 2005, p. 57.

③ Li, op. cit., p. 59.

④ 由于极少使用羊毛，棉衣在寒冷地区流传开来。这种衣服内部填充棉花，因此需要大量原材料。

⑤ Zhao Gang: *The development of cotton textile production in China*. Cambridge: Harvard University Press, pp. 22-23.

⑥ Atwell, William S.: "International bullion flows and the Chinese economy circa 1530-1650". *Past and Present* 95, 1982, pp. 68-90.

⑦ Findlay, Ronald and Kevin H. O'rourke: "The rise and fall (and rise) of market integration". At Bordo, Michael, Taylor, Alan and Jeffrey G. Williamson(eds.): *Globalization in historical perspective*. Chicago: The University of Chicago Press, 2003, p. 16.

> 我们无法带来任何此地没有的商品，此处盛产丝绸棉麻，气候温和，人们无需呢料；此地糖产丰富，各处岛屿出产蜡、药品及棉花等。贸易只能用白银支付，这是他们唯一接受的货币。恳请陛下颁令许可。
>
> ——1573年墨西哥总督马丁·恩里格斯给菲利佩二世的信[①]

由于屡次遭到海盗洗劫，1554年上海开始修建城墙。这里原本是渔村，住的主要是棉纺织商人，所以城墙并未按照风水原理建成四边形。尽管城市规划略显杂乱，但上海应有尽有，包括寺庙、学校、园林（如豫园）等。上海也是人才辈出，如徐光启（1562—1633），他与耶稣会士利玛窦（Matteo Ricci, 1552—1610）合作翻译了《几何原本》，继王祯之后又撰写了一部农书《农政全书》，书中一章讲述了棉花种植和农业灌溉技术。提到了中国的主要产棉区为长江三角洲（江苏、浙江）、湖北、山东、河北。[②]据书中记载，北方棉花便宜但衣料昂贵，而南方情形正好相反，上海居于两者之间起着贸易中转的作用。上海已经是当时世界上最大的棉产品生产中心之一，西班牙、葡萄牙殖民者的到来对其经济活力并未产生重大影响。

三、鸦片战争前的资本主义萌芽

无论地理面积还是人口数量，18世纪新兴的欧洲诸国都无法与中国相提并论，也没有哪个国家的发展模式能够与中国的模式做比较（参见工业革命早期的英国）。如果要建立相似对等的比较，只能是长江三角洲地区与英国进行比较，或将中国与整个欧洲进行对比。[③]在中国国内市场商品流通地域面积相当于整个欧洲大陆面积的前提下，还认为中国市场是封闭或孤立的观点就比较滑稽。这是研究鸦片战争前中国资本主义萌芽的基本前提。

---

① Enríquez, Martín: *Carta del virrey de México a Felipe II, México, 5 de diciembre de 1573*. (URL: http: //www.upf.edu/asia).

② 高王凌：《棉业历史与清代农村经济结构》，《清史研究》1997年第4期，第87页。

③ 以下研究以英国和长江三角洲比较为主线：Li, Bozhong: *Agricultural development in Jiangnan, 1620–1850*. New York: St. Martin's Press, 1998; Pomeranz, Kenneth: *The Great Divergence. China, Europe and the making of modern world economy*. Princeton: Princeton University Press, 2000; Brenner, Robert and Isett, Christopher: "England's divergence from China's Yangzi Delta: property relations, microeconomics, and patterns of development". *The Journal of Asian Studies* 61(2), 2002, pp. 609–662; Allen, Robert C.: *The British industrialization in global perspective*. Cambridge: Cambridge University Press, 2009。

将英国与长江三角洲地区进行比较研究，首先必须指出两者的不同点。英国可种植土地面积1 300万公顷，1700年人口为500万，1850年人口增长到1 600万。长江三角洲可种植土地面积300万公顷，1690年人口为2 000万，到了1850年为3 600万。①亚当·斯密（Adam Smith, 1723—1790）认为造成这一巨大差异的原因在于水稻产量高于小麦。②人口越多的地区劳动力越多，人工成本就越低。劳动密集型商品价格与人工成本息息相关，劳动力越低廉，商品价格越低。而价格较少受到劳动力影响的产品，譬如白银，无论是用其他商品换购，还是白银本身的购买力，中国白银价格都高于欧洲。③

多数学者观点认为，是人口过剩和劳动力低廉导致长江三角洲未能实现工业化。④松江地区人口众多，土地被分割成小块，土地平均面积缩小。⑤由于劳动力丰富，土地精耕细作，农业生产率更高，因此当时长江三角洲的生产率是英国的9倍。然而，按照收益递减规律，每个农民的平均生产率低于英国。⑥部分剩余劳动力，例如妇女则从事家庭纺织生产。随着从事纺织的妇女人数增加，其劳动价值也相应降低。丈夫在农田耕作的同时，妇女必须织出更多布料来保障家庭收入。相反英国随着每个农民的平均生产率（但不是每块土地生产率）提高，从而免于整个家庭都从事农业生产，当农村富余人口增加以后，英国得以逐渐走上城市工业化发展道路。⑦

---

① Allen, Robert C.: *The British industrialization in global perspective.* Cambridge: Cambridge University Press, 2009, pp. 525–530.

② 马尔萨斯认为早婚是亚洲人口过剩的主要原因。这一观点在引用率高且备受争议的John Hajnal的研究中得以证实。Smith, Adam: *La riqueza de las naciones*. Madrid (2005): Alianza Editorial, 1776, p. 230; Malthus, Thomas Robert: *Un assaig sobre el principi de població*. Barcelona (1985): Edicions 62, 1798, pp. 50–51.

③ Smith, Adam: *La riqueza de las naciones*. Madrid (2005): Alianza Editorial, 1776, pp. 285–288.

④ Elvin, Mark: *The pattern of the Chinese past*. Stanford: Stanford University Press, 1973; Huang, Philip: *The peasant family and rural development in the Yangzi Delta, 1350–1988*. Stanford: Stanford University Press, 1990.

⑤ 长江三角洲土地平均面积从1690年的15亩（1公顷）减少到1850年的9亩（0.6公顷）。Li, Bozhong: *Agricultural development in Jiangnan, 1620–1850*. New York: St. Martin's Press, 1998, p. 150.

⑥ Wu, Chengming and Dixin Xu(eds.): *Chinese Capitalism, 1522–1840*. New York: St Martin's Press, 2000, p. 4.

⑦ Brenner, Robert and Isett, Christopher: "England's divergence from China's Yangzi Delta: property relations, microeconomics, and patterns of development". *The Journal of Asian Studies* 61(2), 2002, pp. 609–662; Huang, Philip: "Review: development or involution in Eigtheenth Century Britain and China? A Review from Kenneth Pomeranz, The Great Divergence: China, Europe and the making of the world economy". *The Journal of Asian Studies* 61(2), 2002, pp. 501–538.

假如多锭纺车得以在长江三角洲普及，意味着会出现更多的剩余劳动力，造成更多的贫困人口。因此，尽管松江地区的人已知晓有更高效的纺车，但依然继续使用单锭或三锭纺车。[①]事实上，由于人工低廉、能源昂贵，纺织效率并不高。[②]传统经济理论认为这是一种“内卷”：生育率高、死亡率高、贫困程度高。马尔萨斯（Thomas Robert Malthus, 1766—1834）认为人口过剩导致饥饿、杀婴，自然灾害使人口与现有资源保持平衡。因此中国经济陷入停滞不前的状态，相当于进入一个死胡同，阻碍了技术进步和发展。[③]事实上，这是有机经济所特有的、根深蒂固的停滞。[④]学术界为此仍在争论不休，但是数世纪以来西方世界关于中国宿命论很有可能是错误的。

首先，马尔萨斯理论并不适用于长三角地区人口增长规律。从1620年到1850

① Wu, Chengming and Dixin Xu(eds.): *Chinese Capitalism, 1522–1840.* New York: St Martin’s Press, 2000, p. 214.

② Allen, Robert C.: “Agricultural productivity and rural incomes in England and the Yangzi Delta, c. 1620–1820”. *Economic History Review* 62(3), 2009, p. 2.

③ 虽然这一观点由马尔萨斯提出，但汉学界基于该理论形成对于中国情况的特有概念。Mark Elvin作为西方汉学界奠基者将这一形势定义为“高水平均衡陷阱”。Philip Huang（1990）认为这是“过密性增长”（involutionary growth）或“无发展增长”（growth without development），该理论是对Pomeranz和Li, Bozhong修正主义的批评。参见Philip Huang（2002）和Robert Brenner & Christopher Isett（2002）。而另一些学者则对马尔萨斯的理论坚信不疑，例如Gregory Clark。Malthus, Thomas Robert: *Un assaig sobre el principi de població*. Barcelona (1985): Edicions 62, 1798, p. 51; Elvin, Mark: *The pattern of the Chinese past.* Stanford: Stanford University Press, 1973, pp. 298–230; Huang, Philip: *The peasant family and rural development in the Yangzi Delta, 1350–1988.* Stanford: Stanford University Press, 1990, pp. 77–92; Huang, Philip: “Review: development or involution in Eigtheenth Century Britain and China? A Review from Kenneth Pomeranz, The Great Divergence: China, Europe and the making of the world economy”. *The Journal of Asian Studies* 61(2), 2002, pp. 501–538; Elvin, Mark: *Another history: essays on China from a European perspective.* Sidney: Wild Peony Pty Ltd, 1996, pp. 20–61; Brenner, Robert and Isett, Christopher: “England’s divergence from China’s Yangzi Delta: property relations, microeconomics, and patterns of development”. *The Journal of Asian Studies* 61(2), 2002, pp. 609–662; Clark, Gregory: “Why isn’t the whole world developed? Lessons from the cotton mills”. *The Journal of Economic History* 47(1), 1987, pp. 141–173; Clark, Gregory: *A farewell to alms. A brief economic history of the world.* Princeton: Princeton University Press, 2007.

④ 笔者参考了Edward Anthony Wrigley提出的“有机物社会”（organically-based economy）与“能源社会”（mineral-based energy economy）的区别。Wrigley, Edward Anthony: “Two kinds of capitalism, two kinds of growth”. *L.S.E. Quarterly* 2, 1988, pp. 103–107.

年江南人口从2 000万增加到3 600万，年平均增长率为0.3%。[①]元朝末年，松江人口为100万多，到了1630年该地区人口增长至220万人。[②]这种人口增长速度并不符合马尔萨斯理论，而更像是一个高速增长的社会特征。

另外近几年研究结果显示，长三角地区生活水平并不如同以往研究认为的那样贫困，[③]反而已经达到一个较为令人羡慕的水平。在家庭生产模式中，织成一匹布需要耗费7天的工时。[④]一个既纺线又织布的女性每年可以织出30到36匹布，赚取12两白银（库平两）。[⑤]这笔收入已经远高于丈夫田间务农的经济效益。[⑥]该

① 李伯重根据Martin Heijdra统计，中国明朝和清朝年间人口年增长速度相同。Li, Bozhong: *Agricultural development in Jiangnan, 1620–1850*. New York: St. Martin's Press, 1998, p. 9; Davis, Mike: *Los holocaustos de la época victoriana tardía. El Niño, las hambrunas y la formación del Tercer Mundo*. Valencia (2006): Publicacions de la Universitat de València, 2001, p. 346.

② 李伏明：《明清松江府棉布产量与市场销售问题新探》，《史学月刊》2006年第10期，第67页。

③ 见Murphey, Rhoads: *The outsiders: The Western Experience in India and China*. Michigan: Ann Arbor, 1977, pp. 156–176。该书的出版无疑是开拓性研究，李伯重（1998）、彭慕兰（2000）和罗伯特·C. 艾伦（2005，2009）定量研究进一步证实了罗兹·墨菲（Rhoads Murphey）研究得出的结论。但无论墨菲还是亚当·斯密在研究中国问题的时候都会出现前后矛盾的情况。书中一些章节描述当时的中国何等贫困，在另外一些章节又会大力颂扬中国是世界上最富有的国家。Smith, Adam: *La riqueza de las naciones*. Madrid (2005): Alianza Editorial, 1776, pp. 117, 147, 267; Li, Bozhong: *Agricultural development in Jiangnan, 1620–1850*. New York: St. Martin's Press, 1998; Malthus, Thomas Robert: *Un assaig sobre el principi de població*. Barcelona (1985): Edicions 62, 1798; Allen, Robert C., Bengtsson, Tommy and Martin Dribe (eds.): *Living standards in the past. New perspectives on well-being in Asia and Europe*. New York: Oxford University Press, 2005; Allen, Robert C.: *The British industrialization in global perspective*. Cambridge: Cambridge University Press, 2009.

④ 学者认为造成生产效率低下的原因在于纺线所耗工时较长。一匹布所需要的原棉只需要一个工人一个工作日的采摘量，但是要四个工作日来准备棉纱，一个工人一天将棉纱织成布匹。徐新吾主编：《江南土布史》，上海社会科学院出版社1992年版，第51页。

⑤ 古代一匹布的布幅少于5平方米，大约2尺（40厘米）宽，16～32尺（5.71～11.45厘米）长，20两（0.75千克）左右重。织机改良以前布匹的尺寸都无法突破5平方米，织成一匹布需要耗费1.5千克脱籽棉花。详见徐新吾主编：《江南土布史》，上海社会科学院出版社1992年版，第88、51页。

⑥ 一个农民能够种植10亩耕地。棉花亩产量为8～10斤，通过轮种（2～3年种植棉花1年种植粮食），间种（部分土地种植棉花，部分土地种植粮食），双季种植（冬季和夏季），长江三角洲棉花年产量为80～100斤原棉，30斤脱籽棉。1斤净棉市场价格在60～120铜钱（1铜钱相当于万分之一盎司银），18世纪中期农民每年赚取2～4两银（库平两），恰好购买一个成人口粮。Li, Bozhong: *Agricultural development in Jiangnan, 1620–1850*. New York: St. Martin's Press, 1998, p. 120; Pomeranz, Kenneth: *The Great Divergence. China, Europe and the making of modern world economy*. Princeton: Princeton University Press, 2000, p. 319; Allen, Robert C.: "Agricultural productivity and rural incomes in England and the Yangzi Delta, c. 1620–1820". *Economic History Review* 62(3), 2009, pp. 535–536.

项收入能够保障两个成年人一年的口粮。总体而言，松江布匹生产的总量在不断增长：从明朝末年的2 000万匹布增加到嘉庆年间的3 000万匹。[①]由此可见，当时人口的增长和总产量的提高并不一致，可能是因为织工的生产效率提高，也可能是越来越多的女性投入纺织生产。此外，由于女性放弃田间耕作，男性就占有更多的耕地。李伯重认为轮作及施肥相结合提高了长江流域农作物的产量。[②]总之，种种数据显示当时人均产量都有所提高。[③]罗伯特·C.艾伦 认为1620—1820年长三角地区人均产量几乎与英国齐平。[④]

通常一个家庭就是一条完整的纺织生产链，也存在专业分工的情况：男性负责种植棉花，女性负责纺织；也有男女都从事纺织的情况。一个家庭中，最耗费时间的纺纱工作由家中老人或者年龄较小的女儿承担，纺织工作由家中成年女性负责；如果家中有1台以上的织机，男性也会参与到纺织中。家庭生产单位以外也存在专职纺纱工，他们既不种植棉花也不织布。专职纺纱工收入较低，约9.5两白银（库平两），只够勉强维持一个成人和一个儿童的生计。[⑤]此外大米的价格、原棉价格和成品棉织品的价格都会对他们的收入造成影响。当时上海周边地区有原棉、棉纱和成衣交易市场。买卖收入用于家庭日常开支和交税。[⑥]从明朝末年开始，松江72%～80%的土地都用于棉花种植。[⑦]因此，松江地区农民已经不再是无产者，

---

① 李伏明：《明清松江府棉布产量与市场销售问题新探》，《史学月刊》2006年第10期。

② Li, Bozhong: *Agricultural development in Jiangnan, 1620–1850*. New York: St. Martin's Press, 1998, pp. 119–132.

③ Li, Bozhong: "Farm labour productivity in Jiangnan, 1620–1850". At Allen, Robert C., Bengtsson, Tommy and Dribe, Martin (eds.): *Living standards in the past. New perspectives on well-being in Asia and Europe*. New York: Oxford University Press, 2005, pp. 56–59.

④ Allen, Robert C.: "Agricultural productivity and rural incomes in England and the Yangzi Delta, c. 1620–1820". *Economic History Review* 62(3), 2009, pp. 525–550.

⑤ Pomeranz, Kenneth: *The Great Divergence. China, Europe and the making of modern world economy*. Princeton: Princeton University Press, 2000, p. 321.

⑥ 从1550年开始施行合并赋役，将田赋和各种名目的徭役合并在一起征收的"一条鞭法"，将赋税折为银两。中国经济开始实现货币化，大量的日本以及美洲银两通过对外贸易进入中国。这种货币化趋势使得棉花成为主要的经济来源，也是重要的税收来源，促进了商业网络的发展。Atwell, William S.: "International bullion flows and the Chinese economy circa 1530–1650". *Past and Present* 95, 1982, pp. 68–90; Brook, Timothy: "Communications and commerce". At Twitchett, Denis and Frederick W. Mote (eds): *The Cambridge History of China. Vol. 8 The Ming Dinasty. Part 2*. Cambridge: Cambridge University Press, 1998, pp. 688–690.

⑦ Johnson, Linda Cooke (ed.): *Cities of Jiangnan in late imperial China*. Albany: State University of New York Press, 1993, p. 49.

而是依赖市场的小商人。

尽管松江农民依然从事农业劳动，但是不能单纯地将此定义为地主与佃农的封建制度。从元朝开始，国家实行手工艺人世袭制度。[①]清雍正年间改革朝廷赋税政策，推行“摊丁入亩”，将人头税按地亩来收取。废除了手工艺人、农民、商人的登记制度，将他们都纳入“良民”。[②]虽然依然存在贵族豪绅阶层，但是废除了自西汉以来的人头税，解放了劳动者。[③]

长三角地区大多数土地都是私有的，只有3%是公有土地。虽然一半的土地都已经租用，但是每个家庭都拥有对自己土地劳动成果的支配权。[④]棉纺织业一直是以家庭形式组织的私人生产活动，直到1890年李鸿章（1823—1901）建立第一家工厂才出现国家干预。当时并没有出现计件生产模式，即商人以提供原材料和资本的形式作为雇佣家庭生产的计件工资。[⑤]在中国，每个家庭作为独立的生产单位将产品拿到市场上出售。由于市场中买卖双方数量可观，原棉、棉纱、布匹的价格必须十分具有竞争优势，这就是一种完全竞争形式。在当时松江地区就已经出现了市场经济，但是没有出现与国家捆绑在一起的资本主义上层建筑，没能够控制和垄

① Chao, Kang: “La Production Textile dans la Chine traditionnelle”. At Mazzaoui, Maurenn Fennell (eds.): *An expanding world: The European impact on world history. Textiles: Production, trade and demand*. Brookfield: Ashgate Aldershot, 1998, p. 124; Pomeranz, op. cit., pp. 86–91.

② Feuerwerker, Albert: “The state and the economy in late imperial China”. *Theory and Society* 13, 1984, pp. 311–317.

③ Wu, Chengming and Dixin Xu(eds.): *Chinese Capitalism, 1522–1840*. New York: St Martin’s Press, 2000, p. 14.

④ “一田二主”是指原主人保留土地使用权继续耕种，土地主人有收益权以及土地监管权，地主可以通过收租的形式对佃农进行剥削，但是这种依附关系也有别于欧洲。Grove, Linda and Esherick, Joseph W.: “From feudalism to capitalism: Japanese scholarship on the transformation of Chinese rural society”. *Modern China* 6(9), 1980, pp. 408–409; Pomeranz, Kenneth: *The Great Divergence. China, Europe and the making of modern world economy*. Princeton: Princeton University Press, 2000, pp. 70–71.

⑤ “计件生产”（putting out）诞生于欧洲同业工会时期，虽然这种模式很可能早已存在，但到了19世纪更为普遍。马克思在《资本论》一书中的分工理论研究是采纳了亚当·斯密关于分工劳动的研究内容。此外，亚当·斯密在书中提及一则轶事，兼做农业和纺织品的农村工人最后会只投身于纺织，因为从田间到作坊再从作坊到田间是浪费时间，最后只会一事无成习惯闲荡。Marx, Karl: *El Capital. Crítica de la economía política*. Madrid (1967): EDAF. 2 Volúmenes, 1867–1894; Feliu, Gaspar and Carles Sudrià: *Introducció a la història econòmica mundial*. València: PUV, 2006, p. 77; Smith, Adam: *La riqueza de las naciones*. Madrid (2005): Alianza Editorial, 1776, p. 39; Pomeranz, op. cit., pp. 70–71.

断商品生产的利润。费尔南·布罗代尔（Fernand Braudel）认为长三角地区出现了无资本的市场。①

虽然长三角地区没有实现工业化，鉴于当时布匹的产量，可以说在鸦片战争之前中国已经出现了纺织工业。纺织品制成以后，布号负责将布匹运输到其他地方洗染。这些作坊有的位于大城市如松江、苏州，有的位于周边的小镇，如乌镇和同里。②此类作坊只加工高档面料。成品一般是靛蓝色花纹织物，由政府审批的牙行将商品运到中国北方、南方等内地市场，也有少数情况运往国外。这些洗染作坊已初具资本生产雏形：一个或者数个投资人，一群雇佣工人，前者向后者支付工资（当时称为“酒资”）。③这就是引发关于“资本主义萌芽”争论的焦点。遗憾的是，印染作坊如何运作还有待学者进一步深入研究。④

那么为何在长三角地区没有实现工业化？一些学者提出一种新的工业经济模式，即亚洲模式，这种模式更加接近于亚当·斯密提出的“自由放任”。该观点主要基于“勤劳革命”（industrious revolution）以及“东亚模式”（East Asian development path）。⑤第一个观点主要涉及工业革命之前，欧亚地区家庭生产更多倾向于进入市场交易而不是自给自足。⑥之前不从事生产的女性、老人和儿童开始投入生产。尽管由于边际收益递减规律，工资收入会逐渐减少，但家庭货币收入总

① Fernand Braudel: *La dinámica del capitalismo.* Madrid: Alianza Editorial, 1985.

② 樊树志：《明清江南市镇的“早期工业化”》，《复旦学报（社会科学版）》2005年第4期，第60—70页。

③ 徐新吾主编：《江南土布史》，上海社会科学院出版社1992年版，第380—389页。

④ Wu, Chengming and Dixin Xu(eds.): *Chinese Capitalism, 1522-1840.* New York: St Martin's Press, 2000, pp. 223-225；徐新吾、严有礼：《中国手工业布业的历史演变与特点》，《上海研究论丛》1989年第二辑，第65页。

⑤ “勤劳革命”详见Jan de Vries（1994，2008）的相关研究，“东亚发展模式”详见彭慕兰（2001），乔万尼·阿里吉（2007a，2007b），杉原薰（2007）的研究。Vries, Jan de: “The industrial revolution and the industrious revolution”. *The Journal of Economic History* 54(2), 1994, pp. 249-270; Vries, Jan de: *The industrious revolution. Consumer behaviour and the household economy 1650 to the present.* New York: Cambridge University Press, 2008; Pomeranz, Kenneth: “Is there an east Asian development path? Long-term comparisons, constraints, and continuities”. *The Journal of the Economic and Social History of the Orient* 44(3): 2001, pp. 322-362; Arrighi, Giovanni: “States, markets, and capitalism, East and West”. *Positions* 15(2), 2007, pp. 251-284; Arrighi, Giovanni Arrighi: *Adam Smith en Pekín. Orígenes y fundamentos del siglo XXI.* Madrid: Akal, 2007.

⑥ Vries, Jan de: “The industrial revolution and the industrious revolution”. *The Journal of Economic History* 54(2), 1994, p. 255; Pomeranz, op. cit., 2001, p. 325.

量增加。如此一来，家庭消费能力得到提高，又促进了商品市场的活跃繁荣。只是这一现象在欧洲引发了工业革命，在亚洲却形成了“勤劳社会”。

亚当·斯密认为劳动是衡量一切的标准，“每个国家每年的劳动是提供生活必需品的保障”。[①]但在英国以及欧洲其他国家，非劳动力资源如土地、煤炭和设备被调动起来；当劳动力和本地市场无法满足需求的时候就开始了对外贸易扩张，对外贸易扩张对当地的劳动市场和贸易又造成了极大的损害。亚当·斯密认为首先应当发展农业，然后发展工业，最后才是对外贸易。通过这种方式欧洲国家完成了原始资本的积累。[②]但是长江三角洲主要的经济来源是国内贸易，财富增长是靠劳动力增长。

我们分析松江地区经济就会发现，1640—1820年长三角地区生活水平与同时代的英国相当。[③]李伯重和彭慕兰推断得出，长三角地区没有像英国那样受到马尔萨斯规律影响。即便有先进的生产力，强有力的市场经济，以及高度集中的棉纺织业，长江三角洲都没有能够实现工业化。难道是因为其经济模式进程有别于深受工业化革命影响的欧洲模式？有完全发展成熟的可能性吗？这些疑问无法得到回答，因为不久以后就爆发了鸦片战争，中国市场陷入割据和隔离状态，中国只能被迫接受西方工业模式。

① Smith, Adam: *La riqueza de las naciones*. Madrid (2005): Alianza Editorial, 1776, p. 27.

② Ibid., 1776, pp. 488-489.

③ 这一假设最早由李伯重提出（1998），经彭慕兰（2000）、罗伯特·C.艾伦（2005, 2009）证实。虽然该理论影响深远，但是却没有引起中国学术圈对西方学术圈期刊、讲座会议、译著的关注。Li, Bozhong: *Agricultural development in Jiangnan, 1620-1850*. New York: St. Martin's Press, 1998; Pomeranz, Kenneth: *The Great Divergence. China, Europe and the making of modern world economy*. Princeton: Princeton University Press, 2000; Allen, Robert C., Bengtsson, Tommy and Martin Dribe (eds.): *Living standards in the past. New perspectives on well-being in Asia and Europe*. New York: Oxford University Press, 2005; Allen, Robert C.: "Agricultural productivity and rural incomes in England and the Yangzi Delta, c. 1620-1820". *Economic History Review* 62(3), 2009, pp. 525-550.

第二节　封建割据

一、开放国门

1898年美国占领前西班牙殖民地古巴和菲律宾以后，试图遏制英国、日本、俄国、德国、法国对华的野心。1899年，美国为了实现对华利益均沾，控制口岸城市，提出门户开放政策。[①]鸦片战争以后，中国不再是一个封闭的国家，在全国范围内“开放”自由市场。[②]据当时驻香港的美国领事声称，1900年一项名为“中国门户开放”(China's Open Door)的计划中提道：“在开放口岸迎接我们的中国人，正是古老的有三千年历史的中国人。”[③]华盛顿政府一再强调中国国情特殊，必须维持中国主权独立，要避免沦为殖民地或者被分裂。这句话既是19世纪西方世界对亚洲的偏见的概括，也是西方世界对东方世界的偏见。[④]尤其是整个19世纪，亚洲社会是古老又滞后的形象。

事实上直到18世纪末，与欧洲相比，中国拥有最强大、最活跃的长途贸易市场。[⑤] 1750年长三角地区布料产量就已经超过了1800年的英国工业布料产量。

---

① 1899年美国国务卿海约翰(John Hay, 1838—1905)第一次在北美官方文件中提出“开放国门”政策。见Lorence, James J.: “Organized business and the myth of the China market: the American Asiatic Association, 1898-1937”. *Transactions of the American Philosophical Society* 71(4), 1981, p. 32。

② Fairbank, John King: *Trade and diplomacy on the China coast, 1842-1854*. Cambridge: Harvard University Press, 1953。

③ Wildman, Rounsevelle: *China's open door. A sketch of Chinese life and history.* Boston: Lothrop Publishing House, 1900, p. 1.

④ 在19世纪欧洲思想界，东方只是一个文学主题，萨伊德(Edward Saïd)将其定义为“东方主义”，包含了所有与西方世界相反的意向；他的论文成为“后殖民主义”的奠基。Saïd, Edward: *Orientalism*. New York: Vintage Books, 1978.

⑤ Shiue, Carol H. and Wolfgang Keller: “Markets in China and Europe on the eve of the Industrial Revolution”. Working Paper, Cambridge: National Bureau of Economic Research, 2007, p. 27.

18世纪末山东地区的粮食产量就超过了1800年全欧洲市场的粮食总量。①中国市场的世界霸主地位持续了整个18世纪，到19世纪这一地位彻底丧失，与此同时国土也四分五裂。②中国的国门确实为外国商人打开，但另一方面也导致本国商人丧失了大部分市场。

从根本上来说，中国市场的基本消费品处于饱和状态：国内粮食供应充足，用于纺织的棉花能够满足国内市场。1840年中国境内的长途运输货物42%是粮食，24%是棉衣。③当时的欧洲市场也是这些基本生活用品占主导地位。一项针对鸦片战争之前各地区粮食价格的研究表明，当时的中国粮食市场一体化程度高且繁荣活跃。④1840年中国市场流通土布数量为3.1亿匹。相当于当时全国产量的56%，其余部分为家庭自用。⑤ 1750年人均布匹消耗量高于1800年的欧洲。⑥来自中国或者印度的棉产品在当时的亚洲市场广泛流通。相较于当时的欧洲，棉产品

① Pomeranz, Kenneth: *The Great Divergence. China, Europe and the making of modern world economy*. Princeton: Princeton University Press, 2000, p. 18, pp. 34–35.

② Shiue, Carol H. and Wolfgang Keller: "Markets in China and Europe on the eve of the Industrial Revolution". Working Paper, Cambridge: National Bureau of Economic Research, 2007, pp. 27–28. 彭慕兰将1830年这个转折点命名为"大分流"。

③ Wu, Chengming and Dixin Xu (eds.): *Chinese Capitalism, 1522–1840*. New York: St Martin's Press, 2000, p. 9.

④ 许多学者都研究了不同历史时期中国各个省份粮食的价格，如王业键（1992），Lillian M. Lim(2000)，Carol H. Shiue（2002），Carol H. Shiue & Wolfgang Keller(2007)。研究都表明当时中国粮食交易市场高度发达，尤其是18世纪时期。遗憾的是没有类似的关于原棉或者棉制品的价格的研究资料。关于中国市场一体化论述详见：Wang, Yeh-chien: "Secular trends of rice prices in the Yangzi Delta, 1638-1935". At Rawski, Thomas G. and Lillian M. Li (eds.): *Chinese history in economic perspective*. Berkeley: University of California Press, 1992, pp. 35–69; Li, Lillian M.: "Integration and disintegration in North China's grain markets, 1738–1911". *The Journal of Economic History* 60(3): 2000, pp. 665–699; Shiue, Carol H.: "Transport costs and the geography of arbitrage in Eighteenth Century China." *The American Economic Review* 92(5), 2002, 1406–1419; Shiue, Carol H. and Wolfgang Keller: "Markets in China and Europe on the eve of the Industrial Revolution". Working Paper, Cambridge: National Bureau of Economic Research, 2007, pp. 27–28。

⑤ "土布"顾名思义是指所有根据中国传统工艺制成的布料。吴承明在研究中指出，1840年一匹布大约有3平方米。Wu, Chengming and Dixin Xu(eds.): *Chinese Capitalism, 1522–1840*. New York: St Martin's Press, 2000, pp. 9–10.

⑥ Pomeranz, Kenneth: "Is there an east Asian development path? Long-term comparisons, constraints, and continuities". *The Journal of the Economic and Social History of the Orient* 44(3): 2001, p. 327.

在工业革命爆发之前一直都是仅限于上流社会使用的奢侈品。[①]

清朝时期，江苏、湖北、河北、山东和河南诸省都有剩余原棉用于市场销售，而山西、陕西和浙江则是自给自足的生产模式。[②]原棉自给自足地区人口数量占中国总人口的51%。在布料生产方面，只有江苏、河北、山东和湖北地区有剩余产品可以用于出售，而浙江、福建和广东则自给自足。布料自给自足地区人口占总人口的49%。北方过剩的原棉必须销售到南方才能转化为成品。由于全国有一半人口的服装依靠地区贸易，因此地区之间的长途贸易必不可少。

与此同时，专门从事纺织品生产的地区也十分依赖国内市场。根据王业键估算，18和19世纪每年在长江流经三角洲的稻米数量达到1 500万～2 000万石（120万～150万吨）。大部分粮食都留在当时世界上人口最多的长江三角洲地区，作为专门从事纺织的家庭口粮。另一部分大约500万～600万石（大约50万吨），通过大运河向北方地区运输，其中300万石大米作为税收上缴国库。[③]毫无疑问这是中国最大的贸易，也是世界上最大的贸易之一，中国大部分人口赖此为生。

中国有四条长途贸易路线，总长度超过1 000千米：京杭大运河（杭州—苏州—江苏—山东—河北—天津—北京）、长江（上海/吴淞口—江苏—安徽—湖北—四川）、南部海上航线（上海—浙江—福建—台湾—广东—海南）和北部海上航线（上海—山东—天津—东北）。此外，超过5万多千米的通航河道构成中国南部地区巨大的水上运输网络。[④]鸦片战争前，上海就有3 500艘沙船组成的船队，船舶的航行率是400次每周，甚至超过了1830年的伦敦。[⑤]通航河流或

① Riello, Giorgio: “Asian knowledge and the development of calico printing in Europe in the seventeenth and eighteenth centuries”. *Journal of Global History* 5, 2010, pp. 1–28.

② 相关地区研究数据来自高王凌：《棉业历史与清代农村经济结构》，《清史研究》1997年第4期，第35页。

③ Wang, Yeh-chien: “Secular trends of rice prices in the Yangzi Delta, 1638–1935”. At Rawski, Thomas G. and Lillian M. Li (eds.): *Chinese history in economic perspective*. Berkeley: University of California Press, 1992, p. 38.

④ Wu, Chengming and Dixin Xu (eds.): *Chinese Capitalism, 1522–1840*. New York: St Martin’s Press, p. 9.

⑤ 黄汉民、徐新吾主编：《上海近代工业史》，上海社会科学院出版社1998年版，第2页；Murphey, Rhoads: *The outsiders. The Western Experience in India and China*. Michigan: Ann Arbor, 1977, pp. 163–164。

运河周边城市商品价格趋于一致，比如上海与其他沿海城市，程度远超于欧洲城市。[①]中国内河贸易比海上贸易更重要，且早已经“开放”。

除粮食和棉花以外，茶叶、糖、纸、丝绸、瓷器、烟草、香料、药品等货物也在中国市场流通，[②]其中有进口商品，也有出口商品。例如，1734年东印度公司购买了第一批在长江三角洲生产的布料，当时称为“南京布”(nankeens)。[③]在当时的欧洲国家，南京布与瓷器、漆器和丝绸都成为时尚商品而受到人们的追捧。对当时的中国而言，外贸税收仅占政府总收入的1%，外贸所占比例与其国内贸易相比只是很小的一部分。然而，这种情况在19世纪中叶开始发生变化。中国国内市场的效率越来越低，而当时的欧洲已经完成了工业革命。三大因素瓦解了中国强大的国内贸易系统。

第一是环境因素。1830—1930年，黄河和长江发生了巨大洪灾。1852—1855年黄河航道淤塞，从山东半岛南端向北400千米无法通航。1876—1878年洪水退下以后，又发生了更严重的干旱。[④]在之后的1887年、1889年、1921年、1933年和1938年多次暴发洪水，1898—1901年和1928—1931年发生严重干旱。[⑤]大运河是南北贸易的交通枢纽，因多次洪水泛滥，当时政府没有相应投入整修而彻底瘫痪。[⑥]其后出现的外国公司的蒸汽船和铁路与大运河航道的沙船相比，只是覆盖了小部

① Shiue, Carol H. and Wolfgang Keller: “Markets in China and Europe on the eve of the Industrial Revolution”. Working Paper, Cambridge: National Bureau of Economic Research, 2007, pp. 54, 56.

② 更多关于糖、茶叶和其他非必需品的消费研究见：Pomeranz, Kenneth: “Is there an east Asian development path? Long-term comparisons, constraints, and continuities”. *The Journal of the Economic and Social History of the Orient* 44(3), 2001, p. 327。

③ “南京布”其实是产自松江的“土布”，是一种印有靛蓝图案的“大布”。南京布比一般的土布更大，约有30平方米，而普通家用土布只有5平方米。外国人将这种布料称为“南京布”是因为南京市是当时控制长江三角洲的地方军政府所在地。樊树志：《明清江南市镇的“早期工业化”》，《复旦学报(社会科学版)》2005年第4期，第64页；Zhao Gang: *The development of cotton textile production in China*. Cambridge: Harvard University Press, 1977, p. 81。

④ 关于该干旱研究见Davis, Mike: *Los holocaustos de la época victoriana tardía. El Niño, las hambrunas y la formación del Tercer Mundo*. Valencia (2006): Publicacions de la Universitat de València, 2001。

⑤ 更多关于山东地区和黄河流域的研究见Pomeranz, Kenneth: *The making of a hinterland. State, society and economy in inland North China, 1853-1937*. Berkeley: University of California Press, 1993, pp. 153-211，第四章《顺流而下》。

⑥ Terje Tvedt: “Why England and not China and India? Water systems and the history of the Industrial Revolution”. At *Journal of Global History*, 5, 1, 2010, p. 37.

分的中国经济领域。[①]大运河瘫痪导致中国北方粮食严重缺乏，是造成北方地区贫困的主要原因之一。经济危机又导致社会动荡，发生地区叛乱、极端贫困和大规模土匪活动。大运河淤塞造成的经济危机是导致捻军起义（1851—1868）和义和团运动（1899—1901）爆发的决定性因素。[②]

1929—1930年，美国农学家卜凯（John Lossing Buck）进行了一次关于中国农村生活详细完整的调查，[③]覆盖全国各地150多个地区。巴克通过详细的问卷调查研究发现，1904—1929年京杭大运河上游地区平均发生了21次自然灾害，导致农作物歉收，由于洪水、干旱、虫害导致收成比预计减产一半，农田破坏和森林砍伐迫使14%的农村人口移居到上海这样较为富裕的地区。[④]总之，黄河连年泛滥导致被称为中国“咽喉”的大运河无法通航，使高度依赖水上交通的周边地区普遍陷入贫困。[⑤]

第二是外部因素。第一次鸦片战争结束以后，1842年8月29日清帝国作为战败国与英国签署了《南京条约》，其中第二条准许英国派驻领事，准许英商及其家属自由居住在广州、厦门、福州、宁波和上海港口。第十条对进口货物设定了“公平”的海关税。此后，所有进口税率都从5%降至2.5%。其中棉制品税率下降尤为

① 1880—1891年中国商务轮船公司运输的大米几乎垄断了从上海到天津的粮食运输，每年大约有50万担（约2.5万吨），数量大约相当于运河正常运营期间的6%到10%。而1894年中国的铁路只有364千米。Feuerwerker, Albert: *China's Early Industrialization. Sheng Hsüan-huai (1844–1916) and Mandarin Enterprise*. Cambridge: Harvard University Press, 1958, p. 169; Feuerwerker, Albert: *The Chinese Economy, 1870–1949*. Michigan: An Arbor Center for Chinese Studies, 1995, p. 151.

② Elvin, Mark: *Another history: essays on China from a European perspective*. Sidney: Wild Peony Pty Ltd, 1996, pp. 197–226.

③ 卜凯是一位传教士，妻子赛珍珠（Pearl S. Buck）也出生于长老会传教士家庭，两人长期生活在中国。在中国期间赛珍珠在其畅销小说《大地》中，讲述了一个深受洪灾影响的农民家庭所发生的不幸。她是第一位获得普利策奖（1932年）和诺贝尔文学奖（1938年）的女性。虽然卜凯开创性研究非常有价值，但一些后来的研究表明他可能高估了当时中国人民的生活水平：Rawski, Thomas G. (ed.): *Economics and the historian*. Berkeley: University of California Press, 1996, pp. 33–34。

④ 据统计，当时8%的山东民众有营养不良的问题。Buck, John Lossing: *Land utilization in China. A study of 16.786 farms in 168 localities and 38.256 farm families, in twenty-two provinces in China, 1929–1933*. Taipei (1986): Southern Materials Center Inc. 3 Vol, 1937, p. 45.

⑤ Pomeranz, Kenneth: *The making of a hinterland. State, society and economy in inland North China, 1853–1937*. Berkeley: University of California Press, 1993, pp. 4–5.

可观，鸦片战争之前的棉纱的税率为12%，高档成品布为31%。[1]

1854年正值太平天国运动期间，英国人乘机占领上海海关。爱尔兰人罗伯特·赫德（Robert Hart, 1835—1911）从1863年开始直到去世都掌控着中国的对外贸易。其主要职能是确保贸易自由，将中国海关利润作为战争赔款偿还给战胜国。当中国财政被外国人控制以后，公共开支转移到沿海地区，内地贫困地区的基础设施遭到大规模破坏。[2]根据1858年6月签署的《天津条约》，英国人将海关控制范围扩大到中国其他港口。到了20世纪初，中国被迫开放的港口数量达到40个，15个国家享有与英相同的特权（最惠国待遇），确定领事裁判权，管辖租界的治外法权。基于不平等条约建立起港口制度，最终形成了“国中国”的局面。[3]

中国货物从一个港口到另一个港口也必须完成通关手续。据方显廷统计，1929年约84%的棉织品是从一个租界“出口”到另外一个租界，即使在中国境内运输也必须经过海关。[4]条约规定的港口制度导致中国对外贸易与国内贸易重叠。[5]加拿大海关人员马士（Hosea Ballou Morse, 1855—1934）是一位汉学家也是费正清的老师，他发现产品从一个城市销售到另一个即使非常邻近的城市，最好先出口到香港，然后将其重新进口到目的地城市。[6]因此，在笔者看来，用所谓的“开放港口”来定义该贸易体系并不恰当，因为租界对外国公司敞开了中国大门，但封

① Koo, Shou-eng: *Tariff and the development of cotton industry in China*. New York: Garland Publishing Inc, 1982, p. 41.

② Pomeranz, Kenneth: “Labor Intensive industrialization in Yangzi Delta: Late imperial patterns and their modern fates”. Working Paper, Helsinki: XIV International Economic History Congress, 2006.

③ 关于“条约口岸”见Fairbank, John King: “The creation of treaty system”. At Fairbank, John King (ed.): *The Cambridge History of China. Vol. 10: Late Ch'ing, 1800–1911. Part 1*. Cambridge: Cambridge University Press, 1978, pp. 213–263。“国中国”定义见黄汉民、徐新吾主编：《上海近代工业史》，上海社会科学院出版社1998年版，第75页。

④ Fang, Xianting (H. D. Fong): *Cotton industry and trade in China*. Tianjin: Chihli Press, 1932, pp. 282–284.

⑤ 该结论见日本学者Kose, Hajima: “Foreign trade, internal trade, and industrialization: patterns of regional commodity flows, 1914–31”. At Sugihara, Kaoru (ed.): *Japan, China, and the growth of the Asian international economy, 1850–1949*. Oxford: Oxford University Press, 2005, pp. 198–213。

⑥ 中国海关统计数字有高估外贸的倾向，因为发往中国北方内陆的商品往往会有多次海关记录，上海进口、上海出口，进口到天津再从天津出口，最后到达目的地。Morse, H. B.: *The trade and administration of the Chinese empire.* Taipei (1975): Ch'eng-wen Publishing Company, 1907, p. 365; Murphey, Rhoads: *The outsiders. The Western Experience in India and China*. Michigan: Ann Arbor, 1977, p. 213.

闭了国内经济的区间贸易。

第三是由于前两个因素导致贸易运输成本的增加。自19世纪中期开始，中国陷入了严重的内部政治危机。河道瘫痪不仅使大运河受到了影响，第一次鸦片战争后，当时已经被英国割占的香港和国际化的上海成为中国最主要的商业港口，打击了广州和其他内河航运城市。海上航运业被外国人主导造成了内陆贸易航线很大的不稳定性。由于海关被外国人控制加上鸦片贸易猖獗，导致海盗出没频繁、非法贸易盛行。社会不安定因素进一步增加了贸易运输成本。太平天国运动正是利用这一点，沿着古老的内陆河航道不断发展壮大势力，运河航道在海上贸易的冲击下彻底荒废。太平军在珠江和长江水域覆盖的广西、湖南、湖北和安徽的内陆地区频繁活动。1853年太平军占领南京并将其设为太平天国的首都，1864年被清政府镇压。太平天国运动是19世纪规模最大的农民起义，长江三角洲地区受到的波及最深。

随着地区武装冲突愈演愈烈，军费开支加剧，清廷开始对所有商品征收过境税“厘金”，即对境内所有商业交易征收税款。1853年厘金制度首次在江苏泰州施行，很快在内陆的交通要道上传播开来。厘金最重的地区之一是上海到苏州地区。①这种征税方式在全国范围内施行，税率根据地方军队的需要随机而定并且变化很大，不同地区税率从1%至20%不等。根据1876年《烟台条约》规定，外国产品免交厘金。②进口货物只在抵达港征收单一税，如此一来严重削弱了国货的市场竞争力。

河流贸易的衰退，租界的形成和内陆交通运输的不安全性，最终摧毁了曾经世界上最具活力的市场。到了20世纪，中国成为世界人均服装消费率最低的国家之一。③ 20世纪上半叶粮食价格相关数据表明，中国粮食市场完全失去

---

① Mann, Susan: *Local merchants and the Chinese bureaucracy, 1750–1950*. Taipei: Southern Materials Center, Inc, 1987, p. 95, pp. 116–117.

② Koo, Shou-eng: *Tariff and the development of cotton industry in China*. New York: Garland Publishing Inc, 1982, p. 45, pp. 68–71.

③ 1936—1937年，中国每年人均消耗土布5.8～6.6平方米（即1匹多），而当时英国和美国的消费则高出10倍。Zhao Gang: *The development of cotton textile production in China*. Cambridge: Harvard University Press, 1977, p. 239; Feuerwerker, Albert: *The Chinese Economy, 1870–1949*. Michigan: An Arbor Center for Chinese Studies, 1995, p. 239; Xu, Xinwu and Byung-kun Min: “The struggle of the handicraft cotton industry against machine textiles in China”. *Modern China* 14(1), 1988, p. 47.

活力。[①]

二、中国的棉纺织工业

第一次鸦片战争期间，中国沿海地区出现了最早的一批蒸汽船。英国皇家海军的荣耀——复仇女神号（Nemesis）是世界上第一艘穿过好望角的蒸汽船。[②]不久以后，香港出现蒸汽机。1841年香港药店屈臣氏（Watson & Co.）开始使用蒸汽机，1843年上海一家名为墨海书馆的印刷厂也开始使用蒸汽机。[③]1845年广东、香港相继出现造船厂，1850年上海也有了第一家造船厂。外国造船厂成为中国工业萌芽时期最重要的产业。[④]

1861—1865年爆发的美国南北战争导致原棉奇缺。为了缓解兰开夏郡棉纺企业原材料缺乏的困境，英国开始寻找其他棉花产地。1868年英国格洛弗公司（Glover & Company）在上海周边地区兴建了一家使用蒸汽机的轧棉厂，该公司在中国设有一家名为公正轮船公司（Union Steam Navigation Company）的航运子公司。1877年英国商人斯凯格斯（C. J. Skeggs）打算进口机械织机。1882年美国人韦特莫尔（W. S. Wetmore）和中国人王克明筹建配有纺纱机和织布机的工厂。[⑤]虽然这两项计划由于种种原因最终没有实施，但是却成为中国棉纺织工业的开端。

① Brandt, Loren: "From household behavior, factor markets, and the distributive consequences of commercialization in Early-Twentieth Century China". *The Journal of Economic History* 47(3), 1987, pp. 711-737; Wang, Yeh-chien: "Secular trends of rice prices in the Yangzi Delta, 1638-1935". At Rawski, Thomas G. and Lillian M. Li (eds.): *Chinese history in economic perspective*. Berkeley: University of California Press, 1992, pp. 35-69; Shiue, Carol H. and Wolfgang Keller: "Markets in China and Europe on the eve of the Industrial Revolution". Working Paper, Cambridge: National Bureau of Economic Research, 2007.

② 第一艘在中国海域航行的蒸汽船名为Forbes，1830年载有840箱鸦片抵达广东。Blue, A. D.: "Early steamships in China". *Journal of the Hong Kong Branch of the Royal Asiatic Society* 13, 1973, pp. 45-47.

③ 陈真编：《中国近代工业史资料·第四辑》，生活·读书·新知三联书店1961年版，第19页。

④ 第一台蒸汽机于1822年抵达广东但是从未启用过，见Blue, A. D. (1973)。中国最早的造船厂详见：黄汉民、徐新吾主编：《上海近代工业史》，上海社会科学院出版社1998年版，第9—48页；Blue, op. cit., pp. 45-57; Liu, Kwang-ching: "Steamship enterprise in Nineteenth Century China". *The Journal of Asian Studies*, 18(4), 1959, pp. 9-48。

⑤ 黄汉民、徐新吾主编：《上海近代工业史》，上海社会科学院出版社1998年版，第17页。

由于中国商人与外国商人之间缺乏交流，加上清政府排挤所有外资企业，因此中国工业进展缓慢。[①]其间，中国境内只有外国贸易轮船公司在外国使领馆的庇护下，依照条约规定的航行权在中国一些口岸城市建设码头。

太平天国运动期间，中国逐渐兴起创办工厂的潮流。太平军领袖之一洪仁玕（1822—1864）试图学习西方工业技术，实现军队现代化和发展经济。洪仁玕与广东容闳（1828—1912）会谈，与他探讨构建文官政府，建立银行系统，给部队配备欧式装备等事宜。[②]当时的清政府也在构思这些内容。忠于清政府的将领曾国藩（1811—1872）、左宗棠（1812—1885）、李鸿章、张之洞（1837—1909）也意识到必须在战争中采用西方技术。于是在恭亲王的支持下发起洋务运动，以“自强”为目的引进西方现代生产技术。[③]

1860年夏，当太平军即将抵达上海港口时，李鸿章、曾国藩在外国军事力量（其中就有西班牙马尼拉军人）的支持下用西方武器进行抵抗，之后他们开始兴建兵工厂。[④]平叛过程中西方列强表面维持中立，但实际上向清政府输送雇佣兵，最后达到镇压农民起义的目的。清政府军队就此开始了现代化改革的进程。[⑤]战争结束之后，李鸿章、曾国藩在上海建起了一座大型兵工厂——江南制造局，[⑥]这是中国最早的一座大规模工厂。

1878年棉纺织品进口增加，越来越多的外国企业入驻中国，引起了李鸿章的重视。为了遏制事态的进一步发展，李鸿章决定在上海筹建另一所大型工厂，上海

---

① Brown, Shannon R.: “The transfer of technology to China in the Nineteenth century: the role of direct foreign investment”. *Journal of Economic History* 39(1), 1979, p. 197.

② 容闳更为人熟知的是他的广东名Yung Wing，他是1854年毕业于美国耶鲁大学的第一个中国留学生。Yung, Wing: *My life in China and America*. New York: Henry Holt Company, 1909, p. 37.

③ 关于洋务运动及引进西方技术详见郭廷以、刘广京的文章：Kuo, Ting-ye and Kwang-ching Liu: “Self-strengthening: the pursuit of western technology”. At Fairbank, John King (ed.): *The Cambridge History of China. Vol. 10: Late Ch’ing, 1800–1911. Part 1*. Cambridge: Cambridge University Press, 1978, pp. 491–525。

④ 西班牙军队参与镇压太平天国运动详见：Martínez Robles, David: *La participación española en el proceso de penetración occidental en China: 1840–1870*. Tesis doctoral no publicada, Barcelona: Universitat Pompeu Fabra, 2007, pp. 278–290。

⑤ 清政府军队现代化详见：Bastid-Bruguière, Marianne: “Currents of social change”. At Fairbank, John King and Kwang-ching Liu (eds.) (1980): *The Cambridge History of China. Vol. 11: Late Ch’ing, 1800–1911. Part 2*. Cambridge: Cambridge University Press, 1980, pp. 540–550。

⑥ 黄汉民、徐新吾主编：《上海近代工业史》，上海社会科学院出版社1998年版，第29页。

机器织布局就此诞生，这是当时中国第一家真正运营的棉纺织企业。[①]在克服重重困难之后，1890年投入3.5万纱锭、530台机械织机开始生产。中国棉纺织企业在起步阶段遇到的困难与其他国家大致相同。[②]事实上中国棉纺织业起步比日本晚10年，比当时的英属殖民地印度晚20年。亚洲第一家棉纺织企业在1856年成立于孟买，虽然很快倒闭。印度棉纺织业正式起步于1870年。[③]日本第一家棉纺织企业建于1867年，创办初期也是克服了重重困难，运营时断时续，直到1883年才稳定下来，开展大规模的工业生产。[④]

1893年上海机器织布局正准备扩厂的时候，一场突如其来的大火将原工厂付之一炬。李鸿章与盛宣怀决定筹办官督商办工业网，在织布局旧址上设立规模更大的机器纺织总厂，织布机达到750台。后取名“华盛”，仍为官督商办性质，还在上海、宁波、镇江等处设立10个分厂，总计32万纱锭和4 000台织布机，计划10年内突破价值1 800万海关两的棉纱和750万海关两布料，总价值几乎与2 700万进口棉纺织产品相抵。[⑤]这些企业的创建初衷是为了“替代进口”，一方面也有模仿“外国款式”的意图。[⑥]企业成功很大程度是由于进口外国设备，聘用外国技术人员。但是制订的计划最后却没能真正彻底实施，因为不久之后就爆发了甲午战争。中国作为战败国被迫签订了《马关条约》，国库进一步被掏空，外国企业在中国最终获得了合法地位。[⑦]

在签订协议之前，中国已有6家棉纺织企业：华盛（总厂）64 556纱锭750台织布机，华新9 024纱锭50台织布机，豫源25 000纱锭，裕晋15 000纱锭，大纯20 392纱锭。湖北织布局是唯一坐落于上海以外的纺纱厂，总计40 592纱锭、1 000台织

① 盛宣怀与李鸿章之间书信往来商谈筹建上海机器织布局详见陈旭麓等主编：《上海机器织布局·盛宣怀档案资料选辑之六》，上海人民出版社2001年版。

② 严中平：《中国棉纺织史稿》，科学出版社1955年版，第114页。

③ Tomlinson, B. R.: *The Economy of modern India, 1860–1970. The New Cambridge History of India*. Cambridge: Cambridge University Press, 1993, p. 109.

④ Ohno, Kenichi: *The economic development of Japan*. Tokyo: National Graduate Institute of Policy Studies, 2006, p. 76.

⑤ Feuerwerker, Albert: *China's Early Industrialization. Sheng Hsüan-huai (1844–1916) and Mandarin Enterprise*. Cambridge: Harvard University Press, 1958, p. 220.

⑥ Bush, Richard: *The politics of cotton textiles in Kuomintang China, 1927–1937*. New York: Garland Publishing Company, 1982, p. 41.

⑦ 日本向中国索要的战争赔款迫使中国实行金本位制度。

机。湖北织布局并不是由李鸿章和盛宣怀二人负责，而是由洋务派另一重要成员张之洞掌管。当时中国总计拥有174 564纱锭和1 800台织布机。[①]这一阶段中国棉纺织工业的另一特征初步呈现，即纺纱工业的发展远超织布工业。

《马关条约》签订以后，大量外国资本涌入中国。1895年4月英国怡和洋行在中国创建了怡和纱厂。同年8月，英国公司老公茂纱厂开始运营。美资国际棉花制造公司和英德公司德商瑞记纱厂开始启动。[②]到了1897年上海共有160 548纱锭896台外国织机与中国企业竞争。[③]虽然外国资本得以迅速进入中国市场，但是想要步入正轨正式投产还有待时日。

外国企业生产的产品与进口商品有着共同优势。除了产量最大的棉纱以外，所有的中国工厂或者外国工厂的工业布都仿制进口布，生产原色布以及白色布：衬衫布、片材、T布、天鹅绒、女式成衣。[④]由于外企的竞争（也可能是盛宣怀管理不当），中国企业始终故步自封没能大胆创新，在市场竞争中逐渐处于劣势。华盛纺织总厂从1897年开始亏损，到1904年改为商办，由盛宣怀的儿子管理。[⑤]华新也转为私有，更名为恒丰，并由曾国藩的女婿聂缉椝（1855—1911）管理。[⑥]大纯纱厂和豫源纱厂在20世纪初落入日本人手中。这些最早兴办的工厂都由一小撮核心官僚负责，但是官员毫无企业管理经验。反观外国企业虽然有种种优势，高层也有丰

① 严中平：《中国棉纺织史稿》，科学出版社1955年版，第114页。

② 黄汉民、徐新吾主编：《上海近代工业史》，上海社会科学院出版社1998年版，第80页。

③ Feuerwerker, Albert: *China's Early Industrialization. Sheng Hsüan-huai (1844–1916) and Mandarin Enterprise*. Cambridge: Harvard University Press, 1958, p. 222.更多关于中国最初工厂股份制的研究详见张秀莉：《19世纪上海外商企业中的华董》，《史林》2004年第4期，第1—19页。

④ 原色布是指保留了棉花天然灰色的布料，白色布是指已经漂白过的布料。不同于平纹、斜纹和缎纹的分类方法，这些布料分类主要是根据当时被英国人把控的中国海关规定的。对比可以发现工业布比家纺布布幅大很多。片材和衬衫布通常12匹或者15匹包装，每匹宽36英尺（91厘米），长40码（36.4米），布幅大约有30平方米，是土布的10倍还多。如果每匹布重超过12磅（5.4公斤，或者每磅3.5码）就可以归类为片材，如果没有超过，就归为衬衫布。T布是一种分量更加重的布料，价格更加低廉，布幅更窄。尽管这种分类较为合理，但事实上按照这种标准多数北美布料只能归为片材。也无法对日本布料进行合理的分类，只能增设一种“日本棉布”。Odell, Ralph M.: *Cotton goods in China*. Washington: Bureau of Foreign and Domestic Commerce. Special Agents Series n° 107, 1916, pp. 49–101；严中平：《中国棉纺织史稿》，科学出版社1955年版，第107页。

⑤ Feuerwerker, op. cit., p. 224.

⑥ Bergère, Marie-Claire: *L'âge d'or de la bourgeoisie chinoise, 1911–1937*. Paris: Flammarion, 1986, pp. 168–169.

富的企业管理经验，却也收效甚微。回顾20世纪的历史，我们发现新办的5家工厂最后只有3家存活下来。

1899年，青年书生张謇（1853—1926）买下了原属于张之洞因甲午战争爆发而滞留的一批纺织设备，在江苏南通建起了一座纱厂。江苏南通位于长江三角洲北部，靠近上海，但是相对贫穷。张謇的大生纱厂是中国第一家真正意义上的私营企业，开启了民营工业的先河，并在第一次世界大战期间发展至最大规模。[①]大生纱厂将生产的棉纱卖给家庭纺织工，然后由家庭作坊织成土布。《马关条约》签订以后，涌现出很多创业者独立开办纺织工厂，不再由“官督”或者军管。《马关条约》签订以后的几年，企业家将工厂开到上海以及其他长三角地区的城市，如杭州、苏州、无锡、常熟、南通甚至宁波。[②]1898年的百日维新使工业热潮到达了顶峰，但就像短暂的改革一样，很多企业存活不到一年就消失了。[③]

在初战不利的情况下，棉纺织业还是很快再次振作起来，到1911年中国共有26家民族企业、9家外国企业。[④]然而工业产品在市场占据的额度非常低，主要还是家庭生产和地方贸易为主（详见下一章节）。1911年辛亥革命以后，截至1920年，中国工业平均增长速度为13.4%。[⑤]工厂初期主要生产粗线、坯布和白布，之后产品种类逐渐增加。起初粗布不会直接销售，而是先送到传统作坊染色或者印花，长江三角洲遍布传统洗染作坊。到了后来，进口染色布和印花布（dyed cloth, printed cloth）以及日本布料逐渐推动了本地工业的发展，本地企业开始学习借鉴外国先进的制造工艺。在此社会大背景下，达丰厂于1913年诞生了，与此同时还有众多工厂纷纷建立起来，这些企业的目标都是生产国货替代进口。

第一次世界大战的爆发为亚洲棉纺织工业的发展提供了前所未有的大好时机。西方列强的撤出为本国工业发展扫清了障碍，中国资产阶级迎来了“黄金

---

① 更多关于张謇及其企业的研究详见：Köll, Elisabeth: *From cotton mill to business enterprise: The emergence of regional enterprises in Modern China*. Cambridge: Harvard University Press, 2003; Qin, Shao: *Culturing modernity. The Nantong model*. Stanford: Stanford University Press, 2004。

② 严中平：《中国棉纺织史稿》，科学出版社1955年版，第340—367页。

③ Zhao Gang: *The development of cotton textile production in China*. Cambridge: Harvard University Press, 1977, pp. 113-114.

④ Odell, Ralph M.: *Cotton goods in China*. Washington: Bureau of Foreign and Domestic Commerce. Special Agents Series n° 107, 1916, p. 158.

⑤ Chang, John K.: *Industrial Development in pre-Comunist China. A quantitative analysis*. Edinburgh: The University Press, 1969, p. 71.

时期”。[①]日本企业也乘此机会在中国建立大量的棉纺织工厂。棉纺织工业在1919—1921年的增长速度达到了巅峰。

其间，中国企业从1910年的540 073纱锭增加到1920年的1 774 974纱锭，相比较之下织布机的增长速度就没有这样可观：从1910年的3 016台织机增加到1920年的7 740 台。此时日资企业纱锭从55 296 增加到 801 622。1915—1920年外资企业的纱锭数量有所增加，但是相对而言所占比重有所下降：从23.8%（245 954）下降到 9%（256 284）。织机数量的下降并不显著，从34%（1 900）略降到22%（2 653）。[②]工业布料的产量在20世纪二三十年代增加尤为显著，从1918年的280万匹增长到1927年的1 100万匹，1936年接近3 000万匹。[③]随着中国工业的发展，20年代棉纱进口显著下降，30年代布料进口也呈锐减趋势。1914—1922年，中国棉纺织工业的整体增长速度为世界第一。[④]

仅仅1921年一年的时间上海就新建了42家工厂，其中16家为纺织企业。[⑤]毫无疑问这是创业高峰期。长三角地区的纺织企业聚集了全国一半以上的纱锭。上海周边地区占全国41%的份额，此外形成了新的商圈，如天津（12.8%）、武汉（10%）和青岛（2.1%）。[⑥]中国北方是日本工厂居多，尤其是天津和青岛聚集了大量的日

① Bergère, Marie-Claire: *L'âge d'or de la bourgeoisie chinoise, 1911–1937*. Paris: Flammarion, 1986, pp. 168–169.

② 数据来自 Zhao Gang: *The development of cotton textile production in China*. Cambridge: Harvard University Press, 1977, pp. 301–307。

③ 以上评估来自Ramon H. Myers(1965), Richard A. Kraus(1980)。据徐新吾（1988）的统计数据应10倍于此，1920年3 600万匹到1936年4亿匹，这并不是统计存在误差而是在于每“匹”的尺寸是3-5平方米还是30-40平方米。Myers, Ramon H.:“Cotton Textile Handicraft and the Development of the cotton textile industry in Modern China”. *The Economic History Review* 18(3), 1965, p. 629; Kraus, Richard A.: *Cotton and cotton goods in China, 1918–1936*. New York: Garland Publishing Inc, 1980, p. 101; Xu, Xinwu and Byung-kun Min: “The struggle of the handicraft cotton industry against machine textiles in China”. *Modern China* 14(1), 1988, p. 41。

④ Zhao Gang: *The development of cotton textile production in China*. Cambridge: Harvard University Press, 1977, p. 119. Pomeranz, Kenneth: “Is there an east Asian development path? Long-term comparisons, constraints, and continuities”. *The Journal of the Economic and Social History of the Orient* 44(3), 2001, p. 338.

⑤ Bergère, Marie-Claire: *L'âge d'or de la bourgeoisie chinoise, 1911–1937*. Paris: Flammarion, 1986, p. 97.

⑥ Koo, Shou-eng: *Tariff and the development of cotton industry in China*. New York: Garland Publishing Inc, 1982, p. 187.

资企业。中资棉纺织企业主要集中在以上海为首的长三角地区。

1925—1937年棉纺织企业发展速度有所减缓，但呈持续增长态势，开始出现规模较大的企业。当时五大私有制集团控制了中国一半以上的纺纱锭子：第一大集团为荣氏兄弟的申新，第二大集团为广东郭氏的永安，第三为张謇的大生，第四为盛宣怀创办的三新纱厂、恒丰纱厂，第五为穆氏兄弟掌管的厚生。[①]除去这五大工业集团，其余50%的纱锭都属于中小型规模纱厂，比如王启宇的振泰。日资企业更加倾向于集团化，其中最大的三家是内外棉纱厂、日本棉花和三井物产，共占有半数以上的锭子。[②]到30年代末期中国共计有500万锭子。中日企业各占48%，剩余4%为英资企业。

1912—1936年，中国工业的增长速度为9.4%。[③] 1937年日本侵华战争全面爆发以后，这种工业格局逐渐显现出弊端。大量的中资企业集中在一个有限的空间内，导致该工业区成为日军空袭的目标。1943年上海商会发起的一项针对日军侵华战争对华造成的损失的调查研究显示，上海52%的工厂被毁，杨树浦、虹口地区70%工厂被毁，江苏无锡64%工厂被毁，上海近郊闸北工业区几乎完全被日军摧毁。[④]租界外未被炮弹摧毁的工厂最后都被日军占据。到了1941年底，逃到租界内的企业也消失了。到了1945年，只有1937年总数的10%的工厂还能继续运作。

1945年抗日战争胜利以后，棉纺织业有过短暂的复苏时期。曾经被日本人占据的工厂要么物归原主，要么被国民党政府收归国有。国民党政府将这些工厂整

---

① 申新和大生纱厂是学术界研究最为深入的两家企业，详见Cochran, Sherman: *Encountering Chinese networks: Western, Japanese, and Chinese corporations in China, 1880–1937*. Berkeley: University of California Press, 2000, pp. 117–145。大生是第一家迅速成长起来的棉纺织企业，从1914年66 000枚发展到1921年135 000枚，但1924年就被其他企业超越了。Bergère, Marie-Claire: *L'âge d'or de la bourgeoisie chinoise, 1911–1937*. Paris: Flammarion, 1986, p. 77.

② 关于日资企业研究详见：Duus, Peter: "Japan's informal empire in China, 1895–1937. An overview". At Duus, Peter, Myers, Ramon H. and Mark Peattie(eds.): *The Japanese informal empire in China, 1895–1937*. Princeton: Princeton University Press, 1989a. Nishida, Judith Mary: *The Japanese influence on the Shanghainese textile industry and implications for Hong Kong*. Tesis doctoral, Hong Kong: University of Hong Kong, 1990。

③ Chang, John K.: *Industrial Development in pre-Comunist China. A quantitative analysis*. Edinburgh: The University Press, 1969, p. 71.

④ Coble, Parks: *Chinese capitalists in Japan's new world*. Los Angeles: University of California Press, 2001, p. 13.

合组建了一家大公司，即中国纺织建设公司。[①]从1895年开始，日资企业是中国企业强劲的竞争对手，抗日战争胜利以后日资企业彻底消失了，取而代之的是国民党政府的国有企业掌控了中国的棉纺织工业，这给中国民营企业带来的压力丝毫不逊于之前的日本人。国内恶劣的经济政策以及长年内战导致大量企业纷纷倒闭，开始出现资本外流。

1949年中国共产党取得最终胜利，国民党溃败以后只能撤离大陆。然而很多企业家并没有撤去台湾，很多人或者去了香港或者留在内地。[②]上海几个工业巨头如荣氏、郭氏家族，带着大量的先进设备和资金去了香港。1949年中国的产能几乎与1939年齐平（略高于500万纱锭）。与十年前不同的是，此时几乎所有的工厂都是中资企业，只有3家英资企业。但是有些机器设备直接毁于战火之中，战后留下的机器设备大多数都已经老旧过时。

三、家庭生产模式

家庭生产和工业生产的区别在于前者使用劳动力后者使用动能。[③]家庭作坊的工作场所通常就在住宅内；工厂生产在工厂里进行，有一定的管理制度。工厂生产大量使用蒸汽、电力，具有低成本、大批量、高效的生产特点。工厂生产制度要求企业主具备筹集资金的能力，能够实现短期、中期、长期投入并具备偿付能力。企业主的决策直接影响到工人、供应商和销售商。家庭作坊主要利用人力，管理制度不完善，有较强的弹性，生产取决于短期市场需求及家庭经济需求。

1840年家庭式棉纺织产品生产是中国的经济支柱之一。[④]据统计，8 000万家

① Wang, Ju: *Prospérité et déclin de l'industrie cotonnière nationale de Shanghai (1945–1949)*. Tesis doctoral, París: Ecole des Hautes Etudes en Sciences Sociales, 1997, p. 5.

② 更多关于棉纺织工业迁往香港的研究详见黄绍伦(1988), Marie-Claire Bergère(1989), Judith Mary Nishida(1990)。Wong, Siu-lun: *Emigrant entrepreneurs. Shanghai industrialists in Hong Kong*. Hong Kong: Oxford University Press, 1988; Bergère, Marie-Claire: "Les capitalistes shanghaïenes et la période de transition entre le régime Guomindang et les communistes (1948–1952)". *Études Chinoises* 8(2), 1989, pp. 7–30; Nishida, Judith Mary: *The Japanese influence on the Shanghainese textile industry and implications for Hong Kong*. Tesis doctoral, Hong Kong: University of Hong Kong, 1990.

③ 1928年南京政府规定雇佣30人以上且主要使用非人力的单位为工厂。参见Clarkson, L. A.: "Domestic Industry". At Mokyr, Joel (ed.): *The Oxford encyclopedia of economic history*. New York: Oxford University Press, vol. 2, 2003, p. 98。

④ Myers, Ramon H.: "Cotton Textile Handicraft and the Development of the cotton textile industry in Modern China". *The Economic History Review* 18(3), 1965, p. 615.

庭中有超过3 400万(占总量的42%)生产棉织品。土布生产总量约6亿匹,销售给4亿中国人。[①]前文已经讨论过,通过长途贸易进行贸易。但是由于国内市场不完整,中国家庭生产更加倾向于自给自足。据人类学家施坚雅(William G. Skinner)的研究显示,19世纪末的经济模式与鸦片战争前不同,以本地市场和区域贸易为主。[②]区域间贸易逐渐让步于区域内部的自给自足模式,此时出现了本地市场。此外,根据条约,每个地区都有开放口岸,主要进口外国工业产品。之前所有地区间的贸易,现在必须在短距离之间完成或者通过进口,否则外地商品必须跨越重重障碍才能进入本地市场进行交易。

外国进口棉纱强力冲击了远离长三角地区的福建、广东省市场。1872—1890年中国进口棉纱数量增长20倍,价格降低30%。[③]这一变化直接导致从事家庭纺线的手工业者破产。然而违背经济学逻辑的是,大量外国棉纱的涌入并没有让家庭生产模式彻底消失。外国工业产品的进入反而催生了一种介于家庭生产和工业生产之间过渡模式的发展,服务于工业生产的家庭生产模式,即采用现代设备的计件生产。[④]

随着进口商品的冲击以及其后中国本土工业的发展,中国家庭生产逐渐走向衰落。1894年市场上76%的棉纱由家庭生产,但1913年下降到27%,家庭棉纱产量为1894年的五分之一。然而让人难以置信的是20世纪20年代家庭棉纱生产卷土重来。而此时正是中国工业高速发展时期,家庭棉纱生产占据了市场份额的49%。[⑤]

---

① 准确数据应该是59 850万匹,当时的中国人口为4亿,人均消耗1.5匹,与1936年人均相当。与工业布相比,"匹"大约为5平方米。徐新吾主编:《江南土布史》,上海社会科学院出版社1992年版,第202页;Grove, Linda: "Rural manufacture in China's cotton industry, 1890-1990". At Farnie, Douglas A. and David J. Jeremy (eds.), *The fibre that changed the world. The cotton industry in international perspective, 1600-1990s*. New York: Oxford University Press: 2004, pp. 431-460。

② Skinner, William G. (ed.): *The city in late imperial China*. Stanford: Stanford University Press, 1977, p. 220.

③ 徐新吾主编:《江南土布史》,上海社会科学院出版社1992年版,第114—115页;Myers, Ramon H.: "Cotton Textile Handicraft and the Development of the cotton textile industry in Modern China". *The Economic History Review* 18(3), 1965, p. 620。

④ Bastid-Bruguière, Marianne: "Currents of social change". At Fairbank, John King and Kwang-ching Liu (eds.) (1980): *The Cambridge History of China. Vol. 11: Late Ch'ing, 1800-1911. Part 2*. Cambridge: Cambridge University Press, 1980, p. 581.

⑤ Rawski, Thomas G.(ed.): *Economics and the historian.* Berkeley: University of California Press, 1996, pp. 39-43.

到了1936年家庭棉纱生产产量又跌落到24%。[①]直到1946年家庭棉纱生产依然占据市场四分之一的份额。[②]法国的情况完全相反，从1806年的50%下跌到1815年的10%，直到最后完全销声匿迹。[③]中国家庭生产模式的长盛不衰该如何解释？

首先，无论是家用还是工厂织机通常都是两种棉纱混用，将家纺棉纱用作纬线，机纺棉纱用作经线。由于家纺棉纱较粗，织成的布料可以制成适合北方气候的外套，在当地市场非常受欢迎。正因为这一市场需求，所以这种布料一直持续生产。

此外，由于存在大量经济贫困家庭加上地区之间相互隔离，亦是家庭生产继续存在的理由。对于贫困家庭而言，家庭纺织是一项非常重要的收入，原棉和棉纱的价格浮动，导致这项收入不稳定，仅可勉强维持生计。[④]但因为没有别的可以替代的工作，且家庭作坊不用支付人工工资，所以会继续采用这种低于边际生产成本的方式（没有能力购买织机的家庭除外）。另外，棉纱降价的时候就能够刺激家庭提高产量，保证即使在棉纱价格上涨的时候也能有同样的收益。贫困家庭10岁的女孩子通常只有两种维持生计的方法，或者在家纺织，或者外出谋生（去城市工厂工作，或者被卖去妓院）。虽然从经济学逻辑来说进城更可能摆脱贫困，但是对于很多家庭来说却并非如此。

家庭织布相较于棉纱在市场上的销量更加坚挺。1920年家庭土布销售量和1840年保持一致，并超过工业面料。到1936年土布依然占据40%～65%的市场份额。[⑤]家庭织布可以将家庭纺线与工业纺线混织，如果是自己家生产的纺线那就是

---

① 所有的数据来自徐新吾、闵炳坤（1988），但可能与Albert Feuerwerker（1970）、Richard A. Kraus（1980）的研究有出入。Xu, Xinwu and Byung-kun Min: "The struggle of the handicraft cotton industry against machine textiles in China". *Modern China* 14(1), 1988, p. 35; Feuerwerker, Albert: "Handicraft and manufactured Cotton textiles in China, 1871–1910". *The Journal of Economic History* 30(2), 1970, pp. 338–378; Kraus, Richard A.: *Cotton and cotton goods in China, 1918–1936*. New York: Garland Publishing Inc, 1980.

② Kraus, Richard A.: *Cotton and cotton goods in China, 1918–1936*. New York: Garland Publishing Inc, 1980, p. 2.

③ Feliu, Gaspar and Carles Sudrià: *Introducció a la història econòmica mundial*. València: PUV, 2006, p. 167.

④ Feuerwerker, Albert: *The Chinese Economy, 1870–1949*. Michigan: An Arbor Center for Chinese Studies, 1995, p. 33.

⑤ 最低数据统计来自徐新吾、闵炳坤（1988），最高数据取自Richard A. Kraus（1980）。Xu, Xinwu and Byung-kun Min: "The struggle of the handicraft cotton industry against machine textiles in China". *Modern China* 14(1), 1988, p. 41; Kraus, Richard A.: *Cotton and cotton goods in China, 1918–1936*. New York: Garland Publishing Inc, 1980, pp. 132–142.

免费的,工业纺线则是购买进口或者中国企业制造的纱线。

随着家纺土布自产自销数量增长,所占市场份额也逐渐增长。1840年自给自足的土布市场份额为47.2%,到1936年74%的土布不再进入市场销售渠道。①由于区域贸易瘫痪和社会不安定因素增加,导致一些原本未采用这种生产方式的地区也逐渐采用这种自给自足的生产模式,如此一来国内市场经济愈发不景气。

此外,由于战乱影响长三角地区的布料无法运到中国北部,进一步稳固了这一地区的家庭生产模式。1890年改良的手摇纺织机,比如手拉机、铁木机、花机都是从日本进口。②这些机器适合家庭使用,能够拓宽布料并且可以直接用染线进行纺织。这种新型土布被称为"改良土布"。③日本商人将织布机和工厂生产的棉纱直接卖给农户,作为交换优先收购成品布。这种方式就是"计件生产"。

20世纪初,日本人在河北保定向1万家农户分发了1.1万台铁木机,产出的布料主要销往内蒙古、山西、河北。之后河北的定州、高阳也相继成为家庭生产中心。到了20年代,高阳地区使用花机生产各种类型印花布。第一个生产高潮在1915—1920年,第二个在1926—1929年。高阳地区花机数量多达4 300台,数量为全国之最。④其中最负盛名的就是高阳产的"爱国布"。⑤ 1933年一调查员来到当地将布料分为97个品级,其中一些品质极为优良,估算当地年产量为42 240担。⑥山东潍县利用铁路沿线的地理优势,也从事家庭生产。在鼎盛时期,也就是1920年左右共计有10万台织机、15万工人,生产1 000万匹布料。⑦也是日本人提供的织机和纺线,当地家庭计件生产。之后在中国市场销售成品,日本人从中赚足了利润。由

① 据徐新吾和闵炳坤的数据统计(1988),土布与工业布相比幅宽较小,已将差距计算在统计内。Xu, Xinwu and Byung-kun Min: "The struggle of the handicraft cotton industry against machine textiles in China". *Modern China* 14(1), 1988, pp. 35, 43.

② 徐新吾主编:《江南土布史》,上海社会科学院出版社1992年版,第399页。

③ "改良土布"是将工业布、进口布与中国传统布的混合。一些改良布以大卷形式出售与现代布匹无异。Kraus, Richard A.: *Cotton and cotton goods in China, 1918–1936*. New York: Garland Publishing Inc, 1980, pp. K-5.

④ Zhao Gang: *The development of cotton textile production in China*. Cambridge: Harvard University Press, 1977, p. 194.

⑤ Fang, Xianting (H. D. Fong): *Cotton industry and trade in China*. Tianjin: Chihli Press, 1932, p. 237.

⑥ Zhao Gang: *The development of cotton textile production in China*. Cambridge: Harvard University Press, 1977, p. 194.

⑦ Ibid., p. 196.

于地区间贸易一度停滞，家庭生产起到了部分弥补作用。但是从一开始，这种生产方式和销售方式就已经被日本贸易公司垄断。

总体而言，家庭生产还是受到了工业发展的影响，虽然没有一开始预想中那样深刻。家庭纺线的产量总体呈下降趋势：从1840年的750万担（37.5万吨）到1936年不足100万担（5万吨）。让人诧异的不是数量的削减，而是到了1936年依然有人采用这种传统生产方式。家纺布从1936年的3.52亿匹，到1940年只有之前一半的产量。即便如此，在外国工业品大量涌入和本国工业蓬勃发展的背景下，家庭纺布依然占据市场主导地位，家庭生产模式显示出卓越的生存能力。

直至20世纪50年代毛泽东在乡村倡导集体化生产，彻底终结了家庭纺线织布。所有的生产活动必须纳入五年计划，服从计划经济的统一管理。[①] 50年代末个体家庭被划入"公社"，由集体共同从事生产。

---

① Grove, Linda: "Rural manufacture in China's cotton industry, 1890–1990". At Farnie, Douglas A. and David J. Jeremy (eds.), *The fibre that changed the world. The cotton industry in international perspective, 1600–1990s*. New York: Oxford University Press, 2004, pp. 431–460.

第二章

多面体国际社区：上海

第一节　上海的英国人

一、英国人建立的棉花帝国

鸦片战争后中国家庭生产模式一直与工业生产模式并存。从实证主义角度来看中国经济具有两面性：大部分呈现出落后、传统的特征，小部分具有现代、理性的特征。[①]此外，西方国家的到来促进了中国的工业化进程，当时欧洲的工业化程度领先于世界，英国代表了当时人类社会发展的最高水平。英帝国的崛起伴随着棉纺织业的发展，两者之间究竟有什么样的关系？接下来这一章节我们将探讨这个问题，研究欧亚棉纺织品贸易与英帝国扩张之间的关联。

纵观历史，欧亚国家之间的纺织品贸易折射出两个大陆之间的联系。古代丝绸之路的历史已经远去，16世纪西班牙和葡萄牙的船只抵达中国沿海地区，最受欧洲商人欢迎的商品之一就是亚洲的棉织品，但16、17世纪亚洲出口到欧洲的棉织品数量远远不及18世纪。18世纪，印度和中国是世界上最重要的纺织大国。[②]当时中国主要出口纺织品、茶叶、漆器，中国对外贸易始终保持贸易顺差。[③]与中国相关的元素在18世纪的欧洲掀起热潮，被称为“中国情调”，英国也不例外。[④]

从17世纪末开始，印度和中国的纺织品就销售到欧洲、美洲和非洲，国际市场

---

① 罗兹·墨菲提出，开放口岸政策失败的根本原因，是中国现代化产业在中国处于孤立的境地。Murphey, Rhoads: *The outsiders. The Western Experience in India and China*. Michigan: Ann Arbor, 1977.

② Allen, Robert C.: “Agricultural productivity and rural incomes in England and the Yangzi Delta, c. 1620–1820”. *Economic History Review* 62(3): 2009b, p. 526.

③ Frank, Andre Gunder: *Re-orientar: la economía global en la era del predominio asiático*. Valencia (2008): Universitat de València, 1998, p. 157–162; Pomeranz, Kenneth: *The Great Divergence. China, Europe and the making of modern world economy*. Princeton: Princeton University Press, 2000, pp. 114–152.

④ Allen, Robert C.: *The British industrialization in global perspective*. Cambridge: Cambridge University Press, 2009, p. 182.

对印度和中国印花布料的需求日益增长。印度喀拉拉(Kerala)高级密织棉布(或称为喀拉拉邦棉布，有白布、色布或者印花布)和孟买粗斜纹布(一种单面绒布)的生产创造了千百万个纺织工人和贸易商的工作机会。①原产于摩苏尔(今属伊拉克)的麦斯林纱(细平布)流传到印度以后加以改良，在印度棉中混入金线和桑蚕丝织成非常细的面料。当时，中国长三角地区生产一种名为"南京布"的土布，通常染成蓝色。另外一种印花棉布是仿造瓷器纹样的蓝白花布。②

印度布和南京布都是事先用乳清粉漂白，然后再用靛蓝或其他天然色素印染的棉布。③这些布料在世界各地市场都口碑极佳。有人认为，欧洲时尚起源于印花布的普及，这种衣料不像精美昂贵的刺绣那样专属于贵族，印染布料是18世纪末期新兴革命阶层的标志性服饰。④

当时出现了一批有特许权的欧洲公司，比如英国的东印度公司(EIC)，意图垄断这一利润丰厚的制造产业。⑤该公司在英法七年战争(1756—1763)以后，彻底赶走了竞争对手法国。东印度公司垄断印度时期，正是英国工业革命爆发时期。但东印度公司并未能垄断中国市场，其在1786—1833年购买了4 000万海关两南京布，几乎半数是再出口到别的国家。⑥当时东印度公司除了将布料出口到欧洲市

---

① Parthasarathi, Prasannan: *The transition to a colonial economy. Weavers, merchants and kings in south India, 1720–1800*. Cambridge: Cambridge University Press, 2001, p. 5; Riello, Giorgio: "Asian knowledge and the development of calico printing in Europe in the seventeenth and eighteenth centuries". *Journal of Global History* 5, 2010, pp. 1–28.

② Riello, Giorgio: "Asian knowledge and the development of calico printing in Europe in the seventeenth and eighteenth centuries". *Journal of Global History* 5, 2010, p. 6.

③ Feliu, Gaspar and Carles Sudrià: *Introducció a la història econòmica mundial.* València: PUV, 2006, p. 107.

④ Vries, Jan de: *The industrious revolution. Consumer behaviour and the household economy 1650 to the present.* New York: Cambridge University Press, 2008, p. 134.

⑤ Bayly, Christopher A.: *Indian society and the making of the British Empire. The New Cambridge History of India*. Cambridge: Cambridge University Press, 1988, pp. 60–61.特许公司(*chartered companies*)在某些市场上占据垄断地位，他们可以高价销售产品。关于此类贸易对棉纺织业的影响详见：Parthasarathi, Prasannan: *The transition to a colonial economy. Weavers, merchants and kings in south India, 1720–1800*. Cambridge: Cambridge University Press, 2001。

⑥ Koo, Shou-eng: *Tariff and the development of cotton industry in China*. New York: Garland Publishing Inc, 1982, p. 32.对于东印度公司和荷兰东印度公司(VOC)而言，棉纺织品都是出口到欧洲的主要产品之一，参见Findlay, Ronald and Kevin H. O'Rourke: "The rise and fall (and rise) of market integration". At Bordo, Michael, Taylor, Alan and Jeffrey G. Williamson(eds.): *Globalization in historical perspective*. Chicago: The University of Chicago Press, 2003, p. 19。

场和美洲市场外，还有一部分布料出口到非洲用于交换奴隶，而这些奴隶又被运到美洲去种植棉花。①

理查德·韦尔斯利（Richard Wellesley, 1798—1805）在任印度总督期间，将印度殖民地交给东印度公司管理。亚当·斯密认为由贸易公司掌控殖民地导致的矛盾显而易见："东印度公司作为殖民者，应当将欧洲商品在印度殖民地低价销售，再将印度商品运到欧洲尽可能地高价卖出。但作为公司而言，这与其自身利益完全是矛盾的。"②这种矛盾引发了英国国内各方利益冲突：贸易商希望低价买进亚洲商品然后在欧洲高价卖出，生产商希望能够限制英国从亚洲的布料进口，政府希望能够从殖民地榨取更多的经济利益，帝国殖民主义者主要热衷于兼并更多的领土。总而言之，英国的殖民政策摧毁了印度的经济。

18世纪中期中国和印度经济的发达程度远远超过19世纪学者的想象。1750年这两个亚洲大国的生产制造业超过全世界总量一半以上，当时的国民生活水平远远高于一个世纪以后。③东印度公司对印度经济的控制，加上19世纪下半叶的自然灾害，导致印度陷入贫困。当时社会各阶层都受到巨大冲击，首当其冲的就是印度纺织工人，他们在种姓制度的压迫下无法从事其他行业。由于禁止地区间纺织工人流动和棉纺织品的交易，印度（和中国一样）区域化越来越强。人们聚居在小村庄从事家庭生产，在当地进行小规模交易。19世纪与英帝国利益密切相关的思想家梅因认为这是亚洲社会的共同基本特征，与欧洲资本主义崇尚的理性、科学、主张扩张的精神背道而驰。④

事实上，欧亚大陆之间的纺织品贸易对英国工业革命起到了促进作用。英国仿照亚洲纺织品的样式，降低了生产成本。首先，欧洲人发现了亚洲铜板布料刻花技术。⑤其后，1760—1830年英国进行了彻底的棉纺织工业革命。机械臂

---

① 详见Frank, Andre Gunder: *Re-orientar: la economía global en la era del predominio asiático*. Valencia (2008): Universitat de València, 1998, pp. 84-159。

② Smith, Adam: *La riqueza de las naciones*. Madrid (2005): Alianza Editorial, 1776, p. 637.

③ Davis, Mike: *Los holocaustos de la época victoriana tardía. El Niño, las hambrunas y la formación del Tercer Mundo*. Valencia (2006): Publicacions de la Universitat de València, 2001, pp. 328-333.

④ 由于印度社会不同阶层之间流动困难，梅因认为亚洲社会具有"族群奴隶"的特性，梅因是亚洲社会阶层固化性理论的东方主义学者代表人物。Maine, Henry Sumner: *Village communities in the east and west*. New York (1987): Henry Holt and Co, 1871, pp. 13-14.

⑤ Riello, Giorgio: "Asian knowledge and the development of calico printing in Europe in the seventeenth and eighteenth centuries". *Journal of Global History* 5, 2010, pp. 12-23.

纺纱机的发明实现了多卷轴操作(此前是8卷轴)，詹姆斯·哈格里夫斯(James Hargreaves)发明的“珍妮纺纱机”在1764年投入生产。[①]此后，理查德·阿克莱特(Richard Arkwright)于1771年创办了第一家棉纱厂，并且使用联排的水力纺纱机。1779年塞缪尔·康普顿(Samuel Crompton)研制出“骡子”纺纱机，能够纺出优质细棉纱。[②]不久之后，蒸汽机投入生产，实现了纺纱机的自动化。[③]

蒸汽机的发明实现了人力到机械动力的转变。1825年理查德·罗伯茨(Richard Roberts)发明动力走锭纺纱机以后，纺纱工人无须具备专业知识，任何人只要操作设备纺纱就能生产出相当于过去几十个甚至几百个高水平纺纱工人的产量。[④]每个200纱锭的新纺纱机就能替代200个工人。工厂工人不同于手工艺人或者家庭生产者，他们不需要事先培训，只需操作设备就能达到远远超过人力的工作效率。马克思在《资本论》中说道：作为工业革命起点的机器，是用一个机构代替只使用一个工具的工人，这个机构用许多同样的或同种的工具一起作业，由一个单一的动力来推动，而不管这个动力具有什么形式。[⑤]

随着生产方式的变革，棉纱的价格，尤其是非欧洲生产的细棉纱的价格跌落谷底。法国大革命时期，克劳德·伯特莱特(Claude Berthollet)和查尔斯·坦南特(Charles Tennant)发明氯气和烧碱化学漂白工艺，使布料的印染工艺大大改进。[⑥]欧洲首次能够独立生产细棉布，主要用于制作女士睡衣和新兴的领带。在这之前这两种布料都要从亚洲进口，是价格高昂的奢侈品。在工厂批量生产这种布料以后，市场价格就非常有竞争力。到了1812年，英国印花布价格比印度印花布便宜20%。[⑦]欧洲传统布料比如细薄布、针织布、蕾丝、花边织也逐渐成为大众

① Feliu, Gaspar and Carles Sudrià: *Introducció a la història econòmica mundial.* València: PUV, 2006, p. 102.

② Allen, Robert C.: *The British industrialization in global perspective.* Cambridge: Cambridge University Press, 2009, pp. 182–216.

③ Mokyr, Joel: *Twenty-five centuries of technological change. An historical survey.* Poststrasse: Harwood Academic Publishers, 1990, pp. 63–68.

④ Feliu, Gaspar and Carles Sudrià: *Introducció a la història econòmica mundial.* València: PUV, 2006, pp. 102–103.

⑤ Marx, Karl: *El Capital. Crítica de la economía política.* Madrid (1967): EDAF. 2 Volúmenes, 1867, p. 394.

⑥ Feliu, op. cit., p. 107.

⑦ Harley, C. Knick: “Cotton textile prices and the Industrial Revolution”. *The Economic History Review*, 51(1), 1998, pp. 54–55.

消费品。[①]

此外，东印度公司的垄断遭到多方的谴责，包括英国自由派和欧洲国家军队里的印度军人。随着英国工业化不断发展，英国公司不再购买亚洲的纺织品，而开始大量出口英国制造的商品。[②] 1830年英国的对华贸易首次实现贸易顺差。这是一个历史性的转折点，被称为"大分流"。[③]东印度公司在中国逐渐失去贸易垄断地位，到1858年在印度也失去了垄断地位，最终于1874年彻底消失。两年以后，维多利亚女王宣布成为印度女王，私人公司开始全面进军海外市场。

英国工业革命导致国家生产力的持续增长，同时社会各阶层的工资也都有所提高。[④]到了现代，产量和工资依然是经济增长的关键。[⑤]反之，竞争激烈则导致工业化中期资本增长停滞。从1800年的300万纱锭到1860年的3 000万纱锭总计增长10倍，[⑥]因此，《资本论》在第一章当中就提到"资本的增长基于商品的增长"。[⑦]为了维持这种增长速度，资本必须寻找新的市场继续投资，也是追逐利润，解决生

---

① Pomeranz, Kenneth: *The Great Divergence. China, Europe and the making of modern world economy*. Princeton: Princeton University Press, 2000, pp 114–165。

② Bowen, H. V.: "Sinews of trade and empire: The supply of commodity exports to the East India Company during the late eighteenth Century". *The Economic History Review* 55(3), 2002, p. 470.

③ 彭慕兰最早提出这一概念，由于其内涵丰富时至今日依然有学者不断对此进行探讨和研究，已经成为历史学研究的一个永恒课题。Pomeranz, Kenneth: *The Great Divergence. China, Europe and the making of modern world economy*. Princeton: Princeton University Press, 2000.

④ 爱德华兹·安东尼·里格利认为薪资提高并不意味着生活水平或者生活质量的提高（Wrigley, Edward Anthony: "Two kinds of capitalism, two kinds of growth". *L.S.E. Quarterly* 2, 1988, p. 20）。围绕工资与生活水平之间的关系引发持久的争论，学者至今没有达成共识。历史学家Josep Fontana就在自己的著作中专门讨论了学界对此问题的看法：Fontana, Josep: *La Història després de la fi de la història: reflexions i elements per a una guia dels corrents actuals*. Barcelona: Institut Universitari d'Història Jaume Vicens Vives, 1992, pp. 39–55。

⑤ 这就是美国经济学家罗伯特·默顿·索洛（Robert M. Solow）提出的发展经济学中著名模型，经济增长为五个变量之和：有效劳动投入之上的人均国内生产总值（Y），劳动（L），资本（K），土地（Z）和技术发展水平（A）。经济可以通过这些生产要素实现增长，但是这些增长都是有限的。真正的增长在于生产效率，也就是以生产力为基础。Solow, Robert M.: "A contribution to the theory of Economic Growth". *Quarterly Journal of Economics* (70): 1956, pp. 65–94.

⑥ Farnie, Douglas A.: "The role of merchants as prime movers in the expansion of the cotton industry, 1760–1990". At Farnie, Douglas A. and David J. Jeremy (eds.): *The fibre that changed the world. The cotton industry in international perspective, 1600–1990*. New York: Oxford University Press, 2004, p. 23.

⑦ Marx, Karl: *El Capital. Crítica de la economía política*. Madrid (1967): EDAF. 2 Volúmenes, 1867–1894, pp. 39–86.

产过剩问题。由此可以推断，资本主义本身就有帝国主义的诉求。[①]起初，多数的棉纺品只是在欧洲市场销售，到了19世纪末期随着亚洲市场不断扩大，英国半数以上的棉纺品出口销往亚洲。[②]

从亚当·斯密到理查德·马尔萨斯的传统经济思潮认为，任何增长速度到一定程度就会自然停滞。起初，维持人们基本生存的土地劳作可以无限发展，因为是可以再生的，只要确保人口增长速度和耕地面积的平衡不被打破。工业的发展离不开足够燃料的供应，而英国的煤炭储量能够持续又廉价地支持工业的发展。因此，工厂与人的关系不同于自然与人口平衡的关系，英国从一个有机经济转型为基于不可再生能源的经济体。[③]农业不需要为工业提供能源，虽然生产增长速度与工业和人口的增长无法比较，但是依然获得显著的提高。1850年英国食品进口占到进口总量的四分之一。[④]此时人口增长了，但农民数量却减少了。英国人口从1750年的620万人发展到1860年的2 000万人，增长速度惊人。最破天荒的是，历史上首次只有40%的成年男性从事农业生产。[⑤]如果没有独立的能源支持，英国工业不可能有这样的增长速度，如果没有进口粮食，英国人口也不可能像机器运转那样快速增长。

此外，如果没有源源不断的进口原棉，英国棉纺工业也不可能进步。无论是英国还是欧洲任何一个国家，都无法提供足够的原棉给新生代的纺织工业。18世纪末期原棉的需求是直接导致美洲700万非洲奴隶贸易的动因之一，[⑥]英国从美洲进

① 这是列宁在《帝国主义是资本主义的高级阶段》(1916)一书中提出的主要观点，该研究基于John A. Hobson(1902)前期的研究成果：Hobson, John A.: *Estudio del imperialismo*. Madrid (1981): Alianza, 1902。

② Singleton, John: "The Lancashire cotton industry, the Royal Navy and the British Empire". At Farnie, Douglas A. and David J.Jeremy(eds.): *The fibre that changed the world. The cotton industry in international perspective, 1600–1990s*. New York: Oxford University Press, 2004, p. 64.

③ 近几年的研究中，越来越多的学者认为它是引发工业革命的主要因素。Wrigley, Edward Anthony: *Cambio, continuidad y azar: carácter de la revolución industrial inglesa*. Barcelona, 1993: Crítica, 1988, pp. 21–27; Pomeranz, Kenneth: *The Great Divergence. China, Europe and the making of modern world economy*. Princeton: Princeton University Press, 2000; Allen, Robert C.: *The British industrialization in global perspective*. Cambridge: Cambridge University Press, 2009.

④ Vries, Peer: *Via Peking back to Manchester: Britain, the Industrial Revolution, and China*. Leiden: Research School of Asian, African, and Amerindian Studies, 2003, p. 12.

⑤ Wrigley, op. cit., p. 23.

⑥ Findlay, Ronald and Kevin H. O'rourke: "The rise and fall (and rise) of market integration". At Bordo, Michael, Taylor, Alan and Jeffrey G. Williamson(eds.): *Globalization in historical perspective*. Chicago: The University of Chicago Press, 2003, p. 31.

口的棉花从1815年的1亿英镑增加到1830年的2.63亿英镑。① 1850年原来以精细棉织物而闻名的印度贝拉尔邦，被迫以兰开夏郡企业的定价出口原材料。②工业革命需要外部提供原料，而这与印度、中国贸易发展的模式相反。

19世纪中期英国的自由主义崛起，颁布保护自由贸易的法律，废除禁止出口工程师和机械的法令。③ 1800年以前自由民被束缚在土地上，在之后的几十年移民速度超过奴隶贸易。④当打破贸易保护主义壁垒，英国完成工业化进程以后，就向世界展现了自己先进的一面。1851年在伦敦举办世界博览会。世博会上展出了英国最先进的纺织技术和纺织机械，也展出了当时其他国家的工业水平：1828年美国约翰·索普（John Thorpe）发明的环锭纺纱，1801年法国约瑟夫·玛丽·雅卡尔（Joseph Marie Jacquard）发明的提花机，⑤世界对科学的崇尚和对技术革新的热潮到达顶峰。实证主义之父孔德（Auguste Comte, 1798—1857）总结道："实证经验主义证明，唯有西方能够担任人类复兴这光荣又艰巨的使命，东方必须在西方崛起时和平地适应。"⑥

英国结束了消费印度布和南京布的时代，转而将同样的商品大量出口到世界各地。19世纪末，印度成为英国最大的出口国。⑦当然，如果没有强大的帝国体系支撑，就无法维护新兴工业阶层的利益，这也是英国对华发动鸦片战争的决定因素。

---

① Pomeranz, Kenneth: *The Great Divergence. China, Europe and the making of modern world economy*. Princeton: Princeton University Press, 2000, p. 275.

② Davis, Mike: *Los holocaustos de la época victoriana tardía. El Niño, las hambrunas y la formación del Tercer Mundo*. Valencia (2006): Publicacions de la Universitat de València, 2001, pp. 350–355.

③ Vries, Peer: *Via Peking back to Manchester: Britain, the Industrial Revolution, and China*. Leiden: Research School of Asian, African, and Amerindian Studies, 2003, p. 6.尽管当时颁布法律明文禁止，但是纺织技术已经在欧洲大陆和美国传播开，参见Allen, Robert C.: *The British industrialization in global perspective*. Cambridge: Cambridge University Press, 2009, pp. 209–211。

④ Chiswick, Barry R. and Timothy J. Hatton: "International migration and the integration of labor markets". At Bordo, Michael, Taylor, Alan and Jeffrey G. Williamson (eds.): *Globalization in historical perspective*. Chicago: The University of Chicago Press, 2003, p. 67.

⑤ Jeremy, David J.: "The international diffusion of cotton manufacturing technology, 1750–1990s". At Farnie, Douglas A. and David J. Jeremy (eds.): *The fibre that changed the world. The cotton industry in international perspective, 1600–1990s*. New York: Oxford University Press, 2004, pp. 99–100.

⑥ Comte, Auguste: *Catéchisme positiviste*. Paris (1966): Flammarion, 1852, p. 30.

⑦ Davis, Mike: *Los holocaustos de la época victoriana tardía. El Niño, las hambrunas y la formación del Tercer Mundo*. Valencia (2006): Publicacions de la Universitat de València, 2001, p. 335.

二、上海租界的兴衰

历史上，很多外国商人都曾来到中国定居，建立自己的社区。这些外国人通常会聚居在某个地方，与当地人隔离开来。比如，8世纪在中国广东省就形成了一个伊斯兰教回民社区，总人口有20多万。① 16世纪，葡萄牙人在澳门建立了社区。延续先例，1760年乾隆皇帝将欧洲贸易公司的活动范围限定在广东省的港口，并严格限制每个公司的贸易范围。来自欧洲和美国的商人必须居住在郊外的商业区。与欧洲公司的贸易垄断共存的是“公行制度”。1834年英国公司实现私有制以后，私人公司要求贸易自由。霍布森（Hobson）认为“就此不可避免地产生了一系列的政治问题，比如外国移民问题。因为这些英国移民不满当地政府的对待方式，要求本国政府介入”。②这正是第一次鸦片战争爆发的导火索。

1842年《南京条约》签订以后，五口通商确保了英国社区的合法性。一年以后，第一批英国殖民者乘坐“美杜莎”号轮船来到上海，同船的还有英国领事巴富尔（George Balfour）、传教士兼翻译麦都思（W. H. Medhurst）、医生弗雷德里克·黑尔（Frederick Hale）、商人A. F.斯特拉坎（A. F. Strachan）以及其他冒险家。③ 1843年11月17日上海港正式向外国人“开放”经商，处理外国人事务的“夷务”由上海道台宫慕久（1788—1848）负责。

为了避免英国人和当地上海人起冲突，宫慕久在城墙外另辟地方给殖民者建立自己的社区。虽然官方禁止土地买卖，但是租期是永久的，英国领事负责土地租赁事宜，久而久之英国殖民者逐渐掌握了土地实际所有权。④该项规定在中英两国政府之间达成协议，即1845年的《上海租地章程》。怡和洋行公司就在黄浦江边购买土地，建造仓库和码头，紧随其后就是满载工业布的英国轮船抵达上海。⑤海关处于中国政府的监管下，获得英国领馆的批准后，颁发进出港口的许可证。上海港进口最多的是鸦片和纺织品（羊毛或者棉纺），出口最多的是丝绸和

① Gernet, Jacques: *El mundo chino*. Barcelona (2005): Crítica, 1972, p. 258.

② Hobson, John A.: *Estudio del imperialismo*. Madrid (1981): Alianza, 1902, p. 61.

③ Johnson, Linda Cooke: *Shanghai. From market town to treaty port, 1074–1858*. Stanford: Stanford University Press, 1995, p. 176.

④ 沈祖炜：《上海租界房地产业的兴起》，《上海研究论丛》1989年第2期，第147页。

⑤ Johnson, Linda Cooke: *Shanghai. From market town to treaty port, 1074–1858*. Stanford: Stanford University Press, 1995, pp. 207–221.

茶叶。[①]鸦片贸易对于当时中国政府而言依然是非法的，即使当时英国人已经获得自由贸易鸦片的权益。最终1858年签订的《天津条约》正式确定了鸦片贸易的合法性。

英租界始于老城外2千米，沿黄浦江岸延伸。1845年总面积为832亩（55万平方米），3年以后面积增长了3倍多，总计2 820亩（188万平方米），坐落于洋泾浜、泥城浜和苏州河界内。美国租界从1847年开始逐渐扩张，当时英国禁止美国在英租界范围内升起美国国旗。美国领事亨利·沃尔科特（Henry G. Wolcott）越过吴淞江，在英国辖区外建起美国租界。[②] 1849年法国租界正式落成，当时总面积为986亩（约65万平方米），租界里一个领事查尔斯·德蒙蒂尼（Charles de Montigny），一位正式移民多米尼克·里米（Dominique Rémi）。[③]法国租界以洋泾浜、古城墙为界，与英租界、黄浦江相隔离。每个国家在上海的租界可谓泾渭分明。

1853—1855年，太平天国运动蔓延全国，另一支武装力量小刀会占领上海城。城市被起义军占领，苏松太道吴健彰（1791—1866）弃城中25万百姓逃跑，海关无人管理。瑞典和普鲁士船只在没有登记的情况下进入上海港，英国殖民者担心特权丧失或者对外贸易混乱，于是决定与法国、美国殖民者合作共同管理上海海关和对外贸易，海关税务司由此产生。

面对动荡不安的社会环境，上海各国殖民者决定组织起来。1854年组建上海公共租界工部局，拥有一支自卫武装力量。[④]清政府在即将成功镇压小刀会起义的时候，遇到租界武装力量的凶猛火力不得不退出租界范围。泥城战役是一次意外的中外火并，却为上海租界“国中国”地位的奠定起了重要作用。[⑤]此次冲突后，清政府与英、美、法签订了《上海海关征税规则》《上海英美法租界租地章程》。1862年法租界独立，并设公董局，1863年英美合并成立公共租界。

第二次鸦片战争以后，各国列强纷纷与清政府签订条约获得与英国同等的在

---

① 20世纪初，茶叶和丝绸的出口成比例减少，粗加工产品如猪鬃毛和植物油出口逐渐增加。Murphey, Rhoads: *Shanghai, key to modern China*. Cambridge: Harvard University Press, 1953, pp. 117–123.

② Johnson, op. cit., p. 243.

③ 传教士并不居住在外国租界，而是另外开辟了远离市中心的基督教徒社区，比如上海徐家汇地区，从徐光启时代就开始有基督教徒在此定居。Bergère, Marie-Claire: *Histoire de Shanghai*. Paris: Fayard, 2002, pp. 18–19, 37.

④ Bickers, Robert: “Shanghailanders. The Formation and identity of the British Settler in Shanghai, 1843–1937”. *Past and Present* 159(1), 1998, pp. 161–167.

⑤ Ye, Xiaoqing: “Shanghai before nationalism”. *East Asian History* 3, 1992, pp. 33–52.

华利益。根据条约内容，港口城市数量进一步增加，并扩展到内地，因此急需成立管理机构。成千上万的外国人进入海关工作，在每个海关进行登记和统计出入货船。1863—1911年，英国人赫德掌控了中国海关的最高管理权。赫德兼有外交和政治的双重身份，很难定义他究竟扮演了何种角色。理论上，赫德是清政府官员，但在其负责管理的港口雇用了500多名英国人。此外，还向英国政府汇报行政管理工作的所有细节内容。[①]直到1929年中国海关一直在外国势力管制之下，外国殖民势力盘踞在中国各个港口。

法租界公董局和公共租界工部局只负责保护外国殖民者的利益。[②]但是随着老城区被占领以及后来的太平天国运动，迫使成千上万的中国百姓流亡到租界地区。起初殖民者对这种变化无动于衷，随后发现手中的房地产有利可图（当中也包括像徐润这样的中国人）。到了1862年流亡租界的中国人已经高达50万，1852年一亩地的售价是50英镑，10年后可以卖到1万英镑。[③]此外市政局负责规划和管理新市区的建设和发展，建造桥梁、街道、公共建筑、污水排放管道等公共设施。1861年上海开始使用煤气，1871年开始使用电报，1876年开始使用火车，1881年出现电话机，1882年有了电力供应和直饮水供应，1899年第一次出现电影［据相关研究是名为安东尼奥·拉蒙（Antonio Ramos）的西班牙人将西方电影带到了上海[④]］，1901年出现汽车，1922年出现飞机等。[⑤]日新月异的上海不仅对于中国而言是摩登又现代的，因为中国大部分地区到很晚的时候才开始接触到这些新兴事物，甚至时髦新潮的上海对于整个亚洲而言，都是如同灯塔般的存在。

租界里既有大买办豪华的住宅群，也有难民居住的里弄。[⑥]尽管依然是精英

---

① Osterhammel, Jürgen: "China". At Brown, J. (ed.) *The Twentieth Century. The Oxford history of British empire Vol. IV.* New York: Oxford University Press, 1999, pp. 156-157.

② 1914年法租界的公董局破例允许选举出一名中国人任职。Bergère, Marie-Claire: *Histoire de Shanghai*. Paris: Fayard, 2002, p. 133.

③ 戴鞍钢：《租界与晚清上海农村》，见马长林编：《租界里的上海》，上海社会科学院出版社2003年版，第4页。

④ Xiao, Zhiwei: "Movie etiquette reform in Early-Twentieth-century China". *Modern China* 32(4), 2006, p. 519.

⑤ 王垂芳：《洋商公用事业的发展与城市的近代化进程》，见王垂芳主编：《洋商史：上海：1843～1956》，上海社会科学院出版社2007年版，第293—348页。

⑥ 买办商人住宅的风格就是采用典型的多立克式立柱，矗立在住宅入口处。Johnson, Linda Cooke: *Shanghai. From market town to treaty port, 1074-1858*. Stanford: Stanford University Press, 1995, p. 250; Bergère, Marie-Claire: *Histoire de Shanghai*. Paris: Fayard, 2002, p. 56.

执政，但是租界地区已经不再是外国移民居住的隔离地带，而是呈现出多元文化的特征。形形色色的外国人聚居在这里，比如雇佣军、海盗、传教士、水手、逃犯、外交官、瘾君子、植物学家、军火商等。这里有西班牙的球员、酒店经营者、水兵和雇佣军，也有亚洲国家的商人，比如印度人、伊拉克犹太人、广东商人等，他们主要在公共租界范围内活动。尽管如此，本地人和外国人通婚还是非常罕见的，对于英国女性来说，嫁给本地人意味着丧失英国侨民身份；对于英国男性而言，和本地女性交往如果到达婚姻层面，就是“出格”而不是异国猎艳。①虽然这里的移民大多数只是暂居，但长期滞留上海的外国人会自称“上海人”，这就是外国移民对他们的上海人身份的认同感。②

一旦形成了“国中国”的局面以后，租界白人就享受领事馆的治外法权。上海会审公廨专门负责裁决不同国籍的诉讼。各个国家的移民会组建本国俱乐部，除非贸易上往来，通常不会吸纳本地人作为会员。③尽管上海各种国籍和各种文化共存杂居，但是公共租界种族歧视非常严重，每个公民的权利取决于自己的国籍和宗主国的势力。

当时上海有三个行政管理部门：清政府、法租界公董局、公共租界工部局，城市不断发展壮大。1865年有70万人口，1915年人口增长到130万，到了1935年增长到200万。1910年公共租界地区人口为50万，到了1930年增长到100万。法租界1860年有5万人口，1910年为11.6万人，20世纪30年代达到50万人。法租界和公共租界的势力范围也在不断扩张。到了30年代，两个租界的占地面积共33平方千米。④

虽然外国移民在租界享有种种特权，和本地华人相比依然是少数族裔。1930年精英阶层负责管理居住在中国的1.3万英国人，其中6 500人分布在公共租界，2 500人分布在法租界。还有数千人分布在天津和汉口的租界地区。⑤全上海的外国人从1900年的1.5万增长到1936年的6.2万，到1946年总计8.2万，分别来自58

---

① Bickers, Robert: *Britain in China*. Manchester: Manchester University Press. 1999, pp. 100–102.

② 更多资料详见：Bickers, Robert: “Shanghailanders. The Formation and identity of the British Settler in Shanghai, 1843–1937”. *Past and Present* 159(1), 1998, pp. 161–211。

③ Bickers, Robert: *Britain in China*. Manchester: Manchester University Press. 1999, p. 77.

④ Bergère, Marie-Claire: *Histoire de Shanghai*. Paris: Fayard, 2002, p. 123.

⑤ Osterhammel, Jürgen: “China”. At Brown, J. (ed.) *The Twentieth Century. The Oxford history of British empire Vol. IV.* New York: Oxford University Press, 1999, p. 150.

个不同国家，[1]占城市总人口的10%不到。1930年的上海总人口超过300万，是世界上第六大城市。到了1940年，上海总人口高达500万。

但实际上在20世纪20年代中期这种体制便开始动摇。中国的民族运动日益高涨，社会气氛日益凝重；日本对华虎视眈眈，战争一触即发，这些不稳定因素使租界变得愈发混乱。面对中国民族运动的压力，工部局不得不舍弃一些特权，避免刺激中国人的情绪。1926年允许华人自由出入公园，[2]1928年三名中国商人首次入选工部局担任职务，但这点让步对于中国民族独立的呼声简直无足轻重。此外，随着日本侨民数量增加，日本人成为外国侨民中队伍最庞大的一支，也提出自己的权益诉求。30年代中期，随着日本政府的不断施压，世界各国难民涌入租界地区，欧洲战争爆发以后又有大量欧洲难民逃到上海，导致原来的租界统治秩序被破坏。1941年底公共租界被日军占领，1943年底法租界签署交还租界放弃特权。上海租界存活一个世纪以后就此彻底消失。

三、中国市场的神话

> 所有人必须意识到，1842年和1843年英国与中国签订的商业条约与现实相去甚远。回顾过去就会发现：截至1843年12月英国出口到中国的制成品为1 750 000英镑。截至1850年12月31日，为1 574 000英镑，减少了将近25万英镑，而且发生在实施条约的七年之后，在双方完全自由和不受约束的贸易下，璞鼎查曾经允诺，即使兰开夏郡的所有工厂开工都无法生产出足以供应中国某个省份的袜子。
>
> 詹姆斯·布鲁斯，第八代埃尔金伯爵，1858年

英国全权代表璞鼎查（Henry Pottinger, 1789—1856）签订《南京条约》时，英国人期待从中国总人口身上攫取工业利润。兰开夏郡的棉纺织业的发展彻底改变了棉布的价格，英帝国实行自由贸易以后迫使中国政府接受自由市场。英国人自认为产品可以在中国市场畅销，但事实并非如此。尽管很快英国人发现自己盲目

① 王垂芳主编：《洋商史：上海：1843～1956》，上海社会科学院出版社2007年版，第15页。

② 公共租界黄浦公园门口“华人与狗不得入内”的一块告示牌，引发中国的民族主义者强烈不满，为了争取华人出入公园的自由而与租界当局不断抗争。Bickers, Robert andJeffrey N. Wasserstrom: “Dogs and Chinese not admitted” sign: Legend, history and contemporary symbol. *The China Quarterly* 142, 1995, pp. 444-465.

乐观，但是他们依然认为中国市场的潜力是无穷的。一个拥有4亿潜在消费者的人口大国形象刻在了世界各地商人的脑海中，就此形成中国市场的神话。

殖民者从上海出口丝绸和茶叶到英国，但从英国进口的棉纺织品和其他产品却无法在中国市场销售，这种贸易逆差最后只能用鸦片来平衡。卡尔·马克思敏锐观察到导致第二次鸦片战争爆发的原因正是殖民者预期落空，他在1848年的《共产党宣言》中说道：资产阶级，由于生产工具的迅速改进，由于交通的极其便利，把一切民族甚至最野蛮的民族都卷进文明中来了。[①]

1851年抵达上海的英国船只74%都满载了鸦片。尤其是像怡和洋行、颠地比尔洋行这样的大公司，只有像麦克威克洋行这样的小公司运来的是棉纺品。[②]无论是发动第二次鸦片战争的帝国主义者帕默斯顿（Palmerston, 1784—1865），师从杰里米·边沁（Jeremy Bentham）的自由主义者宝林（John Bowring），甚至是马克思本人，都认为中国市场迟早要屈服于英国的廉价商品。但事实相反，英国商品的销售额并没有增加。自由主义的创始人理查德·科布（Richard Cobden）对在中国推行自由主义以后英国的出口并没有增加感到无法理解，更严重的是英国人对茶叶的消耗却与日俱增。[③]想要改变这种贸易逆差的局面，英国必须获得长江内河航运的权利，开设更多的港口。但是1895年马克思就警告过他的读者，即使开设更多的港口，销售总量也不会自动增加。中国消费者更愿意使用本地产品，即使商品价格更高，家庭生产模式的效率更低。[④]

在那个时代，中国市场唯一需要从国外购得的只有棉纱和羊毛制品。此外从英国开往中国的货轮困难重重。帆船一直统治着往返于英国和亚洲的航线直至19世纪最后25年，这条航线遥远而且运输成本高昂。[⑤] 1840年随着蒸汽船的发明

---

① 马克思和恩格斯发表在《纽约时报论坛》（*New York Daily Tribune*）上的文章翻译成西班牙语收录在1974年出版的墨西哥文集中。Marx, Karl and Friedrich Engels: *Colonialismo y guerras en China*. México (1974): Ediciones Roca, 1850-1865.

② 1851年没有在上海从事鸦片贸易而是棉纺品贸易的英国公司名单，参见王垂芳主编：《洋商史：上海：1843～1956》，上海社会科学院出版社2007年版，第65—71页。

③ 引文出自马克思，遗憾的是，目前学界并没有就卡尔·马克思思想与鸦片战争之间的联系进行过深入研究。Marx, Karl and Friedrich Engels: *Colonialismo y guerras en China*. México (1974): Ediciones Roca, 1850-1865, pp. 65-67.

④ Marx, Karl and Friedrich Engels: *Colonialismo y guerras en China*. México (1974): Ediciones Roca, 1859, pp. 138-141.

⑤ Allen, Robert C.: *The British industrialization in global perspective*. Cambridge: Cambridge University Press, 2009, p. 178.

使用，中途运输如印度、东南亚和广东之间的鸦片船贸易变得高效快速。专门从事亚洲航线的怡和洋行就从鸦片贸易中攫取巨额利润。[①]与此相比，从兰开夏郡出发的轮船就明显处于劣势。苏伊士运河开通以后这种局面有所好转，但是英国的棉纺工业又不得不面对另外一个新局面：亚洲开始自己纺织工业布，先是印度，之后是日本。于是英国公司转向开发亚洲贸易，而不再是仅仅将英国商品运输到亚洲各个国家。

1888年英国驻福建厦门的领事发现多数中国居民更愿意选择购买家纺布。当他询问当地百姓为什么不选择英国货时，当地人告诉他因为家纺布更加牢固，比进口的英国布更加厚实保暖。[②]虽然英国布料从来没有像在印度那样取代中国土布，但在19世纪的最后十年英国与中国的贸易终于有所逆转。1890年棉纺品（棉纱和布料）的进口额终于达到4 500万海关两，占中国进口总额的30%。棉纺品终于首次超越鸦片成为中国最主要的进口商品。[③]

鸦片和棉纺品占中国进口总额的三分之二。[④] 1899年棉纺品的进口超过1亿海关两，1905年超过1.8亿海关两。第一年中国最主要的进口商品还是棉纱，到了第二年主要进口商品就是布料。中国棉纱进口主要来自亚洲国家，布料进口则基本来自英国和美国。[⑤]英国的棉纺工业终于能够从对华贸易中获益。值得一提的是，英国畅销亚洲的产品都是之前从亚洲抄袭过来的，比如平纹布、印花布和高附

---

① Osterhammel, Jürgen: "Imperialism in transition. British business and the Chinese authorities, 1931-1937". *The China Quarterly* 98, 1984, pp. 268-269.英国公司发现只有在棉纱购买和销售过程中存在巨大差异的时候公司才能够获得最大利润。这种价格差往往存在于远离上海的港口，因此英国人迫切希望通过中英条约开放更多的口岸。Lindert, Peter H.: Lindert, Peter H.: "International economics and the historian". At Rawski, Thomas G. (ed.): *Economics and the historian.* Berkeley: University of California Press, 1996, pp. 218-224.

② 严中平：《中国棉纺织史稿》，科学出版社1955年版，第74—75页。

③ 原棉、棉纱和织物进口额比较研究情况如下：Chao, Kang (Zhao Gang): *The development of cotton textile production in China*. Cambridge: Harvard University Press, 1977; Fang, Xianting (H. D. Fong): *Cotton industry and trade in China*. Tianjin: Chihli Press, 1932, p. 248; Hsiao, Liang-lin: *China's foreign trade statistics, 1864-1949*. Cambridge: Harvard University Press, 1974, p. 38。棉纺品进口额与其他外贸产品对比研究参见：Feuerwerker, Albert: *The Chinese Economy, 1870-1949*. Michigan: An Arbor Center for Chinese Studies, 1995, p. 61; Koo, Shou-eng: *Tariff and the development of cotton industry in China*. New York: Garland Publishing Inc, 1982, p. 76, 112, 156, 198。

④ Feuerwerker, op. cit., pp. 23, 61.

⑤ Fang, op. cit., pp. 248-249.

加值服装，而且此类商品的主要消费者一般是租界的华人以及英国殖民者。

此外，依靠纺织业发家的英国人先是和逐渐壮大的美国人竞争，后来又和日本人竞争。19世纪末，美国南部地区的北卡罗来纳州、南卡罗来纳州和亚拉巴马州的工业发展以后专门从事出口贸易。1861—1875年，美国年平均向中国出口350万美元的棉纺品，1875—1895年，出口量增加到1 250万美元，1896—1900年，年平均达到2 040万美元。[①]美国纺织品比英国粗糙但是深受中国北方市场的欢迎。1899年推出门户开放政策，美国亚洲协会正是支持者之一。该协会是由美国南部纺织企业主组成的非常具有影响力的一个团体，[②]致力于维护自己在中国北方市场的利益。美国不惜一切代价避免中国北方市场成为俄罗斯或日本的势力范围，因为如此一来，势必制约美国出口中国的贸易活动。

1905年日俄战争爆发，日本战胜俄国，美国人的担心终于变为事实，进口贸易变得困难重重。不久日本占据整个东北，美国被彻底边缘化。[③] 1916年美国商业技术员拉尔夫・奥德尔（Ralph M. Odell）建议美国棉花工业应该生产高档布料（如印花布之类），因为美国生产的粗布已经根本无法与日本和中国工厂竞争。[④]

第一次世界大战爆发后，英国失去世界第一大工厂的地位。不仅一些欧洲强国工业发展达到成熟水平，美国和日本更是后来居上，其他国家如中国和印度则开始了本国的工业化发展。1920年中国进口的棉花产品量达到顶峰，价值2.47亿海关两。[⑤]也正是从那时起进口贸易量开始急剧下降。

20世纪二三十年代中国工业的发展和抵制外货运动高涨，外国棉纱进口量急剧下降。1921—1925年年平均进口棉纱为6 000万海关两，到了1926—1930年年平均进口不满2 000万海关两。30年代棉纱进口量持续下跌，到了1936年几乎为0，当时进口总额不满100万海关两，为进口总量的0.2%。中国最终成功实现国产

---

① Lorence, James J.: “Organized business and the myth of the China market: the American Asiatic Association, 1898-1937”. *Transactions of the American Philosophical Society* 71(4), 1981, p. 11.

② 更多相关研究见Lorence, James J.: “Organized business and the myth of the China market: the American Asiatic Association, 1898-1937”. *Transactions of the American Philosophical Society* 71(4), 1981。

③ Fang, Xianting (H. D. Fong): *Cotton industry and trade in China*. Tianjin: Chihli Press, 1932, p. 249.

④ 参见Odell, Ralph M.: *Cotton goods in China*. Washington: Bureau of Foreign and Domestic Commerce. Special Agents Series n° 107, 1916。

⑤ Fang, op. cit., p. 248.

替代进口。

原棉进口量下滑来得较晚。1913年中国进口最多的商品是棉布，价值共1.02亿海关两，占进口总额的19.3%。那时英国棉布占据主要市场份额。20世纪20年代布料进口数量进一步增加，到了1925年到达最高，年平均为1.5亿海关两。但到了20年代末期进口量半数以上来自日本。①最后，到了30年代，外国布料进口也走向了穷途末路。在进口量不断下跌以后，1936年英国棉纺织品进口占进口总量的1.5%不到（总额1 500万多海关两）。② 1936年英国棉纺品进口总额跌至1886年水平，一年以后持续下跌到鸦片战争以前水平。③

另一方面，由于中国工业不断发展但国内原棉收成不稳定并且运输困难，加上日本人控制了中国东北，直接导致中国原棉进口数量逐年递增。1911—1915年，原棉进口不到2 000万海关两；1926—1930年，进口高达46 400万海关两，出口16 600万海关两。④正如所有的工业国家一样，中国对原材料的需求超过对成品的需求。到了20年代末，中国甚至开始向南非出口棉纱和棉布。⑤

即便如此，中国市场的神话依然存在，企业家们依然固执地相信租界以外是冒险家的乐园。⑥ 1937年，居住在上海的美国记者卡尔·柯劳（Carl Crow）发现这个神话依然存在：

> 无论何时，只要出口经理想要做一个美好未来的白日梦，梦里的名望和繁荣将日常的忧虑都消解了。他只需拿出一支铅笔和一张便笺纸就可以开始计算销售量，前提是找到一个精明能干的代理人，负责吸引4亿中国消费者中一

---

① Fang, Xianting (H. D. Fong): *Cotton industry and trade in China*. Tianjin: Chihli Press, 1932, p. 249.

② Feuerwerker, Albert: *The Chinese Economy, 1870–1949*. Michigan: An Arbor Center for Chinese Studies, 1995, pp. 65, 180.

③ Koo, Shou-eng: *Tariff and the development of cotton industry in China*. New York: Garland Publishing Inc, 1982, pp. 84, 201.

④ Fang, Xianting (H. D. Fong): *Cotton industry and trade in China*. Tianjin: Chihli Press, 1932, p. 44.

⑤ Zhao Gang: *The development of cotton textile production in China*. Cambridge: Harvard University Press, 1977, p. 85.

⑥ 历史学家Jürgen Osterhammel收集了七七事变爆发前夕关于中国市场神话的相关资料。Osterhammel, Jürgen: “Imperialism in transition. British business and the Chinese authorities, 1931–1937”. *The China Quarterly* 98, 1984, p. 260.

定比例的人购买，他就能成功。早在铅笔、计算器和广告代理人在商界发挥重要作用之前，商人就因为乐此不疲的销售计算而耗尽了墨水。只要一国制造商品卖给其他国家，只要有轮船远洋航行，只要国际贸易存在，千百万勤劳的中国人可能产生的销量的黄金幻象就是一个永恒诱惑。只要中国人想购买你的商品，无论你卖什么，中国的生意都应该是巨额的。①

总体而言，中国棉纺品进口有过三个繁荣时期。1890—1920年，年平均棉纺产品的进口占进口商品总额的20%～40%。②但是英国工业再没有能够像预期中总揽大局，亚洲产品竞争一直非常激烈，美国、日本和中国工业不断发展，三国产品占据市场。1937年七七事变爆发以后，中国国际贸易一度停滞。到了1946年，载满纺织品的大型货船曾经再次出现在上海码头，但是事实上什么都没有发生。一个世纪以后中国彻底抛弃英国人植入的自由市场。20世纪40年代美国学者回顾这一阶段历史的时候，就提出"中国市场神话"这一理论。③

① Crow, Carl: *400 million customers. The experiences, some happy, some sad, of an American in China and what they taught him*. Norwalk (2003): East Bridge, 1937, p. 304.

② Fang, Xianting (H. D. Fong): *Cotton industry and trade in China*. Tianjin: Chihli Press, 1932, p. 248.

③ 笔者查询到第一篇关于中国市场之谜的文章是William Brandt 1940年9月发表在《亚太事务》(*Pacific Affairs*)上的文章。笔者认为本文极具研究价值，尽管目前学界鲜少有人参考和研究。Brandt, William: "The United States, China and the world market". *Pacific Affairs* 13(3), 1940, pp. 279-319; Lorence, James J.: "Organized business and the myth of the China market: the American Asiatic Association, 1898-1937". *Transactions of the American Philosophical Society* 71(4), 1981.

第二节　上海的宁波人：源于宁波，兴于上海

一、上海纺织商会

前文提到国内长途贸易主要运输基本生活必需品，比如粮食和布匹。要保障地区间粮食供应顺畅，必须依赖商人网络和某些组织确保货物运输。明代上海已经成为中国棉花贸易中心，聚集了来自全国各地的商人。早在外国移民定居上海之前，中国商人已经结成了强大的关系网。即使英国人到来，这些社会网络也基本上没有发生变化。唯一随着外国人的到来发生改变的，就是中国商人的贸易方式。

"会馆"是同乡移民到另外一个地区组成的民间社会团体，主要宗旨是保护同乡的利益。"会馆"一词最早出现在明朝时期，指商人团体在帝国的首都开设的驻京办。[①]上海会馆从清朝开始出现并很快成为行业性会馆。[②]通常会馆成员是同乡，从事某一特定产品的贸易或者某一特定行业。在出现会馆的同时，出现了同一行业组织"公所"。[③]很快两者的界定变得模糊，"公所"也变成了同乡

---

① Goodman, Bryna: *Native place, city, and nation. Regional networks and identities in Shanghai, 1853–1937.* Berkeley: University of California Press, 1995, p. 38.

② 关于近代上海同乡组织的中外文研究资料非常丰富，中文研究中首先要推崇的就是早期徐鼎新（1990）、高洪兴（1990）以及郭绪印（2003）的研究。英文研究资料中推荐的是Bryna Goodman（1995）和Linda Johnson（1995）。关于同乡会组织的研究不局限于上海，也有学者对湖北汉口同乡会进行了研究，如William Rowe（1989）。高洪兴：《近代上海的同乡组织》，《上海研究论丛》1990年第五辑，第114—162页；Rowe, William T.: *Hankow conflict and community in a Chinese city, 1796–1895*. Stanford: Stanford University Press, 1989; Johnson, Linda Cooke: *Shanghai. From market town to treaty port, 1074–1858*. Stanford: Stanford University Press, 1995。

③ 徐鼎新：《旧上海商会馆、公所、同业公会的历史考察》，《上海研究论丛》1990年第五辑，第80—81页；徐鼎新：《近代中国商业社会史史迹追踪》，香港天马出版有限公司2005年版，第5—8页。

组织。[1]上海地区有的“会馆”或者“公所”甚至可以是在同一个场所，由同一个群体的成员组成。

上海最重要的一支移民来自浙江宁波。[2]宁波位于杭州湾南端，距上海仅136海里。宁波非常适合长途贸易，所有往南的船只必须经过宁波，北上山东半岛和青岛港的船只也必须取道上海或者宁波。而朝东，宁波又是距离日本最近的中国港口之一。得天独厚的地理优势使宁波港自古以来就是最具有战略意义和商业意义的港口。由于宁波人出现在中国很多商业城市，以至于“无宁不成市”一说广为流传。[3]

宁波人在上海大量聚居可以追溯到明代，当时上海棉纺织业迅猛发展。上海和宁波港之间原棉、布料、茶叶、盐、丝绸和纸张贸易频繁往来。[4] 16世纪中期政府禁止私人海上贸易，导致当时宁波水手以海盗闻名。[5] 1797年上海城北门外专门给宁波人开辟了一块公共墓地，标志着中国最著名的同乡会“四明公所”成立。[6]按照中国传统，人死后必须归葬其乡。所以起初四明公所只是为宁波同乡筹办丧葬事宜，遗体运回故乡以后按照当地的习俗下葬，安眠于家族祖先墓地之中。富裕的商贾将灵柩暂时寄存在四明公所，之后运回故乡，经济条件不甚宽裕的亡者则直

① 关于“公所”和“会馆”的定义学者莫衷一是，详见：徐鼎新：《旧上海商会馆、公所、同业公会的历史考察》，《上海研究论丛》1990年第五辑，第79—113页；Johnson, Linda Cooke: *Shanghai. From market town to treaty port, 1074-1858*. Stanford: Stanford University Press, 1995, pp. 122-123；郭绪印：《老上海的同乡会团体》，文汇出版社2003年版，第1—37页。

② 中国学术界对上海宁波人在中国现代化进程中发挥的作用和地位的研究非常丰富，值得一提的是早期Susan Mann（1974）和Yoshinobu Shiba（1977）对此课题的开拓性研究，为后来学者留下宝贵的英文资料。目前研究该课题的中国学者有李瑊（2000）、陶水木（2000）、陆平一（2003）、乐承耀（2006）。Mann, Susan: “The Ningpo Pang and financial power in Shanghai”. At Elvin, Mark and William G. Skinner (eds.): *The Chinese city between two worlds*. Stanford: Stanford University Press, 1974, pp. 73-96; Shiba, Yoshinobu: “Ningbo and its hinterland”. At Skinner, G. William (ed.): *The city in late imperial China*. Stanford: Stanford University Press, 1977, pp. 391-439；陶水木：《浙江商帮与上海经济近代化研究：1840—1936》，上海三联书店2000年版；上海市宁波同乡联谊会等编：《创业上海滩》，上海科学技术文献出版社2003年版；乐承耀：《近代宁波商人与社会经济》，人民出版社2006年版。

③ “无宁不成市”，见李瑊：《上海的宁波人》，上海人民出版社2000年版，第160页。

④ 陶水木：《浙江商帮与上海经济近代化研究：1840—1936》，上海三联书店2000年版，第5—10页。

⑤ 李瑊：《上海的宁波人》，上海人民出版社2000年版，第28页。

⑥ 郭绪印：《老上海的同乡会团体》，文汇出版社2003年版，第515页。

接葬在义冢。[①]

除了四明公所一类的同乡会作寄柩用、余后作义冢之地以外，18世纪上海还出现了大量同乡会馆，例如绍兴的浙绍公所、安徽徽宁会馆、广东潮州会馆，会馆为本地同乡提供各种便利：为商旅提供住所，从事慈善事业，规范市场价格遏制暴利，定期举行祭祀宴饮；兴建街道水渠等基础市政工程，修缮公园、医院、学校等公共设施，修葺寺庙一类的宗教文化场所，为商旅提供商业信息，发生冲突时代表同乡出面调停。[②]中国的会馆和公所与欧洲中世纪垄断行业的“行会”有所不同，反而更像是西方社会的贸易法庭。四明公所主要是依靠同乡捐赠，宁波人自愿选择加入与否。公所日常管理事务由董事负责，接纳新移民、安置老移民，代表所有宁波同乡的共同利益。[③]

社会团体之间并不具有排他性。除了同乡结成的同乡会馆或者公所以外，还有按照行业结成的“行帮”。如布业公所，负责经营棉花、盐、肉类、鱼、木料等的其他公所；宁波地方的公所，如舟山群岛公所，还有其他与四明公所同时代成立的，如1819年船运商人成立的浙宁会馆。这些会馆、公所在上海老城中心豫园还保留了牌楼。[④]族中声望较高的人可以同时参加或者领导多个会馆、公所。每个公所都有一套章程，明确规定了如何选举产生领导人，每个职务的任期以及相应的职责。[⑤]

此外，还存在私人商铺联合组成的协会组织。无论是本地商人还是外地移民都能组成各种各样的协会。“行”（英文译音为hong）是上海最早的私人商号，通常

① Bryna Goodman（1995）与Ferdinand Tönnies研究一脉相承，认为上海这些社会组织的作用不只是单纯的经济的团体（gesell）或者单纯的情感纽带（gemein），而是两者兼有。此外，和文艺复兴时期的行会一样，该社会组织有书面的正式规章制度。由此可见，行会商帮并不像学者Douglass North（1990）认为的是欧洲独有现象。遗憾的是目前为止没有任何研究将欧洲和中国的行会规章制度进行比较分析。Goodman, Bryna: *Native place, city, and nation. Regional networks and identities in Shanghai, 1853–1937.* Berkeley: University of California Press, 1995, pp. 7–8; North, Douglass: *Institutions, institutional change and economic performance.* New York: Cambridge University Press, 1990, pp. 46–53.

② 郭绪印：《老上海的同乡会团体》，文汇出版社2003年版，第22—28页。

③ Johnson, Linda Cooke: *Shanghai. From market town to treaty port, 1074–1858*. Stanford: Stanford University Press, 1995, p. 137.

④ Johnson, Linda Cooke (ed.): *Cities of Jiangnan in late imperial China*. Albany: State University of New York Press, 1993, pp. 162–172.

⑤ 郭绪印：《老上海的同乡会团体》，文汇出版社2003年版，第34页。

有官方许可从事贸易活动，类似于私人公司坐落于老城区，派出商人向农民收购原棉供应给城市。[①]另一种规模较大而且有专门印章的称为“号”（洋泾浜英语称作“chop”）。[②]“纱号”“布号”主要从事棉纱或布匹贸易，通常位于郊外而且专门从事长途运输贸易。[③]一些较大的商号在其他城市设有分号。上海本地的商号从1858年的15家发展到1884年的62家。[④]所有商号货行都可以加入行帮或者同乡性质的公所。[⑤]

也有暂住上海的外地“客商”，此类外地商人带来长江三角洲地区需要的产品，如豆粕、茶叶、大米、糖；客商再向本地商人采购棉纺织品，棉产品经销商则在上海等待这些外地商人的到来。这些远道而来的商人，虽然同是帝国的子民，抵达上海以后也会急于寻求各自的“会馆”或者“公所”的庇护。会馆、公所常在城外为这些客商们提供住宿。

随着西方轮船的到来，中国商人也与时俱进。上海北部租界地区出现了大量外国公司，这些外国公司主要从事进出口贸易，中国人称之为“洋行”。洋行的运作模式就像各个城市设在上海的公馆、会所、行帮一样，也要在各自国家的使领馆登记。另一方面，随着这些外国商人的到来，一些中国传统布号开始向他们购买进口商品，再卖给自己的中国客户，而之前这些客户都是从布号采购本地产品。1858年上海有14家中国店铺出售外国布匹，其中7家由浙江商人开办。[⑥]这些店铺主要分布在南京路上，后来南京路成为上海最重要的商贸中心。[⑦]这些专门从事进口布

---

① 关于私人货行和地方社会组织的关系见：Fang, Xianting (H. D. Fong): *Cotton industry and trade in China*. Tianjin: Chihli Press, 1932, pp. 59–61；徐新吾主编：《江南土布史》，上海社会科学院出版社1992年版，第54—55页。

② 更多关于商号研究见：Fang, Xianting (H. D. Fong): *Cotton industry and trade in China*. Tianjin: Chihli Press, 1932, p. 55.; Rowe, William T.: *Hankow conflict and community in a Chinese city, 1796–1895*. Stanford: Stanford University Press, 1989, pp. 69–73。

③ Fang, Xianting (H. D. Fong): *Cotton industry and trade in China*. Tianjin: Chihli Press, 1932, p. 62；徐新吾主编：《江南土布史》，上海社会科学院出版社1992年版，第55页；Lu, Hanchao: “Arrested development: Cotton and cotton markets in Shanghai 1350–1843”. *Modern China* 18(4), 1992, p. 492。

④ 徐鼎新：《近代中国商业社会史史迹追踪》，香港天马出版有限公司2005年版，第19页。

⑤ 徐新吾主编：《江南土布史》，上海社会科学院出版社1992年版，第3页。

⑥ 陶水木：《浙江商帮与上海经济近代化研究：1840—1936》，上海三联书店2000年版，第25页。

⑦ 更多关于南京路如何演变为上海商贸中心见：Cochran, Sherman (ed.): *Inventing Nanjing Road. Commercial Culture in Shanghai, 1900–1945*. Cornell: Cornell East Asia Series, 1999。

料的商铺联合起来，诞生了行帮性质的“振华堂洋布公所”。[1]

宁波商人的商业才能不只局限在棉纺织行业，也展现在其他领域，尤其是海运和银行业。18世纪中期运河航运瘫痪以后，1872年中国轮船招商局诞生以前，清政府就任命宁波商会负责每年用船从长三角将皇粮国税运到北方，也就是漕运。宁波商人也是中国蒸汽船工业的先锋，1854年中国第一艘进口蒸汽机船“宝顺”号的买主就是宁波人。[2]

1750—1850年开始出现宁波钱庄。[3]专门服务在长三角地区采购货物之后运到北方市场出售的商人，也服务于从南方远洋出海的商人。[4]宁波钱庄保障长途贸易市场之间的交易顺畅，发放汇票和投资建造小船及帆船。即使现代轮船出现以后，传统中国帆船非但没有消失反而更加生机勃勃。1883年中国共有50家钱庄，到1903年开设了82家，1908年则扩张到115家。[5] 1926年仅上海地区就有87家钱庄。[6]钱庄在外国公司和中国商人之间起着重要调解作用，钱庄也积极投资宁波同乡，帮助他们开创发展中国工业。

强大的公馆会所网络早在鸦片战争之前就已经形成，西方人到来以后非但没有消失，反而在租界不断成长变得更加强大。1852年广东移民成为上海最具影响力的外来人口。总计8万人的广东移民多数是随着外国殖民者的脚步一起抵达上海的。由于广东的地理位置缘故，在鸦片战争之前就已经形成国际贸易路线，广东商人与外国公司的接触也就水到渠成。新的口岸开放以后，外国公司往往带着本地的翻译和助手。最初政府只允许广东人与外国人接触。后来由于太平天国

---

① 更多关于振华堂起源的研究见李瑊：《上海的宁波人》，上海人民出版社2000年版，第119—122页；Furuta, Kazuko: “Kobe seen as a part of the Shanghai trading network: the role of Chinese merchants in the re-export of cotton manufactures to Japan”. At Sugihara, Kaoru (ed.): *Japan, China, and the growth of the Asian international economy, 1850–1949*. Oxford: Oxford University Press, 2005, pp. 23–48。

② 郭绪印：《老上海的同乡会团体》，文汇出版社2003年版，第508页。

③ 传奇银行家方氏、李氏拥有多数钱庄，是上海宁波人中的领袖人物。李瑊：《上海的宁波人》，上海人民出版社2000年版，第55—79页。

④ Shiba, Yoshinobu: “Ningbo and its hinterland”. At Skinner, G. William (ed.): *The city in late imperial China*. Stanford: Stanford University Press, 1977, pp. 391–439.

⑤ Bastid-Bruguière, Marianne: “Currents of social change”. At Fairbank, John King and Kwang-ching Liu (eds.) (1980): *The Cambridge History of China. Vol. 11: Late Ch'ing, 1800–1911. Part 2*. Cambridge: Cambridge University Press, 1980, p. 552.

⑥ 李瑊：《上海的宁波人》，上海人民出版社2000年版，第61页。

运动导致大量人口迁往上海避难，租界不断扩大，陆续有不同城市的移民开始与外国人杂居。1860年随着越来越多的宁波人的到来，城市不断扩张，宁波移民人数超过广东人。①根据统计，1927年260万上海人口当中有40万宁波人，占总人口的15%。到了1948年上海总计有100万宁波人，当时的总人口为490万，宁波人占20%。②从人口比重上来看，宁波人已经远超过所有外国移民总人口之和。

法租界成立以后，四明公所所在地被划入法国势力范围。由于太平天国运动的影响，上海宁波人数量不断增加，墓地变得非常紧张。四明公所墓地划入法租界之后，中法冲突就此爆发。法国殖民者无视公墓饱和度和等待运返故土的灵柩，强迫公所迁让冢地。此事先是激起宁波同乡的抗议，最后不得不诉诸暴力。③ 1874年法租界决定将公墓一切为二筑路，命名为"宁波路"。此事再次激起宁波人的抗议，公开焚烧并且抵制法国商品，事态发展到最后，负责维持治安的租界警察向示威群众开枪。1898年法国领馆意图再次扩张势力范围，企图将公所部分土地用作建设学校和医院。此事再次激怒宁波人从而导致17人被害，并且直接触发抗议外国侵略者暴行的游行示威。此事进一步演化成上海总罢工，三分之二华商参与其中，即便如此最后还是没能避免部分公所土地被法租界占领。④

20世纪初各同乡会馆开始改良，根据政治措施致力发展现代中国经济。早期的纺织业巨头如盛宣怀、张謇等人，试图联合所有的会馆公所成立总商会。后来由宁波领袖人物之一，钱庄老板兼政府官员严信厚（1828—1906）负责筹办此事。他召集所有同乡会、同业会的会馆、公所，统一在"上海商业会议公所"的领导下。公所成立于1902年，1912年更名"上海总商会"。⑤该商会为所有在租界做生意的中国人提供法律和行业保护，成为租界中代表中国商人利益的贸易法庭。⑥上海公共

---

① 李瑊：《上海的宁波人》，上海人民出版社2000年版，第32页；Bergère, Marie-Claire: *Histoire de Shanghai*. Paris: Fayard, 2002, p. 77。

② 李瑊：《上海的宁波人》，上海人民出版社2000年版，第33—34页。

③ 高洪兴：《近代上海的同乡组织》，《上海研究论丛》1990年第五辑，第124—125页。

④ 李瑊：《上海的宁波人》，上海人民出版社2000年版，第237—249页。

⑤ 更多关于上海商会的起源研究见：Chen, Zhongping: "The origins of Chinese chambers of commerce in the Lower Yangzi region". *Modern China* 61(2), 2001, pp. 223-240；徐鼎新：《近代中国商业社会史史迹追踪》，香港天马出版有限公司2005年版，第5—8页。严信厚生平研究见李瑊：《中国近代企业的开拓者严信厚》，见上海市宁波同乡联谊会等编：《创业上海滩》，上海科学技术文献出版社2003年版，第77—83页。

⑥ Chen, op. cit., p. 163.

租界工部局代表租界外国人的利益，上海总商会则由富有的大商人精英阶层组成，代表华人利益。租界的中国商人和外国商人在各自组织的庇护下共存。

然而商会的诞生并不意味之前的公所就此消失，而是在原来的基础上不断涌现出新的并得到进一步发展。上海总商会是集合了所有的会馆和公所力量产生的一个新的联盟。[①]在19世纪中期上海只有20几个注册登记的会馆，到了20世纪20年代已经发展出200多个公所和会馆。[②]因此不难看出，上海的外来移民社会关系网络的发展长盛不衰。

二、宁波：有名无实的租界

在第一次鸦片战争期间，定海战役对英军决胜起关键作用，其后1841—1842年英国人占领宁波。英国人控制了中国海岸东端以后，英国皇家海军就得以自由出入杭州湾和长江入海口。虽然遭到定海和宁波军民的顽强抵抗，但是由于英国海军优势，加上叛军倒戈，英国人最后获胜。[③]英国人在定海驻扎了大部分军事力量，宁波城惨遭英军连续三周的洗劫。《南京条约》签订以后，宁波成为中国五大通商口岸之一，条约准许英商与华商自由贸易，准许英商及家属居住。

1843年12月，在英军舰队做过翻译的罗伯聃（Robert Thom, 1807—1846）被派驻宁波成为第一任领事。他负责这个既是新开口岸又是孤立的殖民地的管理，直到三年以后去世。1844年，除领事本人以外，宁波只有商人查尔斯·D.麦肯齐（Charles D. Mackenzie）和传教士艾德赛（Mary Ann Aldersey）。[④]尽管英国出口中国的鸦片有十分之一经过舟山群岛，由于是随机贸易（既不是非法贸易也不是合

---

① 徐鼎新：《近代中国商业社会史史迹追踪》，香港天马出版有限公司2005年版，第5页。

② 徐鼎新：《旧上海商会馆、公所、同业公会的历史考察》，《上海研究论丛》1990年第五辑，第91页。上海公馆会所确切数量统计的难点在于许多都以同一个地址注册，因此一些学者研究出的数据较为保守，但总体而言在此期间上海的会馆和公所数量有了显著的增加。Chen, Zhongping: "The origins of Chinese chambers of commerce in the Lower Yangzi region". *Modern China* 61(2), 2001, p. 168.

③ 资料来源于英国军官Alexander Murray年鉴。Murray, Alexander: *Doings in China being the personal narrative of an officer in the late Chinese expedition from the recapture of Chusan in 1841 to the peace of Nankin in 1842.* London: Richard Bentley, 1843, pp. 23–86.

④ 更多相关研究参见Fairbank, John King(1953): The foreign invasion of the coast和Ningpo: piracy and convoy两章节内容：Fairbank, John King: *Trade and diplomacy on the China coast, 1842–1854.* Cambridge: Harvard University Press, 1953, pp. 311–346。

法贸易)，无人向领事馆申报。1843—1848年，领事馆只登记了进口17捆棉布，几箱姜和檀香。1846年英军撤离了舟山群岛，群岛很快被海盗和鸦片走私贩占领。当年仅仅15名英国人居住在宁波，更没有法国人或者美国人在此地居住。[①]

随着英军撤出舟山群岛，当地海盗数量激增，以至于往来香港、上海的西方轮船只要看到有船只靠近就立刻开火。1846年一些挂着葡萄牙国旗的船只(很有可能是澳门海盗)驻扎在宁波港，企图垄断渔获。由于广东渔船(海盗船)的出现，英军派出两艘军舰发动了一场海战。[②]即便租界内空无一人，英国海军也必须出兵保卫。显然海盗的骚扰阻挠了宁波的正常贸易，中国商船更是首当其冲，因为他们没有强大的火力自卫。由于海上贸易极度不安全，导致大型外国公司对这座城市避而远之。少数抵达宁波的西方人多数是传教士，他们努力融入当地人的生活，远离租界和鸦片贸易，所以也不会在宁波的英国领事馆登记。罗伯特·赫德后来担任中国海关总税务司，跟着传教士学习中文，他在自己的日记中写道，宁波屈指可数的几家外国公司让他感到无比寂寞。[③]

1861年12月，太平军占领宁波城，城里为数不多的外国人没有遭到太平军的骚扰。宁波本地人纷纷弃城而逃。根据当时一位英国观察家记录："宁波这座城市被彻底遗弃，难民如潮水般涌向上海租界或者外国人住宅区避难。"[④] 1864年宁波租界的外国人口略有增加，共有43个英国人，5个德国人，2个美国人和1个法国人。[⑤]聚集成一个小的外国人社区"老外滩"，位于两条穿城而过的河流交汇处。当时英国称宁波为中国的福南梅森(Fortnum & Mason's)，得益于当地高品位的居民、优质茶叶和高档家具。但是即便美誉在外，也没有吸引到更多外国移民让租界扩大起来。

1907年，在中国海关供职的加拿大人马士眼睁睁看着原本划给外国人的租界

① Fairbank, John King: *Trade and diplomacy on the China coast, 1842–1854*. Cambridge: Harvard University Press, 1953, p. 333.

② Ibid., pp. 337–338.

③ 详见罗伯特·赫德日记(1868—1907)。Fairbank, John King, Bruner Katherine Frost and McLeod Matheson(eds.): *The I.G. in Peking: letters of Robert Hart Chinese maritime customs, 1868–1907*. Cambridge: The Belknap Press. 2 volúmenes, 1975.

④ Dennys, N. B.(ed.): *The Treaty Ports of China and Japan. A complete guide to the open ports of those countries, together with Peking, Yedo, Hongkong and Macao, forming a guide book & Vade Mecum for travellers, merchants and residents in general.* London: Trübner and Co., 1867, p. 333.

⑤ Ibid., p. 340.

地区逐渐荒废，认为是本地强大的社会团体排斥外国人导致的。据他本人描述，当时宁波本地商人团体抵制所有外国公司的进入。1894年本市外贸逆差1 450万海关两，低于1860年的1 650万海关两。20世纪初略有所增加，1904年为2 130万海关两。①

中国棉花的进口主要是大型外国公司运作，如美国的中日贸易公司、英德合资的卡伯公司、怡和洋行、吉尔伯特公司、莱斯公司、英国霍利迪公司、日本的三井物产。这些大公司在较具规模的租界地区，如上海、汉口、天津三地都设有分公司。②毫无疑问上海是中国最重要的国际贸易港口，贸易量曾经一度占全国总量的90%。但是，进出上海港的大多数轮船只是取道此地，最终发往中国其他港口。③完成通关以后，进口棉花每周举行拍卖。宁波商人在上海购买棉花，然后再运回本市销售。其他进口商品也是同样操作。因此在1931年，一位海关人员会感叹宁波本市没有直接的对外贸易。④

外国公司负责将货物运到上海，而中国公司负责余下部分。⑤此外，一些中国公司会注册成外国公司，或者悬挂外国旗帜以避开海盗，方便办理入关手续。中国公司也会雇外国蒸汽船，确保运输安全高效。宁波商人和上海商人就此控制纺织品贸易，海外市场甚至扩大到日本神户地区。⑥为了避开海关的重重检查和海盗的袭击，中国公司还是会尽量伪装成外国公司。

如果中国公司履行所有的法律手续，程序就非常复杂，还要缴纳沉重的赋税，

---

① Morse, H. B.: *The trade and administration of the Chinese empire.* Taipei (1975): Ch'eng-wen Publishing Company, 1907, p. 246.

② Sugiyama, Shigeru: "Textile marketing in East Asia, 1860–1914". At Chapman, S.D. (ed.): *The textile industries*. London: I. B. Tauris, vol. 2, 1997, p. 317.

③ Murphey, Rhoads: *Shanghai, key to modern China*. Cambridge: Harvard University Press, 1953, pp. 2, 116–132.

④ Mann, Susan: *Local merchants and the Chinese bureaucracy, 1750–1950*. Taipei: Southern Materials Center, Inc., 1987, p. 139.

⑤ Murphey, Rhoads: *The outsiders. The Western Experience in India and China*. Michigan: Ann Arbor, 1977, pp. 192–193. 该研究为日本汉学研究成果之一，详见：Sugiyama, Shigeru: "Textile marketing in East Asia, 1860–1914". At Chapman, S.D. (ed.): *The textile industries*. London: I. B. Tauris, vol. 2, 1997, pp. 311–332; Sugihara, Kaoru(ed.): *Japan, China, and the growth of the Asian international economy, 1850–1949*. Oxford: Oxford University Press, 2005。

⑥ Sugihara, Kaoru(ed.): *Japan, China, and the growth of the Asian international economy, 1850–1949*. Oxford: Oxford University Press, 2005.

层层设卡，一货数征，税制杂乱。从上海往杭州、绍兴、温州、宁波（都是从上海发往浙江省）海上运输货物要比直接在城市之间运输容易得多。[①]宁波商人列举了无止境的苛捐杂税：先要在本地交落地税，之后是进口税，到了目的地以后要缴纳坐贾税，还有一项出口税，再加上路上设卡需要缴纳的厘金。[②]但是作为进口商品只需要在一开始登记的时候缴纳不超过7.5%的从价税。[③]所以，中国商人将本国商品伪装成进口商品，雇佣外国蒸汽轮船悬挂外国国旗也就不足为奇。

当时的中国现状改变了宁波企业家的贸易方式。从此中国的贸易网络不再是封闭自给自足，而是需要与外国公司合作确保整个运输便利。这就解释了为什么宁波租界始终没有得到发展，很多宁波商人会选择在上海定居，在外国公司工作。要深入了解这些外国服务型公司，如船公司、银行、经销商和保险公司与本地贸易商网络之间千丝万缕的关系，就必须研究在外国公司任职的中国员工——买办，以及他们的地位和作用。

三、从买办到企业家

第一个来到上海的买办可能是穆炳元，他在第一次鸦片战争中随着英国人的军舰开进上海港，所以算是叛国贼。后来穆炳元和英军驻扎在舟山群岛，那里还有未来的领事、翻译罗伯聃。正是他们两人为英国侵略者打开了一扇又一扇大门。[④]随着越来越多的外国人到来，租界也在不断扩大。对精通两国语言的翻译需求也越来越大。外国商人热衷于中国的丝绸和茶叶，他们渴望找到比南方市场更加廉价的商品。为了打开浙江市场——当时主要的茶叶和丝绸生产中心，英国人需要

---

① Murphey, Rhoads: *The outsiders. The Western Experience in India and China*. Michigan: Ann Arbor, 1977, pp. 201–202; Dennys, N. B.(ed.): *The Treaty Ports of China and Japan. A complete guide to the open ports of those countries, together with Peking, Yedo, Hongkong and Macao, forming a guide book & Vade Mecum for travellers, merchants and residents in general.* London: Trübner and Co., 1867, p. 343; Mann, Susan: *Local merchants and the Chinese bureaucracy, 1750–1950*. Taipei: Southern Materials Center, Inc., 1987, p. 140.

② 10位宁波商人的控诉书详见 Mann, Susan: *Local merchants and the Chinese bureaucracy, 1750–1950*. Taipei: Southern Materials Center, Inc., 1987, p. 141。

③ 理论上支付5%的海关税，研究显示实际上商人支付的税收低于此，约2.5%左右。同一个港口征收2.5% 的税，用于之后所有手续。Koo, Shou-eng: *Tariff and the development of cotton industry in China*. New York: Garland Publishing Inc, 1982, pp. 40–48.

④ 陶水木：《浙江商帮与上海经济近代化研究：1840—1936》，上海三联书店2000年版，第39页。

翻译来帮助他们"买办"这些商品。

苏格兰植物学家、旅行家罗伯特·福特尼(又译罗伯特·福琼[Robert Fortune,1812—1880])也怀抱这一目的来到中国。当时正值鸦片战争时期,他化装成中国人,带着两个当地向导,深入浙江内地考察当地人的乡村生活。他对中国内陆的见解与那些在广东沿海地区撰写的报告迥异,那些帝国主义者只看到了中国的贫穷而对中国的现实一无所知,甚至不如自己的两个随从。[①]福特尼观察并记录下中国人如何将绿茶制成用于出口的知名红茶。[②]得益于该调查研究,英国人学会了种植茶树和制作红茶的工艺,开始在印度种植茶树,从此以后世界对中国茶叶的需求一落千丈,大大降低了中国茶叶的出口总量。当然,此类商业间谍案例也同样发生在中国人身上。

西方人热衷于采购中国的茶叶和丝绸,中国商人也对一些洋货情有独钟:纺织品、烟草、火柴、工具、煤油、药品、机器、书籍等。同英国人一样,中国商人刚开始从英国人手里购买商品,一旦掌握生产技术以后就自己生产制造。通常"买办"是指那些在外国公司谋生的中国人。"买办"(comprador)一词最早源自葡萄牙语,在鸦片战争之前就已经出现在广东一带,特指在西方公司从事翻译和商业协调工作的当地人。[③]英国殖民者刚开始到上海的时候就带着自己信任的广东籍翻译。广东人是当时最早准许与外国殖民者共同生活的人,但是社会地位低下,类似于仆从。[④]慢慢地"买办"逐渐发展成一个独立的社会阶层,被称为"买办资本家"[⑤]。

许多中国买办在外国公司工作一段时间以后就开始经营自己的生意。19世纪中期上海街头出现了最早的成衣店,出售进口成衣。到1858年上海共有14家此类成衣店,其中7家属于浙江商人。这些浙商就是后来"振华堂"的创始人。[⑥]宁

① 更多关于福特尼生平介绍及历史背景资料,见 Murphey, Rhoads: *The outsiders. The Western Experience in India and China*. Michigan: Ann Arbor, 1977, pp. 163-169。

② 福特尼就对西方世界"文明开化"的价值观提出过质疑:"It seems perfectly ridiculous that a civilised people should prefer these dyed teas to those of a natural green"。Fortune, Robert: *A journey to the tea countries*. London (1987): Mildmay Books, 1852, p. 93。

③ 邹依仁:《买办研究札记》,《上海研究论丛》1989年第二辑,第115—123页。

④ Johnson, Linda Cooke: *Shanghai. From market town to treaty port, 1074-1858*. Stanford: Stanford University Press, 1995, p. 197.

⑤ "买办资本家"这一社会学概念最早由马克思提出,将其与"国家资本家"对立,学者对于这种理论和观点还是争执不下,笔者认为有必要在此一提。

⑥ 陶水木:《浙江商帮与上海经济近代化研究:1840—1936》,上海三联书店2000年版,第25页。

波商人拥有自己的银行和轮船，与广东人相比更加独立，更有社会地位，毕竟广东人与殖民者是从属关系。宁波人不会在上海码头，即著名的“外滩”等着轮船卸货，而是开着自己的舢板、帆船与抛锚停泊的大船接驳，直接从船上购买各色商品。

早年的买办都是年轻的移民，他们渴望在这座港口城市寻找工作和发展的机会。第一批宁波买办涌进上海是在太平天国运动时期，第二批则在19世纪末。许多买办20岁不到就进入洋行供职，这种工作经历对年轻人的成长非常有利。他们一边在洋行工作，采购进口商品，一边攒钱积累原始资本，之后再自己经商。这些年轻人在学会了进口商品的制作工艺以后就开始投产获利。他们的人生经历与苏格兰人罗伯特·福特尼何其相似，一生充满传奇和冒险，穿梭在西方和东方两个迥异的世界。

两个时期的宁波商人究竟如何实现从买办身份到企业家身份的转变，我们可以通过整理一些较有影响力的人物生平资料进行解读。[①]叶澄衷（1840—1899）、张尊三（1845—1918）和朱葆三（1848—1926）是第一批到达上海的代表人物。叶澄衷14岁到上海做学徒，很快就迷上了充满异域风情的外国进口布料，经常在港口徘徊。一次一个英国人从他手里买了一盒工具，之后他发现英国人把包掉在船上，打开一看里面有很多现金、一只手表和一枚戒指。叶澄衷四处打听找到了失主，归还了钱物。英国人见他诚实可靠，就聘请他在一家进口五金产品的公司里做买办。[②] 1862年叶澄衷开了一家“顺记五金洋杂货店 ”，专门销售进口五金，并很快将分店开到了其他城市。后来又从一个德国人那里购买煤油进行销售，销售量非常好。叶澄衷将赚到的钱拿出一部分购买土地，1890年先建了一座火柴厂，1894年又建了一座缫丝厂。[③]

张尊三本是舟山群岛的渔民，之后因为与日本水手做买卖而发家致富。他从日本人手里购买北海道的干鱼和鱼翅，再转卖到上海市场。他也从事布料生意，从日本购买布料再卖到法租界，其后逐渐控制了中日之间的几条航线。因为他在中

---

① 上海市宁波经济建设促进会、上海市宁波同乡联谊会组织编写了《创业上海滩》，已经收录了近百位“宁波人在上海”的生平，主编陆平一、副主编李瑊，笔者借此对编者和作者就此课题深入研究表示崇高敬意，感谢两位专家对本研究工作的支持和帮助。

② 朱文炜：《享誉沪上的早期宁波帮巨商叶澄衷》，见上海市宁波同乡联谊会等编：《创业上海滩》，上海科学技术文献出版社2003年版，第85—86页。

③ 同上，第88—91页。

日双边贸易中的突出贡献，受到了日本政府的表彰。[①]

第三位是朱葆三，宁波初代移民中最有影响力的一位。他在“宁波帮”的势力如日中天，当时民间有句俗话“道台一颗印，不及朱葆三一封信”。朱葆三14岁时身无分文孤身来到上海当学徒，当时上海正处在太平天国战乱迫近的危险时期。[②]他先在一家海堤旁胡同里的五金店做学徒，在店里负责销售进口五金。学徒期间朱葆三学会了英语、记账，学会了如何与洋人及本地人打交道。[③]当时最大的一家英国进口公司平和洋行（Lidell Bros. & Co., Ltd.）专门进口羊毛衫，公司非常看好朱葆三，聘请他为买办。该公司只是当时诸多向朱葆三抛出橄榄枝的外企之一。起初他只是在洋行工作，后来就逐渐投资一些中国和外国公司。朱葆三是最早参与投资西方航运公司的华人，他投资开办了中国第一家现代银行中国通商银行，也投资纺织厂。朱葆三除了活跃在商界也同样活跃在政界，是1911年辛亥革命期间陈其美的主要支持者之一（详见下一章）。[④]

以上就是第一批宁波买办的简略生平，他们出生于19世纪40年代。虽然人数不多，但是影响弥足深远。第二批宁波买办出生于1860年到1890年期间，19世纪末到达上海，人数更为众多。1854年全国共有约250名买办，到1870年人数达到700人，20世纪初买办人数急剧增长，总计2万人。[⑤]由于洋行工资较高，年薪为1 000两到2 000两，加上每单交易提成3%～4%，买办们迅速累积资本。[⑥] 20世纪初上海最具影响力的90位大买办中就有43人祖籍浙江，占总人数的47%。[⑦]第二批宁波移民主要集中在特定的产业，此外他们还得到第一批买办的资金支持和物流支持，当时上海涌起的会馆和公所发挥了很大作用。很快，买办掌控了上海的各

---

① 详见陆志濂：《中日贸易的先驱者张尊三》，见上海市宁波同乡联谊会等编：《创业上海滩》，上海科学技术文献出版社2003年版，第93—100页。

② 徐予：《中国十买办》，上海人民出版社1996年，第114页。

③ 陆志濂、陆志斌：《商海巨子朱葆三》，见上海市宁波同乡联谊会等编：《创业上海滩》，上海科学技术文献出版社2003年版，第101—102页。

④ 同上，第105—107页。

⑤ Bastid-Bruguière, Marianne: “Currents of social change”. At Fairbank, John King and Kwang-ching Liu (eds.) (1980): *The Cambridge History of China. Vol. 11: Late Ch'ing, 1800–1911. Part 2*. Cambridge: Cambridge University Press, 1980, p. 550.

⑥ Bergère, Marie-Claire: *L'âge d'or de la bourgeoisie chinoise, 1911–1937*. Paris: Flammarion, 1986, p. 46.

⑦ 陶水木：《浙江商帮与上海经济近代化研究：1840—1936》，上海三联书店2000年版，第40页。

个重要领域。

鲍咸昌(1864—1929)是现代中国第一位报人王韬(1828—1897)的忠实追随者。鲍咸昌在一所长老会所办的学校里接受教育,在日本学习数门外语,1897年开创商务印书馆,[①]就此开始印刷英语教材和英文词典,这对于当时的优秀买办来说是必不可少的工具书。由于他在日本的留学经历,所以联系了一家日本印刷厂购买了一台二手印刷机,设备更加现代化,从此商务印书馆的业务进一步扩大。其间聘请翻译、编辑、作者,商务印书馆的思想变得越来越革命。商务印书馆的出版物主要有四种:书籍和字典出版,丛书系列(日本法律、日俄战争),小说翻译(严复翻译的赫伯特·斯宾塞、赫克斯利、孟德斯鸠等人作品最为畅销)以及报纸。[②]

王才运(1879—1931)13岁时到了上海。先被一家进口纺织品的公司聘用,之后到日本学习西装裁剪工艺。1900年回到上海,在进口服装店工作一段时间以后,萌生了根据西方时尚理念创办中国第一家男性服饰店的想法。1910年王才运的服饰店在南京路正式开业。[③]店内有上百人负责销售毛衣、领带、皮带、皮鞋以及其他配饰。服装店的规模不断扩大,总计上下三层。最后连革命领袖孙中山都慕名而来请王才运量身制作一件西装,作为出任中华民国临时大总统时的着装。王才运独特的设计风格融合了日本等多国时尚元素,设计出享誉世界的"中山装",后来以此为基础发展演变出"毛服"。[④]

第二代买办中刘鸿生(1888—1956)最有名,且是学者研究最多的一位大买办。[⑤]大多数学者都认为刘鸿生是中国火柴工业的创始人,是第二次世界大战之后最富有的中国人之一,与当时的棉花大王荣宗敬齐名。[⑥]刘鸿生是舟山人,6岁时

---

① 汪仁泽:《商务印书馆创办人之一鲍咸昌》,见上海市宁波同乡联谊会等编:《创业上海滩》,上海科学技术文献出版社2003年版,第123—124页。

② Meng, Yue: *Shanghai and the edges of empire.* Minneapolis: University of Minnesota Press, 2006, pp. 41–42.

③ 王嘉振:《上海西服业鼻祖王才运》,见上海市宁波同乡联谊会等编:《创业上海滩》,上海科学技术文献出版社2003年版,第209—210页。

④ 同上,第211页。

⑤ 上海社会科学院出版了三卷关于刘鸿生的研究资料,学者Cochran(2000)和Chan(2006)都从中获得启发。Cochran, Sherman: *Encountering Chinese networks: Western, Japanese, and Chinese corporations in China, 1880–1937.* Berkeley: University of California Press, 2000; Chan, Kay Yiu: *Business expansion and structural change in pre-war China: Liu Hongsheng and his enterprises, 1920–1937.* Hong Kong: Hong Kong University Press, 2006.

⑥ Cochran, op. cit., p. 147.

跟家人搬到上海，进入圣约翰主教学校（St. John's）读书。在学校他学会了英语，后来在租界警察局做翻译工作，也给一位意大利律师做过翻译。[①] 1907年开滦矿务公司聘他为买办，该英国公司控制着中国最大的煤矿开平煤矿，开平煤矿最早是盛宣怀于1877年开发的。刘鸿生成为这家英国公司最大的中国合伙人，随着他本人资本的不断积累，1920年他开办了一家火柴厂，后又投资开设水泥厂、纺织厂等。中国爆发抵制洋货运动，刘鸿生成为最大的火柴生产商，取代了当时最强劲的外国竞争对手成为中国火柴大王。

刚开始外国公司只是雇佣中国人，支付固定的工资。1862年北美旗昌洋行（Russell & Company）开始募集中国资本，成为一家中美合资的股份公司。[②]有了初次尝试的成功经验以后，几家大型外国公司意识到如果没有中国人的合作就很难打开中国市场。此后，买办代理佣金超过工资。19世纪末，很多买办投资外国公司成为股东，甚至进入董事会担任董事等职务。[③]

1869年苏伊士运河开通，1871年开始普及电报通信，西方轮船公司之间的竞争日益激烈，每家公司都开始寻求拓宽业务的机会。早期大多数外国公司只是投资鸦片、纺织品，但是像怡和洋行这样比较有先见的外国公司已经开始投资运输、银行、保险、采矿、仓储、纺织工厂等行业。外国公司为了应对激烈的竞争，采取的对策之一就是寻求本地资本家的合作。在早期的中外合作中，著名的广东买办就有唐景星（1832—1892）、徐润（1838—1911）。1895年《马关条约》签订以后，外国人在华开设了5家棉纺企业，所有对外出售的股权都被中国资本家收购。企业至少有两名华人担任领导岗位。[④]比如，1895—1900年朱葆三在总经理华德·霍尔（Ward Hall）力邀之下，担任鸿源纱厂董事会董事。[⑤]在董事会上，主持人是这样介绍朱葆三的：作为沪上最有影响力的四明公所领导人，董事会非常荣幸能够邀请到朱葆三的加入。[⑥] 1900年朱葆三在鸿源纱厂的影响力越来越大，甚至亲自主持

① 房祖荫：《由煤炭起家的爱国实业家刘鸿生》，见上海市宁波同乡联谊会等编：《创业上海滩》，上海科学技术文献出版社2003年版，第306—307页。

② 张秀莉：《19世纪上海外商企业中的华董》，《史林》2004年第4期，第2页。

③ 更多资料参见张秀莉：《19世纪上海外商企业中的华董》，《史林》2004年第4期，第1—19页；张秀莉：《上海外商企业中的华董研究》，《史林》2006年第6期，第1—20页。

④ 张秀莉：《19世纪上海外商企业中的华董》，《史林》2004年第4期，第3—4页。

⑤ 同上，第6页。

⑥ 完整演讲稿详见孙毓棠：《中国近代工业史资料·第三辑》，科学出版社1957年版。

股东大会。[①]

朱葆三八面玲珑，是上海所有宁波会馆、公所的实际负责人，也是联华总会的董事。该俱乐部创立于1920年，会员总计220人，主要是华人、英国人和美国人。[②]联华总会是当时少数吸纳不同国家成员的俱乐部，当然每位成员都是各公司或者商会的领导人物。当时上海各个社会团体或者俱乐部成员通常比较单一，外国人的俱乐部一般不允许中国人加入。[③]朱葆三的出现则打破了这种隔阂，他参加各种组织协会，给活跃在租界的革命党人提供庇护；改良旧时的会馆、公所，使其不断现代化；投资华人或者外国人的企业。也许他唯一不愿意做出改变的就是他的外表，根据现存的所有影像资料，这位宁波帮中最具影响力的人物永远身穿传统长袍，留着山羊胡子，一副旧式文人的打扮。

① 张秀莉：《19世纪上海外商企业中的华董》，《史林》2004年第4期，第11页。

② 张秀莉：《上海外商企业中的华董研究》，《史林》2006年第6期，第9页。

③ Bickers, Robert: *Britain in China*. Manchester: Manchester University Press. 1999, pp. 82–83.

第三章

现代企业达丰公司的诞生

第一节　达丰公司的诞生

一、上海革命

达丰公司在共和革命的浪潮中诞生。本章节将达丰公司的起源放在历史大背景中进行分析。共和革命和中国工业的腾飞相辅相成，都有宁波商人群体的参与，都围绕上海这座城市展开，达丰公司也在其中增添了浓墨重彩的一笔。民众的支持固然起到了很大的作用，但是买办与绅商才是这场自上而下的变革的主力。1898年，康有为（1858—1927）及其追随者曾试图推行政治改革，将中国变为一个君主立宪制国家。百日维新后慈禧太后发动戊戌政变，处死了数位维新派。康有为、梁启超逃亡国外，其他人则在上海租界内避难。上海租界成为维新派的最佳避难所，清政府在这片区域没有任何的管辖权力。①

此后不久，慈禧太后发布诏令支持山东贫困地区的秘密宗教团体——义和团（又称义和拳），义和团宣誓忠诚于朝廷，暴力摧毁一切与外国相关的事物，包括传教士、火车、轮船、买办等。当义和团运动发展到天津和北京的外国租界的时候，遭到西方殖民者军队的强势镇压。八国联军为了报复义和团杀害传教士，出兵北京城，几乎摧毁了清王朝。最后八国联军要求清政府赔偿4.5亿两白银，进一步增加国家外债。奄奄一息的清王朝此时开始施行一些变革措施：研究学习不同国家的宪法，废弃儒家教育体系，创办商务部，商会合法化，并且承诺在不久的将来建立国会。②

上海并没有等待清政府制定一套完备的章程（也从未制定过），自发在上海大马路五昌里开创了首个正式的商会——上海商业会议公所（后改组为上海商务总会）。1904年上海商务总会诞生，既借鉴了国际租界和市议会模式，也结合中国传

① 熊月之：《辛亥革命：上海城市的特点与地位》，《史林》2002年第1期，第10页。

② 关于清王朝末年立宪派研究详见Ichiko, Chuzo: “Political and institutional reform, 1901-1911”. At Fairbank, John King and Kwang-ching Liu (eds.): *The Cambridge History of China. Vol. 11: Late Ch'ing, 1800-1911. Part 2*. Cambridge: Cambridge University Press, 1980, pp. 375-415。

统公所会馆的特色(本书前文已经讨论过)。虽然上海有数个行政管理模式交叉并存,具有半殖民地半封建的特征,但在共和革命爆发后,上海的政治格局又发生了很大变化。①

上海的自我发展在当时并不是特例。清王朝的分崩离析引发地方主义的高涨,地方分权也是王朝瓦解的必然结果。王朝结构的衰落伴随着城市改革派阶层的兴起,地方改革派支持民族主义、支持共和,反传统、反清政府统治。由于中央政府无能,呼吁经济政治改革的呼声日益高涨,地方精英推动实施地区自治。②"地方自治"要求更多的地区权利,但由于管理腐败和缺乏资金,并未惠及民众。③许多地区的地方自治运动加速了封建军阀割据局面的到来,由于地方势力不断膨胀,最后导致中国四分五裂。但是另一方面,地区实施自治也是为了振兴国家,恢复中华。

民间社团不断增加,逐渐替代政府满足当时各项社会需求,此时清王朝面对层出不穷的问题已经无暇顾及。除了地区性团体(会馆)、专业协会(公所)以及商会(总商会),还有研究协会(学会)、教育协会(教育会)、农业合作社(农会)以及秘密社会组织(堂、会)。从19世纪末开始,密谋推翻清政府的民间组织不断增多,既有知识分子阶层也有平民阶级参与。④他们渗透入地区性团体以及深受旱灾影响的地区。虽然各种团体如雨后春笋纷纷涌现,但在清王朝时期加入革命性组织意味着招来杀身之祸。当时革命性最强的政治团体——中国同盟会在动荡中诞生,1905年在日本成立。由于清政府无权管辖上海租界,租界变成了革命的摇篮。

当时改良主义盛行,会馆以及公所都改名换姓变成地区组织"同乡会":同乡会接收女性会员,召开选举大会,摒弃教条教义,力图成为一个与宗教分离的政治团体。⑤一些组织实行民主选举,成立成员代表大会进行公投。最早采用这种体系的是上海商会等机构。⑥此类社会组织拥有自己的军事力量,一旦发生冲突就能

① Ma, Debin: "Treaty Ports and industrialization in early 20th-Century China: the case of Shanghai". Working Paper. At *Global Economic History Network*. Estambul (Turquía), 11–12 de septiembre, 2005, p. 17.

② Lu, Aiguo: *China and the global economy since 1840*. Helsinki: UNU/Wider, 2000, p. 46.

③ Bergère, Marie-Claire: *L'âge d'or de la bourgeoisie chinoise, 1911–1937*. Paris: Flammarion, 1986, p. 59.

④ Chesneux, Jean: *Mouvements populaires et sociétés secrètes en Chine aux XIXe et XXe siècles*. Paris: François Maspero, 1970.

⑤ 郭绪印:《老上海的同乡会团体》,文汇出版社2003年版,第49页。

⑥ Bergère, op. cit., p. 61.

动员武装群众。随着上海工业城市的发展及周边区域的发展，地区组织中有武装势力、革命小团体、犯罪集团、鸦片贩子、船厂工人以及其他底层人民组成的社会团体。各阶层组成的社会团体在1911年的革命运动中都被动员了起来。

1909年，16个省议会的57名代表（其中就有棉纺织企业家张謇）组成请愿团，正式向清政府上书要求成立议会，引导国家走向君主立宪制。1910年请愿团抵京发起国会请愿活动。张謇是上海商会的倡导者，其奔走呼吁建立一个兼容并蓄的立宪政党。①张謇作为城市精英阶层的代表人物，高度赞美美国的联邦制。他们一开始都支持君主立宪制，但是对清王朝中央集权政府感到越来越失望，转而支持革命和地方自治。②

朱葆三也是当时革命运动的主要支持者之一。他组建上海"宁商总会"，秘密保护陈其美（1878—1916）等革命领导者。③两者看似毫无交集，但是陈其美和朱葆三是浙江同乡，都有在租界港口打拼的经历。④虽然朱葆三是企业家，陈其美是革命者，但是两人配合默契。在租界特权的庇护和朱葆三的掩护下，陈其美得以组建上海同盟会。而朱葆三则通过与宁波籍的名人显贵一起打牌来掩护同盟会的活动。其中有黄岳渊（1880—1964）和包达三（1884—1957），二人后来都加入了陈其美的革命队伍。⑤通过陈其美，他们又与当时正在日本流亡的孙中山和宋教仁（1882—1913）取得联系，彼时两人刚成立秘密社团中国同盟会。⑥

并非所有社会精英都支持革命，盛宣怀一直是反对革命的。1911年盛宣怀任邮传部大臣，在他的一手推动下清政府接受外国贷款，将川汉、粤汉铁路筑路权抵押给外国银行团，由此引发保路运动，成为辛亥革命爆发的导火索。⑦ 1911年10月10日武昌起义爆发。三个星期后起义蔓延到上海。11月3日革命军占领江南制造

① Bergere, Marie-Claire: *L'âge d'or de la bourgeoisie chinoise, 1911–1937*. Paris: Flammarion, 1986, p. 64.

② 在辛亥革命中张謇做出的贡献详见：Gasster, Michael: "The republican revolutionary movement". At Fairbank, John King and Kwang-ching Liu (eds.): *The Cambridge History of China. Vol. 11: Late Ch'ing, 1800–1911. Part 2*. Cambridge: Cambridge University Press, 1980, pp. 463–534。

③ 陆志濂、陆志斌：《商海巨子朱葆三》，见上海市宁波同乡联谊会等编：《创业上海滩》，上海科学技术文献出版社2003年版，第108—109页。

④ Bergere, Marie-Claire: *Histoire de Shanghai*. Paris: Fayard, 2002, p. 150.

⑤ 汪仁泽：《著名实业家：民主斗士包达三》，见上海市宁波同乡联谊会等编：《创业上海滩》，上海科学技术文献出版社2003年版，第285—293页。

⑥ 更多关于1911年辛亥革命中宁波革命者的介绍详见乐承耀：《近代宁波商人与社会经济》，人民出版社2006年版，第418—430页。

⑦ Gernet, Jacques: *El mundo chino*. Barcelona (2005): Crítica, 1972, p. 549.

局，陈其美是革命政府的代表人物。大亨虞洽卿与朱葆三私交甚笃。为了避免与江苏军队起冲突，虞洽卿代表上海商界携100万两银票到苏州面见江苏巡抚程德，程遂宣布江苏独立。[①]通过这种方式，革命避免了大规模的流血牺牲。

如果从一开始主张革命的仅是商界精英及革命者，那么两者之间的联盟很快就会破裂。当中国城市的城墙被攻破以后，新征服土地上滋生出暴力的萌芽。[②]虽然陈其美与商界精英保持良好关系，但是革命队伍主要来自社会底层人民，内部派系的权力斗争开始，革命党人互相残杀。陶成章（1878—1912）是革命领导者之一，1912年他在上海一家医院被人谋杀。种种证据显示，凶手极有可能是宁波慈溪的蒋介石，他是陈其美的左膀右臂。[③]与当时革命者一样，蒋介石曾经在日本的一所军事学院学习。

此时孙中山宣誓就职中华民国临时大总统，获得上海商界精英的大力支持。但当时袁世凯大权在握，控制着北方的军事力量。1912年孙中山将大总统之位让给了袁世凯，希望他能在全国举行选举。1912年至1913年间举行选举，宋教仁作为刚成立的国民党代表获胜。在就任前夕，宋教仁在上海火车站被袁世凯派去的刺客暗杀。紧接着袁世凯解散国会，彻底成为独裁者。租界列强势力纷纷倒向袁世凯，陈其美在上海领导的"二次革命"失败。[④]商业精英阶层不惜一切代价只想维持现有秩序，也向袁世凯的独裁妥协。1916年陈其美被暗杀。

二、中国民族企业的发展

根据西方模式的标准定义，中国并没有专门的企业法人代表，但并不意味中国没有私人营利机构。比如，盐商就是贩卖盐的贸易公司，钱庄是传统的银行，"行"和"号"是分销经销商行，无限责任的小商铺一般称为"记"，还有很多染坊一类的

① Mann, Susan: "The Ningpo Pang and financial power in Shanghai". At Elvin, Mark and William G. Skinner (eds.): *The Chinese city between two worlds*. Stanford: Stanford University Press, 1974, p. 92; 汪仁泽：《海上闻人：虞洽卿》，见上海市宁波同乡联谊会等编：《创业上海滩》，上海科学技术文献出版社2003年版，第133—143页。

② Elvin, Mark: *Another history: essays on China from a European perspective*. Sidney: Wild Peony Pty Ltd, 1996, pp. 155–156.

③ Bergere, Marie-Claire: *Histoire de Shanghai*. Paris: Fayard, 2002, pp. 154–155.

④ 袁世凯得到西方列强的经济支持，有英、法、德、俄、日国的银行财团，详见Chan, Anthony B.: "The consortium system in Republican China 1912–1913". *Journal of European Economic History* 6(3), 1997, pp. 597–640。

加工小作坊。这些私人营利性质的机构虽然没有普通法保护，但已经完全具备贸易公司的运营要素。[①]

伴随着西方的坚船利炮，19世纪下半叶在中国产生了商业立法的需求。鸦片战争以后，在中国沿海城市新成立了许多外国公司，但对这些公司的管理处于法规混乱的状态。因为中外签订的条约规定了自然人的治外法权，却没有规定外国公司法人的合法地位。已经在本国注册登记的外国公司，须在使领馆登记子公司以后才能从事在华贸易活动。最早一批来华的大型外国企业有怡和洋行、旗昌洋行旗下的船舶公司等。1862年美国罗素公司（Russell & Co.）宣布在中国建立上海轮船公司。[②]公司在美国领事馆注册以后就开始发行股票，很快被中国资本家认购，其中就有朱葆三。[③]自此中国诞生了第一家现代股份公司。

当时全世界掀起蒸汽船热潮，19世纪60年代的浪潮也席卷了中国，1869年随着苏伊士运河的开通达到了顶峰。外国公司纷纷效仿罗素公司，几乎都采用了这种中西合资方式。尽管这些公司官方注册的是西方公司，但实际上多数都是合资企业，采用中外合股或合作的形式，有时中国的资本占到了大部分。买办资本家如广州唐景星和宁波朱葆三是最早一批与外国公司合作的商人。

虽然是外国公司，但注册时使用中文和外文两个名称。[④]外国公司中文名中都用“洋行”二字，表明是外国的商行；而在中国创办的子公司则用“公司”二字。[⑤]比如Russell & Co.的中文名就是“旗昌洋行”，Shanghai Steam Navigation Company的中文名就是“上海轮船公司”。“行”在中国自古便有，官方媒体正式使用“公司”出自中国广东买办容闳。1867年容闳呼吁当时的政府模仿租界公司的体制成立一家中国蒸汽机公司，他试图成立一家由中国市民入股的公司。[⑥]

---

① 其中一个例子就是Pomeranz提到的山东“玉堂”。参见Pomeranz, Kenneth: “‘Traditional’ Chinese business forms revisited: family, firm, and financing in the history of the Yutang Company of Jining, 1779–1956”. *Late Imperial China* 18(1), 1997, pp. 1–38。

② 首批蒸汽船公司的成立详见Liu, Kwang-ching: “Steamship enterprise in Nineteenth Century China”. *The Journal of Asian Studies*, 18(4), 1959, pp. 435–455。

③ 张秀莉：《19世纪上海外商企业中的华董》，《史林》2004年第4期，第14页。

④ 在整理档案过程中遇到的困难之一就是需要将中文和英文资料进行比对，所幸上海市档案馆出版了一部英汉对照辞典，见马长林主编：《老上海行名辞典》，上海古籍出版社2005年版。

⑤ “公司”就是现在的“企业”，该词现如今在中国广泛使用，用以称呼多数营利机构。

⑥ 容闳是中国首位留洋学生，1854年毕业于美国耶鲁大学。Yung, Wing: *My life in China and America*. New York: Henry Holt Company, 1909.

容闳是洋务运动的倡导者之一，大力提倡"师夷长技以自强"，通过学习西方技术以强国。太平天国运动爆发以后，1865年，曾国藩、李鸿章接收容闳从美国购买的机械设备，创办了中国第一个大规模的现代化工厂江南机器制造总局。然而，江南机器制造总局与其他19世纪70年代初兴建的工厂一样是服务于军队的兵工厂，还不能算是私营公司。

在接下来的十年，中国出现由商人经营官府监督的企业（"官督商办"），李鸿章是这种半官半商模式的开创者。每年，粮食都要从长江三角洲地区运输到中国北部地区。当全中国的内河航运权对外开放且国内水运系统日益被外国公司占据时，清政府倍感恐慌，担心中国的经济命脉——漕运被外国人掌控。1872年李鸿章决定接受容闳的提议，根据西方公司章程建立新式轮船公司，因此诞生了轮船招商局。之后由商人经营和官府监督模式的企业，均以"局"命名并且由李鸿章亲自管理。正是李鸿章本人创立了这种私人出资民间募集股份、政府委派官员来管理的企业模式。①

中国第一家机器棉纺织工厂也是官督商办模式，上海机器织布局于1878年筹建，1890年开始投入生产。此类官督商办企业的都具有垄断性质，如轮船招商局将粮食从上海运至中国北部有免运输税的特权，上海机器织布局试图垄断棉纱和布料生产。李鸿章本人深知在西方国家，生产某一新产品的首家公司拥有暂时的垄断权。但该项特权随着中日甲午战争爆发和1895年《马关条约》的签署变成了泡影。《马关条约》的签订，更加深了中国的半殖民地化，从此任何国家的组织机构都有权在中国注册公司开展经济活动。

20世纪初的改良运动过程中，清政府按照西方编码规则对中国的民营公司进行规范化管理。1904年的公司条例《钦定大清商律》将企业进行了划分和归类，分别是合资公司、合资有限公司和股份公司以及股份有限公司。② 20世纪上半叶，股份有限公司在中国经济中占绝对主导地位。③

① 详见Feuerwerker, Albert（1958）经典论著，以及罗苏文（2008）的研究成果。Feuerwerker, Albert: *China's Early Industrialization. Sheng Hsüan-huai (1844–1916) and Mandarin Enterprise*. Cambridge: Harvard University Press, 1958；罗苏文：《轮船招商局官督商办经营体制形成的原因及影响》，《史林》2008年第2期，第18—32页。

② 张忠民等：《近代中国的企业、政府与社会》，上海社会科学院出版社2008年版，第4页。

③ 2009年4月法国驻上海总领事馆在上海社会科学院举办研讨会，在此非常感谢张忠民老师给本书作者的宝贵建议。详见张忠民等：《近代中国的企业、政府与社会》，上海社会科学院出版社2008年版，第3页。

《钦定大清商律》的颁布正式承认了中国企业的法人地位，但只有很少一部分企业按照法律程序注册。1908年仅有228家公司登记在册，其中有22家合资企业，48家合资有限公司，5家股份公司以及153家股份有限公司。[①]这组数据让人误以为当时的中国只有这几家营利性质的公司。

1911年辛亥革命以后，公司条例并没有任何本质上的变动。1914年颁布的《公司条例》依旧强调股份公司是创立公司的主要途径，进一步明确规定了股东大会和董事会的作用。董事会是公司经营决策机构，董事长由董事会选举产生，是公司的法人代表。1929年改革公司条例，南京政府要求已经注册的和新成立的公司都必须完善相关信息。1929—1947年，总计8 088家中国公司按照规定重新登记。[②]相关研究认为，完善信息的仅限于拥有工厂以及贸易公司的大企业，其余的中小型企业仍使用传统的组织机构。

三、达丰的起源

早在鸦片战争之前，上海就有许多宁波人创办的城市作坊和销售进口商品的（中国和外国）贸易公司。达丰从一个作坊起家，并逐步发展壮大都与宁波商人息息相关。按照1904年、1914年《公司条例》的法律框架来衡量，第一个七年处于起步阶段的达丰只是一个传统小作坊，而不是以公司的形式存在。

长久以来，长江三角洲地区的小作坊负责棉布生产的最后一个加工环节，即成品阶段。首先，整烫小作坊“踹坊”需要劳动力搬运沉重的石压板，洗染作坊需要在阳光充足的空地晒布，有水源用于染色。[③]前两个步骤完成以后，再进行漂白和印花，最终加工成成品布。成品布的加工极具作坊师傅的工匠特色，工人的体力以及操作技艺（生产过程中需熟练掌握染缸、踹坊、染料、锅炉等用具）决定了最终产品的质量。纺纱、织布可以是女性在家庭中完成，成品阶段的加工则需要男性在“布号”的作坊完成。[④]成品加工是棉纺织生产唯一雇佣劳动力的一道工序，有时布号作坊雇佣的工人多达上百人。[⑤]通过雇佣关系踹坊和染坊的工人赚取“酒资”，这是关于鸦片战争前中国是否已经产生资本主义萌芽的争论

① 张忠民等：《近代中国的企业、政府与社会》，上海社会科学院出版社2008年版，第17页。
② 同上书，第19页。
③ 徐新吾主编：《江南土布史》，上海社会科学院出版社1992年版，第369—384页。
④ 同上书，第369页。
⑤ 同上书，第370页。

焦点。[①]

此类作坊集中在长三角地区的几个主要城市，如上海、苏州、杭州和松江都有分布。根据编年史记载，早在明朝时上海就已经出现作坊并且很快被宁波商人掌控。[②]最常见的染料是从假蓝靛中提取的蓝色染料，将“小布”染成“青蓝布”。布料在水溶液中反复浸泡，然后在太阳下晒干。整个加工过程需要在开阔的场地进行，工人需具备三五年的操作经验。[③]上海的染坊分散在郊外的浦东、闸北以及徐家汇。作坊一般属于大经销商“布号”，布号联合起来组成布料商人的协会“布号公所”以及同乡团体“会馆”。到上海租界时期，传统的染坊仍然运营，直到20世纪20年代上海大约还有40家洗染坊存在。[④]

当西方的轮船抵达中国时，染工们发现一种新产品：西方化学工业发明的新型染料。中国最早采用新化学配方进行染布工艺改革的是宁波商人。与朱葆三同为初代移民的代表人物虞洽卿也是较早移居上海的宁波人。虞洽卿15岁开始在上海一家专营采购、销售工业染料的瑞康颜料行工作，26岁被一家德国染料化学公司聘为买办。[⑤] 1906年虞洽卿在去过日本后也参与到革命活动中，是宁波商会中重要的一员，与朱葆三一起掩护革命活动。宁波人周忠良（1876—1957）也在进口化学产品的德国公司当买办。20世纪初国内人造染料主要的供应商是宁波商人。[⑥]

此外，宁波买办还积极引进纺织领域的最新生产技术。19世纪末，宁波王氏家族率先进口日本的手工织布机“手拉机”和法国的提花机（jacquard）。[⑦]之后不

---

① 成品布作坊工资及学徒制详见徐新吾主编：《江南土布史》，上海社会科学院出版社1992年版，第280—285页；资本主义萌芽详见Wu, Chengming and Dixin Xu (eds.) (2000): *Chinese Capitalism, 1522–1840.* New York: St Martin’s Press, pp. 223–225。

② 徐新吾主编：《江南土布史》，上海社会科学院出版社1992年版，第370页。

③ 作坊的详细描述以及形制，见徐新吾主编：《江南土布史》，上海社会科学院出版社1992年版，第374—384页。

④ 徐新吾主编：《江南土布史》，上海社会科学院出版社1992年版，第371页。

⑤ 汪仁泽：《海上闻人：虞洽卿》，见上海市宁波同乡联谊会等编：《创业上海滩》，上海科学技术文献出版社2003年版，第134页。

⑥ 李瑊：《上海染织业先驱王启宇》，见上海市宁波同乡联谊会等编：《创业上海滩》，上海科学技术文献出版社2003年版，第194—198页。

⑦ 徐新吾提到，1896年有个叫王君启的人，在日本学习了现代的织花纹，虽然在1896年左右还没有使用蒸汽机。此人是否会是王启宇的族人我们已经无从考究，因为一个家族当中按照名字排辈分在中国十分常见。相同的姓没有任何说服力，因为王姓和李姓都是非常常见的姓氏。引起注意的是此人也是宁波附近的鄞县人，不在舟山群岛。但由于缺乏有力证据，我们不能贸然断定两人之间的关系。徐新吾主编：《江南土布史》，上海社会科学院出版社1992年版，第401页。

久，日本人就在中国北部地区大规模地销售提花机，出现整个村落的村民以家庭作坊形式计件生产。1901—1907年，上海出现使用进口织布机的半工业化作坊“工场”。新型作坊处于中期发展阶段，因为没有使用电力也没有使用蒸汽机所以不是真正的工厂，但已经不是传统意义上的作坊。由于主要是宁波人在从事生产和销售，所以这种布料被称为“宁波布”（甬布），宁波商人通过出入境的学生、买办、革命者以及水手采购现代化设备以及各种产品。[①]

正如前文中提到，有专门销售进口布料的中国贸易公司。大部分公司加入了振华堂公所，企业主都是宁波人。大丰是振华堂的成员之一。大丰刚开始在南京路的中心地带开设了一家外国服装店，主要销售英国时装。人们只知道东家是一位王姓宁波人，其他一无所知。这家店铺在中国商圈中开始小有名气，生意最兴隆的时候曾获利3万至4万海关两。直到20世纪的30年代大丰都在销售进口服装。[②]以至于19世纪下半叶开张的商店都模仿大丰采用了“丰”字作为店名。在中国，商铺的名称寄托了店主的希望和梦想。“丰”字代表（粮食）丰收、宏伟、优雅。因此出现许多名字相仿的作坊和商铺，比如：恒丰、大丰恒、恒祥丰等。[③]起初此类商店只销售进口商品，后来开始出售仿照国外款式但上海制造的产品，比如宁波布。

王启宇（1883—1965）继承了宁波商人杰出的经营理念。他出生在定海白泉镇，父亲是医生，在定海开了一家中药店行医。因为定海是军事要塞，经常有外国军队出没，于是王启宇的父亲开始与外国人有接触。根据王启宇之子王福元的记述，王家药店非常有名。某天，一位重病外国人前来就医。王启宇的父亲将其治愈，由此获得外国人的信任。这位外国人后来将王启宇聘为兰开夏郡约瑟夫·克洛斯菲尔德家族有限公司（Joseph Crosfield & Sons Ltd.）也就是和兴洋行的买办。[④]该英国公司诞生于第一次工业革命时期，由约瑟夫·克洛斯菲尔德（Joseph

① 徐新吾主编：《江南土布史》，上海社会科学院出版社1992年版，第398页。

② 李瑊：《上海的宁波人》，上海人民出版社2000年版，第120—122页。

③ 徐新吾主编：《江南土布史》，上海社会科学院出版社1992年版，第417页。

④ 公司的名字来源于其中文名，但当时很多外国公司都用“和兴”这个名字。马长林主编：《老上海行名辞典》，上海古籍出版社2005年版。黎霞（1997）在文中提到一家荷兰公司（双语辞典中Bakels & Co.中文名也叫和兴），但此外作者没有找到其他相关资料。叶澄衷之前在一家英国公司（也叫和兴，有可能就是约瑟夫·克洛斯菲尔德家族有限公司）任职，详见朱文炜（2003）。1909年叶澄衷和虞洽卿合开了一家肥皂厂，详见张秀莉（2006）。这可以作为论证和兴就是Joseph Crosfield（也是一家肥皂企业）的论据，以及该企业与宁波人之间的关系。加上王启宇和叶澄衷、虞洽卿的同乡关系，他们都在同一家英国公司任职也就不足为奇。（转下页）

Crosfield, 1792—1852）创办，主要生产肥皂、香水等化学产品，子公司哈里森·克洛斯菲尔德（Harrisons & Crosfield）在全亚洲迅速扩张。公司在斯里兰卡有茶场，在马来西亚种植橡胶和鸦片，在全亚洲都有蒸汽船从事商务运输。[①]公司聘用数位宁波买办，如叶澄衷、虞洽卿，向这些有社会关系的中国买办灌输相关知识。受其影响，1909年叶、虞创办了自己的肥皂工厂。[②]

一如其他宁波买办，王启宇从年轻的时候就开始在上海扎根。由于父亲工作的原因王启宇得以在圣约翰大学读书，该校全英语授课，是美国圣公会创办的私立学校，当时新兴资产阶级（如上海精英刘鸿生）都有在该校学习的经历。然而，王启宇并没有完成学业，而是参加了罗伯特·赫德管理的海关署的入职考试。在海关署工作了一段时间后，由于工作需要经常出差且又是独子，于是决定留在上海，并且通过父亲的关系在约瑟夫·克洛斯菲尔德家族有限公司担任买办。[③]因为在圣约翰学习了一年，所以王启宇的英语比较流利，可以融入租界的亲英环境。

王启宇因为做英国人的代理商发家致富，但仍然对自己感到不满意。1947年正是他作为实业家生涯的巅峰时期，在接受上海一记者采访时王启宇谈起创业初衷：年轻的时候看到载着丝绸及各类商品的巨轮停靠在上海码头，感到非常悲哀。他联想到自己积贫积弱又极度依赖外国的祖国。[④]然而，正是像他这样的"买办"促成国家对外国进口商品的依赖，因为他们是通过采买进口商品赚取佣金的。

（接上页）双语辞典中提到约瑟夫·克洛斯菲尔德家族有限公司于1912年在租界注册公司，显然晚于王父亲将其送入该公司工作的时间。但也有可能约瑟夫·克洛斯菲尔德家族有限公司与叶澄衷合资开业时间早于此，作为轮船企业的子公司（可能是鸿安轮船公司）在1889年就开始运营。此外，解释了为什么在舟山这样一个在当时只能算作次要的贸易港口会出现航运公司（有可能从事鸦片贸易）。另外，鸦片贸易本就属于医药行业，根据王福元的记述，其祖父经营药店，两者可能存在某种联系。以上仅是作者的猜测，目前尚未找到相关资料能够明确其中的关系。黎霞：《旧上海染织业巨匠——王启宇》，《上海档案》1997年第3期，第50页；朱文炜：《享誉沪上的早期宁波帮巨商叶澄衷》，见上海市宁波同乡联谊会等编：《创业上海滩》，上海科学技术文献出版社2003年版，第85页；张秀莉：《上海外商企业中的华董研究》，《史林》2006年第6期，第18页。

① Ampalavanar, Rajeswary: *Capital entrepreneurship in Sout-East Asia*. London: MacMillan, 1994, pp. 44-46.

② 张秀莉：《上海外商企业中的华董研究》，《史林》2006年第6期，第18页。

③ 王福元：《中国机器印染之首创者，故实业家王公启宇传略》，见政协舟山市委员会文史资料委员会等编：《舟山文史资料》（第一辑），浙江人民出版社1990年版，第111页。

④ 中国企业史缩微资料，6-04-033：13。

怀揣着改变现状的愿景，王启宇与洗染专家崔福庄合作。崔福庄是江苏江阴人，江阴位处长江三角洲，与其他城市一样有纺织印染传统。崔福庄具备专业的洗染经验并将其传授给王启宇。另一方面，王启宇在当时最大的化工公司工作，掌握了新染料的配方。思想开明的崔福庄还发现一本关于纺织工艺的英文书，介绍如何用烧碱进行棉纱的丝光处理以及如何进行工业漂白和染色。[①]当时的工业水平是这样定义丝光处理、漂白及染色的，"丝光处理主要是为了还原棉纤维的原光泽，其次是为了增强棉纤维的韧性，改善棉纺织品的外观效果"，"漂白使得纤维和织物褪去其自然色"，"洗染即用染料以浸泡的方式进行染色"。[②]后来，市面上又出版了更详细的专业的书籍介绍多种生产技术，涉及设备、产品等。启蒙之后，两位企业家结识了真如（原属江苏省，现属上海）杨杏堤（1883—1944）等人。据悉，杨杏堤曾在日本短期研修过纺织工艺。[③]

1911年王启宇尚未从公司正式辞职，他在塘山路买了一片盖了草屋的地皮。塘山路位于公共租界的东北方向，1899年外国势力范围再次扩张时并入了租界。整个地区包括杨树浦老村都处在转型中。购买地皮以后，王启宇等人在此安置了崔福庄从家乡雇来的10名洗染工。作坊分为三部分：一间用来做丝光处理，一间用于漂白，另一间用于染色。[④]虽然没有正式任命，但是王启宇担任作坊管理一职，崔福庄担任经理，杨杏堤担任技术主管。他们投入一定资本用于购买染缸、锅炉和化学试剂（烧碱、碳酸钙和硫酸）。材料都通过东洋庄从日本进口，东洋庄专门从事中国与日本的国际贸易，可能为王启宇的作坊提供了部分启动贷款。[⑤]

---

① 王福元：《中国机器印染之首创者，故实业家王公启宇传略》，见政协舟山市委员会文史资料委员会等编：《舟山文史资料》（第一辑），浙江人民出版社1990年版，第112页。原书名无法考证，查阅了其他同类纺织工程手册，名曰《纺织的化学工艺：漂白、染色、丝光处理、印花、上浆以及纺织品及纺织纤维的后处理》，英文信息为：Heerman, Paul: *Tecnología química de los textiles: estudio de los procedimientos de blanqueo, teñido, mercerización, estampado, apresto y acabado de los tejidos y de las fibras textiles*. Barcelona: Gustavo Gili, 1925。

② Heerman, Paul: *Tecnología química de los textiles: estudio de los procedimientos de blanqueo, teñido, mercerización, estampado, apresto y acabado de los tejidos y de las fibras textiles*. Barcelona: Gustavo Gili, 1925, p. 3.

③ 上海市普陀区志编纂委员会编：《普陀区志》，卷三十九 · 人物，上海社会科学院出版社1994年版。

④ 上海市档案馆藏，档案编号：Q199-3-53。

⑤ 上海对外经济贸易志编纂委员会编：《上海对外经济贸易志》第二卷，第二章，上海社会科学院出版社2001年版。

作坊运转还需要落实电力供应。根据王启宇儿子的记述，他父亲亲自拜访上海市供电中心，说服负责人为其供电。外国专家参观作坊、考察设备间以后，最终决定延长路灯的电缆为王启宇的洗染作坊供电。[①]基础设施准备好之后，就开始试生产。经过几次失败的尝试，小作坊最终生产出比普通棉纱光泽度更好、更结实的丝光棉纱。很快就有对新产品感兴趣的中国商人开始下单。达丰只采购42支的细线和彩线，产品受到生产丝袜和薄纱的细布纺织厂的青睐。[②]此外，达丰采用新技术使得生产的丝光棉纱比进口棉纱更便宜，又不与处理粗纺棉纱的传统洗染坊竞争，就此达丰开拓了极好的利基市场（通过专业化经营而获取更多利润的市场）。

1913年王启宇、崔福庄和杨杏堤开始招募新合伙人，共筹得2.7万海关两。在老作坊附近的塘山路上买了10亩土地（0.6公顷），自此达丰丝光线漂炼染色工场正式建立。[③]“达丰”企业名可能是从前文提到的南京路上的外国布料店“大丰”的名字中获得灵感。“工场”就是作坊的意思，只是不同于传统手工作坊。虽然早年档案缺失，但从名字可推断出当时的达丰是介于工场和工厂之间的过渡阶段。工场阶段持续了6年，非常遗憾没有任何初始阶段的内部文件留存下来，达丰公司的档案始于1920年，当时已经注册为股份有限公司。然而，无论后来发生了什么样的转型，根据记载，公司的成立时间是1913年。我们通过分析最早的合伙人可以追溯达丰初始阶段的运营情况。

研究达丰新合伙人就会发现，他们或者是王启宇、崔福庄和杨杏堤的同乡，或者是社会人脉极广的买办，或者来自地方商会。王启宇拜访了南京路上的进口纺织品店（包括大丰）以及振华堂公所，招募到另一位重要合伙人余葆三。可以确定余葆三也是宁波人。[④]在入伙达丰之前，余葆三经营过一家名为陈星记的外国服装

---

① 王福元：《中国机器印染之首创者，故实业家王公启宇传略》，见政协舟山市委员会文史资料委员会等编：《舟山文史资料》（第一辑），浙江人民出版社1990年版，第112页。

② 王福元：《中国机器印染之首创者，故实业家王公启宇传略》，见政协舟山市委员会文史资料委员会等编：《舟山文史资料》（第一辑），浙江人民出版社1990年版，第113页。纱支是指一根棉纱的纤维数。从技术角度而言，计算一平方英寸内（2.5厘米 × 2.5厘米）的棉纱数量，棉纱越细越长越结实质量越好。用1磅棉纱可以拉多长来计算数量。1支单纱棉纱最多可以拉764.4米，支数越大纱越细。中国普通家用纺织品以及上海工厂生产最多的棉纱都是20支的棉纱。现在测量1 000米棉纱的重量普遍使用的是米制（特克斯制）。

③ 王福元：《中国机器印染之首创者，故实业家王公启宇传略》，见政协舟山市委员会文史资料委员会等编：《舟山文史资料》（第一辑），浙江人民出版社1990年版，第112页。

④ 作者研究发现一家中国网站制作了网页版的家谱，其中宁波余姓一支称余葆三为“纺织界权威”。

店，该服装店也是前文提到的外国纺织品贸易公所振华堂的会员。此外，余葆三是成立于1897的英国老公茂纱厂的买办，老公茂纱厂生产细棉纱恰巧就是达丰一直寻找的棉纱种类。这家工厂是英国伊尔伯特贸易公司的子公司。1875年英国伊尔伯特贸易公司成立，公司业务是面向余葆三这样的代理商销售进口产品。[①]其后，余葆三成为上海商会的成员。[②]

为了募集资金，达丰寻求宁波传统钱庄的支持。8位创立者中陈子埙和徐承勋是宁波银行家。陈子埙投资了多家钱庄，也参与中国现代化银行之一——同源商业银行的创立。[③]徐承勋则是一位更为传统的银行家。1911—1913年，宁波银行正处于鼎盛发展时期。

达丰公司的创办者不仅有宁波人，也有江苏地区的商人。崔福庄一派的周辛伯（1882—？）家乡是长江三角洲南部的浙江省海盐县，他在当地拥有自己的布号。另一位合伙人吴麟书（1878—1930）是广东人，广州距离上海和宁波路途遥远。吴麟书16岁到上海学经商，后来成为专门收购国外棉纱的买办。吴麟书同余葆三都是进口棉纱的专家，能辨别印度、日本、英国和北美棉纱的区别。吴麟书也是振华堂成员，是怡和纱厂的股东。[④]有丰富工作经验和强大社会背景的吴麟书与达丰合作，推动了达丰筹建纺纱厂的工作。[⑤]

由此，达丰聚集了一批当时最有进取心的买办。其中有专门从事染料进口贸易的吴善卿。1907年吴善卿连同16位商人组织了“九种产品联合会”，即九业公所，销售包括染料在内的九种西方新商品。

王启宇也招募了几位化学领域的专家，即另两位鲜为人知的合伙人包凤笙和蒋仰山。1919年，包凤笙从达丰辞职，创立中国首家搪瓷工业厂。蒋仰山曾是英

---

① Feuerwerker, Albert: “The foreign presence in China”. At Fairbank, John King and Denis Twitchett(eds.): *The Cambridge History of China. Vol. 12: Republican China, 1912-1949. Part 1.* Cambridge: Cambridge University Press, 1983, p. 194.

② 余葆三加入振华堂和上海商会详见：张秀莉：《上海外商企业中的华董研究》，《史林》2006年第6期，第6页；李瑊：《上海的宁波人》，上海人民出版社2000年版，第120—122页。

③ 李瑊：《上海的宁波人》，上海人民出版社2000年版，第358页。

④ 关于吴麟书加入振华堂详见张秀莉：《上海外商企业中的华董研究》，《史林》2006年第6期，第5—6页。

⑤ 吴麟书管理的企业之一叫大丰纺织公司（与之前提及的服装店同名），该纺纱厂创办于1920年。一些统计表格中如果没有将中文名字标出，可能将达丰与大丰混淆了。区别于达丰，大丰虽然没有洗染池但有纺纱滚筒。

国邓禄普橡胶公司（Dunlop）的买办。[①]两位对第二次工业革命的化学新产品很熟悉。最后一位合伙人陈少舟，他在进入达丰之前的资料无从查找。

除了12名股东外，还有16名员工：姜念祖、邹梅生、王作霖、毛鉴清、陈笙舲、严祝三、李铸箴、陆慎夫、陈楣卿、陈镇甫、励伯卿、陈载峰、陈善祥、顾吉生、陈良玉和叶培之。大部分员工都是由崔福庄在江阴招聘的，都从事传统洗染业。除此之外也有员工来自宁波，比如陈良玉。其中，叶培之可能是学会计的。陈楣卿在达丰变成股份有限责任制公司之后，成为股东之一。王作霖在之后的选举中担任董事会负责人一职。这3位创办者，9名股东以及16名员工总计28人组成了一支锐意进取的新队伍。许多股东先前在外国公司任职，加入达丰以后就纷纷脱离原公司。一些人要么有自己的生意，要么来自传统作坊，于是将之前传统洗染工艺运用到现在的工场生产中。由于市场广阔、前景良好，很快达丰丝光线漂炼染色工场开始了全面机械化生产。

① 注意黎霞将名字误写为“蒋仲山”，正确的应该是“蒋仰山”，出现在达丰1921年第一届董事会的创立者名单中。上海市档案馆藏，档案编号：Q199-3-7；黎霞：《旧上海染织业巨匠——王启宇》，《上海档案》1997年第3期，第50页。

第二节　达丰厂和上海工业化

一、上海的工业化发展

造船厂是最早在上海建立的工厂。19世纪中期，外国企业如怡和洋行、旗昌公司开始在虹口、杨浦以及浦东建造船厂。这些乡镇地区靠近租界，只有大片棉花地而人口稀少。[①]工厂多数坐落在黄浦江边，黄浦江水面宽阔，便于大型船航行。苏州河相对水面较窄且更靠近居民区，苏州河周边出现了一些生产生活消费品的工厂，比如药店、印刷厂、丝绸店和面粉厂。1870年前上海的中国工厂还很少，除了一家建于1863年的碾米厂，其他都是外国工厂。[②]然而，几乎所有工厂雇佣的都是中国人，无论是买办还是没有专业技能的普通工人，工人在洋泾浜英语中被称为"苦力"(作者原注：pidgin English, coolies)。

只研究最后幸存下来的工厂而忽略没有实施的项目或者存在时间非常短暂的工厂，是学术界的严重错误。因为即使是西方公司在中国开展业务、实施工业计划，也不是一蹴而就或者一帆风顺的。1862年怡和洋行曾在上海创建了一家丝绸工厂，华人商会联合起来拒绝向该厂提供原料，华人的抵制导致该厂很快就倒闭。[③]其他外国丝绸店也遭遇同样的问题，最早西方人投资的一批棉花厂都没能运作起来。除去法律框架有待完善，一个关键因素是西方公司在华拓展业务必须与当地企业合作，或者聘请买办。1895年《马关条约》签署后，英、日、美、德纷纷在上海创办棉花厂。作为战胜国，日本人最终因害怕投资失败而延期开办工厂。日本人的忧虑不无道理。实际上，第一家盈利的外国棉厂是英国杨树浦棉纱厂，始建于

① 王垂芳主编：《洋商史：上海：1843～1956》，上海社会科学院出版社2007年版，第257页。

② 陈真编：《中国近代工业史资料・第四辑》，生活・读书・新知三联书店1961年版，第38页。

③ 更多有关中国创建丝厂的案例详见：Mau, Chuan-hui: "L'introduction en Chine des techniques européennes de l'industries de la soie, de la guerre de l'Opium au début du XXe siècle". *Études Chinoises* 20(1-2), 2001, pp. 201-237。

1914年，距英国人首次在华办厂已经过去了半个世纪。[①]

最开始中国企业的创办过程也十分艰难。清政府建的第一家工厂——江南机器制造总局，原址在虹口区。由于租界的外国人强烈抗议在居民区附近生产军火，该厂迫于压力而搬迁至郊区。[②]中国首家棉厂上海机器织布局建于1878年，一场大火烧毁了工厂，也引发纺织工业发展对城市生活造成安全隐患的巨大争议。尽管如此，上海的工业化进程没有因此而停止。正因为发展工业，上海成为全国第一座使用机械设备的城市，享受到了城市现代化带来的生活便利。

上海的现代化生活标志之一是公共照明。1864年英商上海燃气公司创建西藏路煤气厂，标志企业投资建设有现代化城市基础设施的开端。次年，首盏煤气灯在南京路点亮。1882年上海电光公司成立，上海照明从此进入电灯时代。不久，上海开始建设城市供水系统。

上海迅速成为中国的经济中心，集中了全国40%的工业生产以及半数以上的棉产总能，[③]中国超过半数的电力是上海输出的。上海经济发展也带动了长江三角洲地区的其他城市，整个地区成为英国兰开夏郡式的棉纺工业发源地，拥有超过80% 的用于棉纱生产的纱锭。[④]至此，中国的工业化突破了上海城市的限制，彻底地改变了长江三角洲地区人与空间的关系。

1863年、1893年、1899年公共租界范围不断扩大，最终将虹口与杨树浦连成一片。随着租界势力范围的扩张，城市的管理分成四大区域：中区，即城市的中心地带，从西藏路到外滩曾是英国租界，现成为城市贸易、经济和政治中心；西区，从西藏路开始向内延伸至法租界和苏州河；北区，曾为美国租界的虹口，正是苏州河与黄浦江交汇地区；东区，从虹口黄浦江沿岸到黄浦江入江口，包括老杨树浦区。1861年、1899年、1914年，法租界也逐渐向内扩张。因为当时城市内部工业发展相对较弱，多数土地被权贵用来建造房屋别墅。

据白吉尔的研究，1919年左右上海的工业分布情况如下：大部分的银行、商业

① Zhao Gang: *The development of cotton textile production in China*. Cambridge: Harvard University Press, 1977, p. 116.

② 黄汉民、徐新吾主编：《上海近代工业史》，上海社会科学院出版社1998年版，第30—32页。

③ Ma, Debin: “Treaty Ports and industrialization in early 20th-Century China: the case of Shanghai”. Working Paper. En *Global Economic History Network*. Estambul (Turquía), 11-12 de septiembre, 2005, p. 10.

④ Fang, Xianting (H. D. Fong): *Cotton industry and trade in China*. Tianjin: Chihli Press, 1932, p. 15.

公司、酒店以及奢侈品等进口商品的零售店都集中在市中心(中区)。[1]东区(杨树浦)大约集中了47%的机械工业(造船和机器制造),约30%的工业位于北区(虹口)。纺织工厂的分布与前者相比相对分散。根据对158家纺织厂和作坊做调查的结果如下:2%的企业分布在浦东,3%的企业在中区,3%分布在老城(南市),7%在法租界,16%在北区虹口,18%在东区杨树浦,23%在闸北,还有25%在西区。由此,虽然纺织行业分布在各个区,但半数集中在闸北以及西区。

就上海而言,各个政府部门将城内不同地区进行划分管理:人口分布密集的老城区以及往南方向(南市),市镇为主的闸北(苏州河北岸),浦东(黄浦江东岸),曹家渡(公共租界的西面,英文为Jessfield Village),徐家汇(法租界的西面)以及宝山(虹口的北面)。除了老城区,其他曾经以农业为主的周边村镇迅速变成工业区。闸北,曾是控制苏州河及其运河的辖区(闸北的名字由此得来,取水闸北面之意)发生了翻天覆地的变化。上海市第一座火车站就坐落在闸北。伴随着上海自治运动,闸北当局在各国租界、中央政府和中外投资机构之间周旋,最终争取到了火车站的位置。[2]地区政治改革、铁路以及苏州河流域的水资源为该地区工业的发展提供了极大的便利,闸北成了上海最大的工业区之一。此外,火车每天将数千万难民运到闸北,他们身无分文地来到上海寻找容身之处。

纺织厂在上海及周边地区发展起来,这就否定了学界认为城市工业发展的决定性因素是依赖西方势力的特权庇护。[3]不仅租界之外出现很多工厂,如上文提到的闸北工业区,上海周边的长江三角洲地区也有工厂出现。江苏南通就是其中的一个典型,南通位于长江北岸的苏北地区,距上海100多千米。张謇是中国20世纪20年代的实业家、自治主义代表人物,他开辟出与租界完全不同的工业发展道路。[4]江苏无锡也出现了同样的情况,荣氏兄弟在无锡开始经营棉花、面粉生意。此外,地区的工业化发展促进了纺织业所需的劳动力的流动。张謇的家乡苏北,是劳动力流动到闸北的最多地区之一。不同于享有一定社会地位的宁波人,苏北的

---

① 中心地区三种类型的公司超过50%,资料详见白吉尔的调查研究:Bergère, Marie-Claire: *L'âge d'or de la bourgeoisie chinoise, 1911–1937*. Paris: Flammarion, 1986, pp. 110–117。

② 郑祖安:《近代闸北的兴衰》,《上海研究论丛》1989年第二辑,第104页。

③ 案例详见Ma, Debin: "Treaty Ports and industrialization in early 20th-Century China: the case of Shanghai". Working Paper. En *Global Economic History Network*. Estambul (Turquía), 11–12 de septiembre. 2005。

④ Qin, Shao: *Culturing modernity. The Nantong model*. Stanford: Stanford University Press, 2004.

移民们被称为上海的无产阶级（lumpen）。[①]

工业发展直接带动周边社区的形成，棚户、穷人等聚居在此。当地居民因为自然灾害（干旱或洪水）或因为战乱身无分文地来到上海。男人们靠拉黄包车（黄包车是日本传入中国的人力运输方式，为穷人提供了就业机会）为生。女人们要么沿街乞讨，要么以卖淫为生。[②]上海工业化发展具有两面性，同时带来了富裕和贫困，巨大的贫富差异一直是重要的文学素材和新闻素材。不仅是中国作家，外国作家们也强调这座城市发展的特殊性。比如赛珍珠在她的畅销小说《大地》中这样描述：

> 日复一日，王龙生活在这座建立在他的穷苦之上却日益富裕的城市……富人们身着绸缎、天鹅绒、丝绸、皮草，生活悠闲富裕，他们双手皮肤滑嫩，如花般柔软芳香；与这些富人相比，同样生活在上海这座繁荣美丽城市，王龙却没有足够的食物果腹，也没有衣服来遮蔽瘦骨嶙峋的身体。[③]

小说描写的上海生活的另一个极端，就是聚集了奢侈品与财富的南京路和外滩。虽然工厂区距离外滩很远，但无论是中国还是外国的企业管理层都会选择在外滩洽谈生意。当外国资本家计划在上海投资建厂时，都会专门在外滩设一家分公司负责相关筹建工作。其中就有1895年英国怡和洋行创建的怡和棉纺有限公司（Ewo Cotton Mills Limited），该公司创办的怡和纱厂是中国第一家外国棉花厂。[④]工厂建在杨树浦，公司本部设在外滩边上怡和洋行的大楼内，工厂里只有厂长、买办和总工程师。公司领导和股东很少去工厂视察，主要在外滩怡和洋行的大楼里做决策。当然，怡和洋行真正的高层领导在伦敦总部办公。实际上，几乎所有

① 韩起澜详细记述了这次迁移历史，本研究参照了韩起澜（1985，1986，1990）的研究成果。Honig, Emily: "Burning incense, pledging sisterhood: Communities of women workers in the Shanghai cotton mills, 1919-1949". *Signs* 10(4), 1985, pp. 700-714; Honig, Emily: *Sisters and strangers: Women in the Shanghai cotton mills, 1919-1949*. Stanford: Stanford University Press, 1986; Honig, Emily: "Invisible inequalities: The status of Subei People in contemporary Shanghai". *The China Quarterly* 122, 1990, pp. 273-292.

② 关于上海贫民区的生活，拉黄包车或卖淫的详细内容，见Lu, Hanchao: *Beyond the neon lights: Everyday Shanghai in the early Twentieth Century*. Berkeley: University of California Press, 1999, pp. 71-108。

③ Buck, Pearl S.: *La buena tierra*. Barcelona (2006): El Aleph, 1931, p. 128.

④ 马长林主编：《老上海行名辞典》，上海古籍出版社2005年版，第153页。

的外国工厂都是这样的架构，虽然雇佣中国工人与中国资本合作，但社会阶层保持不变。

英国老公茂纱厂由老公茂有限公司筹办，与怡和纱厂同时期建成，采用相同的管理模式。老公茂有限公司是伊尔伯特贸易公司的子公司，是一家大型英国国际贸易公司。[①]虽然总公司是英资公司，老公茂纱厂为了创建新工厂而允许融入中国资本。工厂位于杨树浦，余葆三正是在这里开始了买办生涯。伊尔伯特贸易公司上海分公司坐落在外滩边上，毗邻英国领事馆和奢华酒店。中国人很少出现在外滩的分公司，更不要说在伊尔伯特总部。1924年老公茂纱厂遭受巨大的经济损失之后，被日本公司收购更名为公大纱厂。[②]自此老公茂纱厂消失，伊尔伯特公司其他在华贸易活动仍在继续。

杨树浦街是杨树浦的主干道，怡和纱厂和老公茂纱厂坐落于此。根据白吉尔的调查研究资料，这里聚集了本城18%的纺织厂。三新纱厂（盛宣怀于1894年创立的华盛）以及其他大型早期纱厂都在这条街上。自来水厂总部和一间海关仓库亦坐落于此。随着杨树浦的城市化发展，原先的造船厂搬到了黄浦江的对岸。1900年，杨树浦几乎占据公共租界的半片区域，当时的居民只有6万人，仅占总人口的15%不到。但是到了1935年，居民人口增长到50万。[③]

1913年达丰丝光线漂炼染色工场在塘山路建成，距离杨树浦街大约1 000米，因为靠近黄浦江所以地价较贵。这片区域正处在转型和城市化的进程中：规划街道，建设居民区，铺设电路，铺自来水管道，发展工业。[④]随后大量劳动力流入，人们居住在工厂周边，围绕工厂生产区逐步形成居民区。

二、工厂里的生活

总体而言，工厂生活相对与世隔绝。工厂是脱离外界的，尤其是在工作时间

① 张秀莉：《上海外商企业中的华董研究》，《史林》2006年第6期，第2页。

② Swan, David M.: "British cotton mills in pre-second world war China". *Textile History* 32(2), 2001, p. 192.

③ 罗苏文：《高郎桥：1914—1949年沪东一个棉纺织工人生活的形成（下）》，《社会科学》2006年第1期，第42页。

④ 详见罗苏文（2005，2006）对高郎桥地区的城市化进程的详细描述，高郎桥地区位于杨浦区，紧靠塘山路。罗苏文：《高郎桥：1914—1949年沪东一个棉纺织工人生活的形成（上）》，《社会科学》2005年第1期，第5—11页；罗苏文：《高郎桥：1914—1949年沪东一个棉纺织工人生活的形成（下）》，《社会科学》2006年第1期，第41—49页。

内，工人无法从生产厂房高墙看到外界的任何事物。除了在码头工作的苦力和临时工，雇佣工人的生活不像刚到上海的移民或者难民那么清苦。与难民相比，工人每天在工厂吃饭，住在工厂宿舍。如果是技术人员，就可以住在属于中产阶级的公寓，也就是"里弄"。作为换取生活保障的代价，工人们必须遵守几近军事化的管理和严苛的工作要求。

1913—1920年，达丰的发展规模介于作坊和工厂之间。共有28位成员，管理层和工人之间的区别比较模糊。王启宇在管理工场的同时还是和兴洋行的买办，和兴洋行在华的运作模式与前文提到的伊尔伯特公司和怡和洋行一样。崔福庄在监督工人工作的同时也兼职洗染师傅，工人都是他从家乡招募来的。[①]虽然其他人接受其管理，但并没有书面材料证明这种关系。杨杏堤是厂长，负责机器设备的管理和运作，但这台机器却非常简易，由两台二手的日本大染缸组成。秘书叶培之负责记账，很可惜当时的账本没有保留下来。余葆三通过振华堂公所和老公茂纱厂的关系，负责采购进口棉纱。最后，棉纱经过丝光处理和染色，再卖给织造短袜和有色长袜的作坊。[②]

达丰从作坊到工厂的转变发生在1919—1921年间。1919年达丰通过一名姓谢的不动产代理人将塘山路的老房子"秸秆屋"出售，获得1.7万海关两。[③]达丰启动资金2.7万海关两，只有地皮升值才能收回60%的投资。达丰没有出售所有的土地，保留部分老作坊称作"老厂"，又另购置了曹家渡光复街1161号的40亩地（约2.4公顷），地皮位于苏州河畔。苏州河位于上海西面，蜿蜒曲折的河岸两边集中了本市1/4的工业。苏州河的对岸就是租界，达丰在其辖区之外。1920年两家新工厂出现在这片土地上：振泰纱厂和新达丰厂。

王启宇非常熟悉曹家渡。他曾在圣约翰大学读过一年书，学校就在工厂对面，河对岸的租界内。1919年朱友渔老师和几位圣约翰大学的博士生到曹家渡进行田野考察。[④]考察报告对这片区域进行了翔实的描述，最后发表在校报《约翰年刊》上。曹家渡是因工业化发展而实现城市化的地区之一。自1895年第一家丝绸

---

① 王福元：《中国机器印染之首创者，故实业家王公启宇传略》，见政协舟山市委员会文史资料委员会等编：《舟山文史资料》（第一辑），浙江人民出版社1990年版，第111页。

② 上海市档案馆藏，档案编号：Q199-3-7。

③ 上海市档案馆藏，档案编号：Q199-2-7。

④ 作者在此感谢罗苏文研究员提供的材料。此外，圣约翰大学的相关资料是在上海档案馆查阅的。

厂建立开始，共有大约6 000名来自苏北、宁波、无锡和湖北的移民在廉价房或“草屋”住下，这部分新兴住宅区和上海本地人的住宅区遥遥相望，当时本地居民大约有2 000人。[①]

在此地居住的除了工人以外，还有传教士。除了大学，传教士还开设了一间诊所、一所学校和一座教堂，用于慈善、教育和传教。大学生住在学校，他们课余空闲时间就会去调研新工厂周边地区。到1919年曹家渡共有八家工厂：两家丝绸厂，一家面粉厂，一家油厂，一家鞋厂，一家电厂，以及两家棉纺织厂。[②]两家棉纺织厂中的第一家建于1907年，是日本工厂，后来荣氏兄弟收购该厂并更名为申新二厂。另外一家纺织厂是公益纱厂（Kung Yik Cotton Spinning and Weaving Mill），是怡和洋行英国工程师与买办朱大椿于1910年共同创办的企业。[③]曹家渡工厂建成以后，享受到上海一系列最新建设的基础设施的便利：煤气、电力、邮政以及火车站。[④]

王启宇将工业生产转移到曹家渡的原因之一是为了降低生产成本。租界以外的土地价格更加低廉，工人工资较租界之内更低。根据当时大学的调查，1919年非技术工人的日薪为1.5～4.6角，略有技术含量的工人日工资为2～3角，技工的日工资5角。工人当中只有技术工人的月工资高达15元，能养活一个五口之家。住在曹家渡的大部分工人家庭，通常女性成员在丝绸厂或纺纱厂工作（每月工资8～10元），男性成员在油厂或面粉厂工作。家庭开销组成大致如下：租房1元，伙食8元，置装2元，炭火1元，其他花销3元。[⑤]租界内工厂纺织工人的平均工资是3～5角，机修工的工资可达到每天1元。[⑥] 1925年振泰纱厂支付给纺织工人的工资为2.4～3.6角，整理从机器里出来的卷轴的技工工资3.4～3.9角。显然，曹家渡地区的工资比租界内的工资低。

另一方面，圣约翰大学的调查结果也显示出当时工人艰难的生活条件。工人

---

① 《约翰年刊》1921年，第3、7页。

② 两家丝绸厂分别是信昌丝厂和协隆丝厂，另外几家分别为恒祥油厂、美孚电厂、龙华制鞋厂、利达面粉厂。《约翰年刊》1921年，第6页。

③ Swan, David M.: “British cotton mills in pre-second world war China”. *Textile History* 32(2), 2001, p. 186; 严中平：《中国棉纺织史稿》，科学出版社1955年版，第351页。

④ 《约翰年刊》1921年，第6页。

⑤ 《约翰年刊》1921年，第7页。

⑥ Perry, Elisabeth J.: *Shanghai on strike: The politics of Chinese labor*. Stanford: Stanford University Press, 1993, p. 49.

们每天要做工12小时，超负荷的劳动使得许多工人患上了各种疾病，只能向传教士求医。[①]该调查显示，一个五口之家基本生活开销为每月20元，意味着一年的家庭开销为240元。[②]一个普通家庭只有在两个成人都工作的情况下才能每个月赚到20元。这种社会变化将工人阶层与当地其他阶层区别开来，曹家渡当地的2 000余名农民依旧过着传统的男耕女织的生活。很快，当地人发现本地兴起的工厂和大学带来的新商机。当工人和学生在逛街的时候，周边的农民们就赶到街上，向他们兜售瓜子或水果之类的快餐零食，或者兜售其他农产品来赚取额外收入。在数量上，城镇工人家庭的平均收入是农民家庭的两倍。[③]但是农民家庭有土地可以自主生产，并且销售自己的产品。而工人家庭只能为工厂劳动，完全地依靠工厂维持生计。

在工厂搬到曹家渡之前不久，王启宇学习了新型工业管理制度。中国的现代工业管理模式最先由棉纺织企业家穆藕初（1876—1943）引入。他曾先后在外企、海关工作，其间学习了英语，之后前往美国学习机械工程。[④]在美期间，他结识了著名发明家弗雷德里克·温洛斯·泰勒（Frederick Winslow Taylor, 1856—1915）。[⑤]泰勒是宾夕法尼亚钢铁工业的资深工程师，创立了全新的工厂管理模式，名曰“科学管理”。该管理模式可以有效监控工业生产过程中的所有细节，避免不必要的损失。同时代的人称泰勒为“效率的发明家”。[⑥]要实现科学管理就必须摒弃人性中的懒惰和陋习，用最低的成本实现生产效率最大化。通过道德约束工人，泰勒的管理方法在美国大行其道。穆藕初将这种管理模式引进中国（中文翻译为“科学管理法”），1914年他在杨树浦的新工厂内推行这套管理办法，新厂紧挨着达丰丝

---

① 《约翰年刊》1921年，第7页。

② 邹木法：《上海纺织工人运动史》，中共党史出版社1991年版，第50页。

③ 20年代末约翰·罗辛·巴克研究认为中国年平均农业工资为89元。Buck, John Lossing: *Land utilization in China. A study of 16.786 farms in 168 localities and 38.256 farm families, in twenty-two provinces in China, 1929–1933*. Taipei (1986): Southern Materials Center Inc. 3 Vol, 1937, p. 70.

④ Bergère, Marie-Claire: *L'âge d'or de la bourgeoisie chinoise, 1911–1937*. Paris: Flammarion, 1986, p. 183.

⑤ Morgan, Stephen L.: “China's encounter with scientific management in the 1920s–1930s”. *Business and Economic History Online*, 2003.

⑥ 详见作家约翰·多斯·帕索斯（John Dos Passos）的《美国三部曲：赚大钱》（*USA-III El Gran Dinero*）。Dos Passos, John: *Trilogía USA*. Barcelona (2007): Edhasa, 1933–36, pp. 33–40.

光线漂炼染色工场。[①]一方面由于两厂地理位置非常接近，另一方面在未来十年上海的工厂普遍使用泰勒主义来管理。两年后，穆藕初翻译泰勒原著中译本《工厂适用学理的管理法》正式出版。

根据泰勒主义理论，1920年达丰结合本公司实际情况颁布“简章”和“章程”。在新厂建立初期必须建立一套完整的法规章程，比如企业的宗旨和生产方式。建立法规章程以后达丰就不再是一个传统的作坊，而转型成为一家现代化的工厂。“章程”强调对工人必须严格规范管理，工厂的每一位员工都要严格履行责任，将成本与收益放在第一位，因为公司的最终目的是通过收支差异以达到盈利目的。[②]因此，必须从严管理和监督所有工人的一举一动。

“章程”规定工人工作时间从早上6点开始，6点之前必须一一点名核对员工名单，点名结束以后工人走到各自工作岗位，工厂大门关闭。启动机器开始流水线生产，流水线上每一个工人都有明确固定的任务。中午有半小时吃饭时间。下午5点工作结束以后，就是工厂关闭大门的时间。[③]工作时间内，工人没有管理员的允许不得离开岗位。实际上，“章程”规定工人离开本岗位必须经得管理员同意，包括上厕所。管理员监督确保生产设备正常运转不停机。只有在极少数临时加单或者有急单的时候才会加夜班。

达丰是一家十分现代化的工厂，并没有一味强调效率而残酷剥削工人。与之形成对比的是英国老公茂纱厂，该厂采用12小时轮班制，分早班和晚班，且中间只允许工人休息15分钟。夜班时间是18:15直至次日6:00，早班从6:15到18:00。[④]这严酷的劳动剥削从英国兰开郡的棉纺织工业发展初期就开始了，并不是由泰勒主义创造出来的。泰勒所做的只是在高强度的劳动基础上，采用科学管理方法提高工作效率。

达丰允许工人每月休息两天，每年农历六月端午节、农历八月中秋节以及农历九月的重阳节各闭厂一天。闲杂人等没有工厂领导或管理者的批准不得进入工厂，每个工人每年有24天的弹性假期（春节、生病、探亲、奔丧等）。具体放假时间

① 罗苏文：《高郎桥：1914—1949年沪东一个棉纺织工人生活的形成（上）》，《社会科学》2005年第1期，第5页。

② 上海市档案馆藏，档案编号：Q199-20-95。

③ 同上。

④ Odell, Ralph M.: *Cotton goods in China*. Washington: Bureau of Foreign and Domestic Commerce. Special Agents Series n° 107, 1916, pp. 164-165.

取决于工厂的生产情况，该规定补充说明旺季则可能取消休假。任何情况下年假都不能超过45天。[①]然而，根据工厂会计的记录，工人平均每年工作时间为300天，其中一些是工厂外界因素造成的，比如停电等。

除了规定假期以外，工人还有劳保。工人的月工资分两次发放，如果有人受工伤，由公司承担医疗费用并且正常支付工资。工人负责维护机器设备确保正常运作。规定要求工人不吸烟（不抽鸦片），不赌博，不偷懒，不偷盗，不得性病，否则立即解雇。[②]工厂关门时所有工人都要接受检查，避免工人偷窃纺织品或工具。厂监负责监督工人执行以上规章制度，并撰写周报汇报工人的表现和机器的运作状态，此外负责防止工人间起冲突，比如吵架、斗殴。

达丰不强制要求员工住在工厂，但工厂为提出申请的员工提供宿舍。[③]宿舍隶属于工厂，每层有18间房间，严格按照工厂章程管理员工住宿。管理员可以随时进入宿舍查看登记工人的私人物品。禁止公司之外的人进入宿舍，大门钥匙由专门的管理员保管。宿舍提供自来水和照明，每季度定量供应。在10月至次年4月早上允许开灯一小时，以便工人做上班前的准备。春夏季则不供电，工人只能利用自然光照明。[④]工人的生活随着季节而变化。此外，根据泰勒主义的理论，工人们每天重复着同样的生活和劳动。

无论是普通工人还是技术工人，都要严格遵守工厂日常生活纪律。普通工人大部分都是未婚青年。根据1928年的统计，当时工厂工人的平均年龄是20岁，远大于所有纺纱工厂的平均年龄。[⑤]对工人来说工厂也是一所学校，他们在这里学习技能的同时开始适应新的生活方式。许多人由于在工厂工作而长期单身，有的人工作了两年然后离职了。技术人员通过几年的学习以后就开始指导新进员工的技术学习。经验丰富的技术工人组建家庭，居住在公司租赁的公寓中。达丰有专门的家庭公寓，两户合租，租金每月2元。公寓严禁抽烟、赌博、酗酒。未经许可不得搬动家具或改动窗户，也不允许转租房屋，但许多上海家庭通过转租房屋获得一笔不菲的收入。[⑥]公寓虽然简陋，但是设施现代化。以上就是当时工厂工人的生活条件。

---

① 上海市档案馆藏，档案编号：Q199-20-95。

② 同上。

③ 同上。

④ 同上。

⑤ 详见上海纺织博物馆藏：国民政府工商部工厂调查表、1928年注册执照、达丰染织厂。

⑥ 关于非正规经济活动，详见Lu, Hanchao: *Beyond the neon lights: Everyday Shanghai in the early Twentieth Century*. Berkeley: University of California Press, 1999, pp. 160-161。

目前学界有许多研究涉及工人工资以及生活水平变化。历史学家们普遍认为这一研究很难实现，因为工业化进程导致社会发生了质的变化。①采用单一的定量研究或者定性研究，把工人的生活水平同社会其他阶层的生活水平进行比较是不可行的。自主性劳动者（农民、工匠、资产阶级或收租的）的收入水平可能会受到市场的影响，但不需要像工人一样严格遵守劳工规定。笔者认为工人与个体经营户的可比性很小，工人必须像士兵和僧侣那样严格遵守纪律。②一方面工人的生活和工作都必须接受严格管控，另一方面因为吃住都可以在工厂，生活也得到了保障，他们各司其职兢兢业业。工人生活保障与严格职业道德以契约形式缔结。

三、达丰厂的组织构架

按照1904年和1914年的法律规定，达丰准备了所有手续文件并于1920年提交申请材料将工厂转型为股份有限公司，注册名称为达丰染织股份有限公司。③当时登记在公司名下的财产有三项：位于曹家渡的总部达丰织造厂，老厂分公司塘山街的达丰丝光线漂炼染色工场和上海市中心天津路的办公室及仓库（长鑫里）。④多年来达丰主要业务是染色和丝光，注册公司以后增加了加工棉纱和布料业务。当时公司的注册资金为50万海关两，对于染厂而言是一笔巨额投资，但对于当时的纱厂、织布厂而言只是平均水平。

资本总计2.5万股，每股价值20海关两。⑤公司条例规定股份不得出售给外国人。这是李鸿章等早年实业家留下的传统，必须确保公司股份属于中国。想要购买股份，必须告知公司领导且支付一小笔管理费用（大约8角）。股东有权出售其

---

① 单一的定量分析很难涉及消费习惯和偏好的改变。Hartwell, R. M. and Engerman, S.: "Los modelos de empobrecimiento, la base teórica del pesimismo". At Taylor, Arthur J. (ed.): *El nivel de vida en Gran Bretaña durante le Revolución Industrial*. Madrid (1985): Ministerio de Trabajo y Seguridad Social, 1975, p. 265. Honig, Emily（1986）和邹木法（1991）曾研究过中国的工人阶级状况：Honig, Emily: *Sisters and strangers: Women in the Shanghai cotton mills, 1919-1949*. Stanford: Stanford University Press, 1986；邹木法：《上海纺织工人运动史》，中共党史出版社1991年版。

② 在这方面，笔者参考了马克斯·韦伯的研究，在其丰富且文字优美的笔记中，追溯了"工业"一词的起源，即禁欲主义。Weber, Max: *Ensayos sobre sociología de la religión*. Madrid (1998): Taurus. 3 Vol., 1920, pp. 44-47.

③ 上海市档案馆藏，档案编号：Q199-20-88。

④ 同上。

⑤ 同上。

在达丰的股份，但须提前通知管理层并且支付同等管理费。股东大会召开前一个月之内不得购买或出售股份。年度大会上，每位股东都有投票权。董事会的第一项工作是选出秘书和大会主席，大会主席负责制定议程并拟定待讨论问题。议题提出以后股东投票决定，按照多数通过的原则决定实施与否。如果票数持平，由大会主席投出决定性一票。因此，股东大会必须至少提前一个月做准备。①

根据1914年制定的《公司条例》规定，除了公司解散、兼并或章程变更，股东大会有权决定公司一切事务。若要解散、兼并或变更章程，必须提前通知农商部，由该部门颁发许可令。如果事先告知公司，股东可以委派代表出席股东大会。股东根据其股份和相应投票权依次登记。所有细节必须记录在大会纪要，并由主席和秘书密封保存。②

股东大会的职责之一是选举董事，董事会是管理达丰的核心领导层。公司章程规定董事会人数为7名，其中有2名担任秘书或监察人。董事任期3年，到期后重新选举。监察人则一年一选举，最多可连任三届。包括监察人在内，董事不得在任期内购买或出售公司股权。董事会成立后，首先选举公司领导人董事长。之后选举经理、副经理和厂长。经理有权雇佣或解雇任何一名中低级别的员工，董事会保留雇佣高级别员工的权利。③

通常每年三四月份举行年度股东大会，会上报告公司年度业绩。毛利润减去资本的折旧和缴纳税款后，分配"官利"和"红利"：70%利润归股东、20%归经理和员工、7%归股东大会，另外3%分配给三位创始者。④由此，达丰的股份制框架结构基本形成，并由农商部签发了经营许可证。

值得一提的是，达丰的管理结构与四明公所这样的会馆相比较，并没有本质上的区别。实际上，会馆的领导机构也叫董事，董事的组成人数也是一样的，依靠能力、财产和关系来领导整个组织。他们必须通过或正规或半正规的选举。任期类似，对物力、人力的管理方式也类似。公司股东们舍弃一定的管理自由换取更高的经营安全。地方团体和西方公司都为其成员和公司员工提供法人保护。会馆、公所和现代企业一样设有独立代理人，代理人负责规避市场风险，他们失去自主独立性而成为组织的一部分。地方协会组织和公司并不将个人作为自主经营者发放工

① 上海市档案馆藏，档案编号：Q199-20-88。
② 同上。
③ 同上。
④ 同上。

资，而是按照每个人担任的职责来计算薪酬与福利。[①]该管理结构被称为“看得见的手”，艾尔弗雷德·D. 钱德勒（Alfred D. Chandler, 1918—2007）研究19世纪后半叶的北美大型公司的管理体制，提出了“看得见的手”的概念。[②]

综上所述，社会团体和现代企业之间的区别并不明显，两者组织结构的形式特点本质相似。因此，指摘社会团体缺乏合理的管理是错误的，公司以此拒绝加入企业协会的理由也是不充分的。上海的历史以及社团组织社会化进程表明了这一点。或者社团组织和现代化公司的最大区别在于驱动两者的最终目标不同。达丰和所有公司一样具有非常明确的目标——创造利润，而地区团体组织则能够将盈利目的和其他目的相结合起来。

1921年3月达丰召开第一次股东大会。[③]余葆三当选为董事长，但主持会议并介绍达丰历史的是王启宇。王启宇在会上回顾说，15年前外国公司将丝光棉纱带到中国，但是花了很长时间才逐渐打开中国市场并且试图垄断。达丰在丝光线本土化生产的道路上迈出了重要的一步，抵御了进口棉纱对中国经济的压榨。[④]新厂开办以后，达丰希望接下来用自主生产取代进口染色布、印花布。本土产品替代进口产品是当时实业家的政治目标。虽然在达丰的公司章程中并没有提到，但几位创始人在演讲中一再强调，由此可见达丰的野心不局限在经济领域，还有超越追逐利润的更高的目标。

会上选出了7位新董事会的成员：余葆三（3 844票）、吴麟书（3 659票）、包凤笙（3 397票）、银行家陈子埙（2 873票）、买办周辛伯（2 691票）、银行家徐承勋（2 460票）以及王启宇（仅1 904票）。[⑤]蒋仰山和陈少舟被选为“监察人”。之后，余葆三当选为股东大会主席。股东大会成员所得票数反映了每个股东的投资金额，虽然王启宇、崔福庄和杨杏堤是公司的创始人，但是达丰公司资本主要是通过其他渠道筹集的。因此，余葆三成为公司的实际拥有者，王启宇服从余葆三的领导

---

① Coase, R. H.（1937）在文中谈及“公司”，作者赋予其现代企业的含义。然而，我们可以通过他的文章进一步拓宽“公司”的定义（中国传统的“号”同样具备签署或盖章的效力），同样符合作者在文中提出的企业特征。Coase, R. H.: “The nature of the firm”. *Economica* 4(16), 1937, p. 485.

② Chandler, Alfred D.: *La mano visible. La revolución de la gestión en la empresa norteamericana.* Barcelona (2008): Belloch, 1977.

③ 首届股东大会的会议记录藏于上海市档案馆，档案编号：Q199-3-8。

④ 上海市档案馆藏，档案编号：Q199-3-8。

⑤ 同上。

管理。余葆三作为股东大会和董事会的主席，提议聘用王启宇为经理，崔福庄为副经理。

几个月后，7位股东和2名秘书首次召开达丰正式董事会。[①]董事长余葆三入座后会议正式开始。首先是王启宇发言，他高度赞扬了过去几年厂长杨杏堤在塘山街作坊的工作成绩，提议杨杏堤继续担任厂长一职。董事会全票通过该项提议。[②]厂长杨杏堤以及“监督会计”叶培之（叶全票通过选举）共同提议聘请一名财务助理。在会议接近尾声时，发生了令人惊讶的一幕，王启宇主动提出辞去经理一职，提议由王作霖担任。[③]有可能是担任经理对王启宇来说意味着全身心投入工厂管理，也许只是出于客套而推辞。在之后的董事会议中王启宇还是作为经理出席，最终个人请辞一事也不了了之。

与此同时，1919年成立了振泰纺织股份有限公司。公司的主要资产是振泰纺织纱厂，注册资金为80万海关两。1920年该厂总计2万纱锭，次年正式投产。余葆三、王启宇以及老厂合伙人如包凤笙、周辛伯都出席了振泰首届理事会。振泰纺织纱厂虽然是一家独立公司，但也是达丰的兄弟企业。[④]两家工厂位置相邻，相互扶持共同发展，直至1923年合并成一家。

振泰和达丰两家公司合并以后，工厂门口悬挂一块巨大的广告牌，上书“中国首创达丰染织厂”，厂房正面刻着达丰染织厂的英文缩写CDW，标志着中国首家拥有棉纺织业生产链的综合性企业就此诞生。

---

① 资料来源于首届股东大会的会议记录。上海市档案馆藏，档案编号：Q199-3-7。

② 上海市档案馆藏，档案编号：Q199-3-7。

③ 同上。

④ 上海市档案馆藏，档案编号：Q199-3-25。

第三节　推动工业化前进的动力

一、先进的设备

洋务运动期间，洋务派提出“中学为用，西学为体”，阐释了改良的目的。提出这个口号，一是不想动摇现有的统治结构，二是并不怀疑儒家思想的正统性。但是，这些人又清楚地意识到当前的局势，并且想振兴清王朝的国力，认为只要采用西方的技术清王朝就能恢复往日的荣耀，而不用在政治体制上做任何改变。在这种思想指导下，李鸿章、张之洞、盛宣怀购买了第一批外国纱锭和纺织机。技术投资是中国自主生产，摆脱原先对进口的商品依赖，增强国力的第一步。

虽然洋务运动随着清政府的覆灭最终以失败告终，但实业救国的思想却经久不衰。纺织设备的重要性不言而喻，1914年中国进口价值200万海关两的设备，到了1921年超过2 000万海关两，接下来一年高达3 040万两海关银。①在此期间，棉纺品进口总额却以10倍于设备的速度增长。但每购买一台设备，就意味着国家自主生产能力的进步和提高。1920—1921年是设备进口的高峰期，中国购买的半数以上的纱锭和织机都来自英国的兰开夏郡。②到了20世纪30年代，从北美和日本生产的设备进口比重增加，不久以后，中国出现第一批能够自主生产纺织设备的民族企业。③

为了早日实现自产替代进口的目标，30年代中期棉纺品和设备的进口开始逐渐下降。当某产品首次成功打入中国市场以后，很快就创造出更多的需求，为进口商创造了广大的消费市场，从而吸引大型贸易公司转战新市场。但是原先采购进口商品的中国商人短期内就能掌握该项生产技术，于是市场格局再次分化。民族

① Fang, Xianting (H. D. Fong): *Cotton industry and trade in China*. Tianjin: Chihli Press, 1932, p. 86.

② 1911—1930年，48.5%的纺织机械产自英国兰开夏郡。详见Fang, Xianting (H. D. Fong): *Cotton industry and trade in China*. Tianjin: Chihli Press, 1932, p. 83。

③ Pearse, Arno S.: *The cotton industry of Japan and China being the report of the journey to Japan and China*. Manchester: Manchester International Cotton Federation, 1929. p. 162.

主义思潮直接影响了中国的经济发展，民族企业家逐步收复失去的国内市场。

起初改良派认为只进口外国先进设备，不会改变中国当前的文化形态。但事实上事物的发展并非单一的，各方面的发展也是极不平衡的。从镇压太平天国运动第一次使用现代武器，到第一颗原子弹实验成功，中国人从不同角度审视机器的作用。20世纪盛行达尔文主义，人们开始大量阅读托马斯・亨利・赫胥黎（Thomas Henry Huxley, 1825—1895）的著作，而到了赫胥黎之孙阿尔多斯・赫胥黎（Aldous Huxley, 1894—1963）最终发展成为末日未来主义。在这两个极端之中，萧乾这样概括了国人对待机器的态度：暴力反抗、怀疑观望、盲目崇拜。[①]

据说慈禧太后挪用打造北洋军舰的军费修复圆明园，洋务派当时想将这笔钱购买新式军舰，慈禧却用它修建了圆明园里一座大理石的画舫。太后摄政激起民愤，爆发义和拳运动，义和拳成员认为自己刀枪不入，他们到处破坏铁路，切断电话线，试图摧毁一切外国机器。憎恨外国机器的中国人认为洋人的玩意儿破坏了中国传统的"风水"。慈禧和义和拳就属于此类，排斥一切外来新事物。还有一类是怀疑论者，其中不乏一些改良派，包括广东买办郑观应（1842—1922)。他是中国第一家棉纺企业的合伙人之一，虽然最后和盛宣怀斗得你死我活。郑观应认为机器属于"器"，从道家哲学思想的"道"出发提出："道"是根本，"器"是枝干；而器是多变的，道是不变的。[②]郑观应兴建工厂，采购新式设备，但是据说他本人始终对机器持怀疑和疏离态度。

王启宇显然是第一类中的代表人物，对先进机器盲目崇拜。达丰创业初期就采用外国设备，显然区别于传统洗染作坊。当时中国还没有现代化洗染工业，王启宇是现代洗染工业第一人。1920—1921年达丰染织厂在设备上投入大量资金。主要从英国兰开夏郡的索尔福德（Salford）一家名为詹姆斯・法默（James Farmer）公司采购所有成品加工设备如烧毛、丝光、烘燥、钢缸、轧光，以及其他辅助工艺设备。设备采购总额高达16万两海关银。[③]另外购买一台价值1万的水泵，1万的蒸汽机，一整套总价1.5万用于发电、蒸汽、抽水的齿辊、电缆和管道。

---

① Xiao, Qian: *Some Reflections on the Machine, its Treatment in the English Novel and its Effect on Modern Chinese Intellectuals*: 1944, pp. 81-104, 94.

② 作者译自郑观应《盛世危言》，见张秀莉：《上海外商企业中的华董研究》，《史林》2006年第6期，第7页。

③ 上海市档案馆藏，档案编号：199-20-91；《工商半月刊》第2卷第19期，1930年，第21页；王福元：《中国机器印染之首创者，故实业家王公启宇传略》，见政协舟山市委员会文史资料委员会等编：《舟山文史资料》（第一辑），浙江人民出版社1990年版，第113页。

所有新购买的设备都需要消耗大量的水和电，闸北和曹家渡电厂的发电量无法满足生产需求，为了确保电力供应达丰又购买了一台瑞士产的苏尔寿（Sulzer）发电机。这台发电机使用燃煤的蒸汽发电。正如达丰的对外宣传，蒸汽发动机功率强大："采用苏尔寿专利阀和内部气压调节齿轮，用于抽取内部蒸汽，发动机一个连接另一个气缸，高压缸径为575毫米，低压缸径为980毫米，冲程为725毫米，速度为150转/分，并在冷凝时运作，无须抽取蒸汽，压力为9.5标准大气压。"① 该运作模式解决了两个问题，一方面发电机保障电力供应，另一方面产生的水蒸气也能用于染织生产。

此外达丰还从英国汤姆逊·休斯敦有限公司购买了一款名为"变速换向电动机"的发动机，转速高达每分钟540转，适用于冲压机、水泵、离心机和其他设备。② 最后，向英国公司祥兴洋行（Calder Marshall & Company）购买一整套阀门、染缸和管道，该英国公司专门生产抗液体腐蚀性的设备。达丰从苏州河抽水，过滤除去杂质再用于生产。丝光、漂白和染色过程中需要大量的水。之后，再将含有化学物质的废水排进苏州河。③

如此一来，达丰解决了水电的供应问题，保证工厂正常生产。这种生产方式对于达丰本身来说有利无害，但是日积月累却造成一系列的环境问题。工业废水排进苏州河，导致水质受到污染。苏州河是聚居在此的上海平民唯一的水源，河水污染引发河岸居民区传染病肆虐。④ 此外，达丰的发动机需要大量煤炭作为燃料。包括中国、西班牙在内的很多国家天然煤炭资源都非常有限，并且在远离工业区的内地。⑤ 由于工业发展对煤炭需求巨大，加上家庭供暖，导致城市周边地区的森林遭到严重砍伐。到20世纪30年代长江流域植被破坏加剧，引发气候灾害。⑥ 无论是

---

① 见招股说明书。上海市档案馆藏，档案编号：Q199-3-210。

② 汤姆逊·休斯敦有限公司发动机使用说明书，上海市档案馆藏，档案编号：Q199-3-213。

③ 《工商半月刊》第2卷19期，1930年，第21页。

④ Lu, Hanchao: *Beyond the neon lights: Everyday Shanghai in the early Twentieth Century*. Berkeley: University of California Press, 1999, pp. 121–130.

⑤ 中国主要的煤矿资源集中在山西、河北、山东和河南。西班牙学者乔治·纳达尔（Jordi Nadal）认为"煤炭问题"是"西班牙工业革命失败"的主要原因之一，由此将加泰罗尼亚地区和长三角地区棉纺织工业进行比较研究的意义，在于两者工业非常集中并且面临的问题相似。Nadal, Jordi: *El fracaso de la Revolución Industrial en España*. Barcelona (1990): Ariel, 1975.

⑥ Pomeranz, Kenneth: "Beyond the East-West binary: Resituating development paths in the eighteenth century world". *Journal of Asian Studies* 61(2), 2002, pp. 560–570.

中国还是世界上任何国家，机械设备投入生产以后都产生了一系列前所未有的问题和副作用，而此前人类对此一无所知。

兴建达丰染织厂费用总计32.5万海关两，其中购买土地的费用5万海关两、厂房建造2万海关两、民房建造6万海关两、购买设备19.5万海关两。①第一次召开理事会的时候，就决定专门为会计叶培之聘请助理。公司规模扩大重新注册以后，新公司主要由五部分组成：曹家渡新厂、住宅区、杨树浦老厂、位于租界中心地带天津路上的办公处以及毗邻的仓库区兼做批发处。②新厂组成部分如下：商务洽谈区，配经理室、总务室、招待室和一个休息室。商务洽谈区铺有地毯，配备书架、真皮座椅、茶几、书桌和产品展示柜。③其他楼栋用于提供后勤服务，比如工人用餐的"工人食间"和厨房，其余就都是车间。比如一楼是"原布间"，生布是灰色的。生布操作间主要用来存储生布和称重，为下一步漂白、染色、丝光做准备工作。④

在染色之前先要将布料漂白，称作"漂布"，类似于现在家庭洗衣的过程，用大型机械将布料进行洗涤、冲洗、漂净。有专门设备用来冷洗或者"煮布"。之后一部分布料用氯化钙漂白，一部分用苛性钠丝光化。最后将布料浸入事先准备好的化学染色溶剂中进行"染色"。每个颜料槽的颜色各异，工人可以将布料的全部或者局部放进不同的染色槽中染色，这个步骤称作"印花"。染色完成的布匹再进行"烘燥"、压紧（端布）或者轧光，就是将布料置于两根热辊之间进行定型。

所有现代化生产设备就位以后，达丰染织厂从1922年开始投产。第二年向商务部提交了第一份财务报告。工厂平均每天生产6件丝光线，市场售价为每件300海关两。⑤每件生产成本为287.5两（原料250两，生产成本35两，包装2.5两），公司毛利润为每件16.5 两（5.5%的利润）。每年300个生产日，公司产生总计2.97万两利润。此外，公司平均每天生产300匹布料，每匹平均售价8.5两。⑥每匹生产成本7.9两（原材料6.5两，生产成本1.3两，包装0.1两），毛利润为每件0.6两（7%）。

---

① 上海市档案馆藏，档案编号：Q199-20-91。

② 上海市档案馆藏，档案编号：Q199-3-53。

③ 工厂各个部门的设备清单藏于上海市档案馆，档案编号：Q199-3-53。

④ 上海市档案馆藏，档案编号：Q199-3-53。

⑤ 棉纱按"件"销售，一件是一捆。1923年一捆棉纱的平均价格是158元，达丰的棉纱更细，已经丝光处理或者已经染色，所以达丰的棉纱是市场平均价格的两倍。Kraus, Richard A.: *Cotton and cotton goods in China, 1918–1936*. New York: Garland Publishing Inc, 1980, p. 74.

⑥ 一匹布长度为31～36码（25～31米），宽1米，布料展开面积为25～30平方米左右。

按每年300个工作日计算，每年产生利润5.4万两。加上丝光线的利润，公司总利润为每年8.37万两。总销售额130.5万两，成本122.13万两，毛利润扣除固定成本（利息支付、工资、行政费用等）6.035万两，税前利润为2.335万两，将近公司成本的十五分之一。由此可见，早年叶培之的账目管理和现在企业账目管理相差无几。[①]综合会计对抵消由于购置设备和工厂基建产生的初期成本发挥重要作用。此次投资使达丰显著区别于传统染织作坊，区别于叶培之以往接触的企业，传统染织作坊只需几千两的运营成本。[②]然而，尽管资本增加了，达丰还是使用传统方式管理账目。

学界有一种观点认为，西方账目管理模式区别于其他国家。马克斯·韦伯提出，资本主义企业的合理管理主要归功于两个重要决定因素：家庭经济与企业经济的分离，是现代经济生活中非常重要的一个因素，理性的会计与此密切联系。[③]这条理论恰好可以解释为何中国工业化进程失败。可能由于不当的会计实务将家庭私产与企业财产混合，导致盛宣怀和张謇工厂破产，目前已经有研究证明。[④]尽管如此，不能一概而言所有的中国企业都有同样的弊端。达丰厂的会计制度就非常的理性，不会将家庭财产与企业财产混淆。

到目前为止，没有任何研究显示中国企业的贪污和裙带关系比西方企业更加严重。[⑤]以达丰为例，直到第二次世界大战爆发王氏家族才开始拥有企业的股票。直到公司转资成为英国公司，王氏家族的第二代才第一次出现在董事会上。此外，中国企业具备完善的监管系统确保工厂管理透明、合理。[⑥]

---

① 上海市档案馆藏，档案编号：Q199-20-91。

② 徐新吾主编：《江南土布史》，上海社会科学院出版社1992年版，第374页。

③ Weber, Max: *Ensayos sobre sociología de la religión*. Madrid (1998): Taurus. 3 Vol., 1920, p. 17.

④ Feuerwerker, Albert: *China's Early Industrialization. Sheng Hsüan-huai (1844-1916) and Mandarin Enterprise*. Cambridge: Harvard University Press, 1958; Köll, Elisabeth: *From cotton mill to business enterprise: The emergence of regional enterprises in Modern China*. Cambridge: Harvard University Press, 2003.

⑤ Zelin（2006）的研究佐证了这一观点，但是还需更多的研究来证实。Zelin, Madeleine: "China's economic in comparative perspective, 1500 onward". At Embree, A. and Gluck, T. C. (eds.): *Asia in Western and World History*. New York: M. E. Sharpe, 1997, pp. 479-493.

⑥ 详见彭慕兰（1997）关于山东玉堂公司的研究。Pomeranz, Kenneth: "'Traditional' Chinese business forms revisited: family, firm, and financing in the history of the Yutang Company of Jining, 1779-1956". *Late Imperial China* 18(1), 1997, pp. 1-38.

鸦片战争爆发之前中国就已有多种记账方式。[①]明代末期出现一种名为“龙门账”的复式记账制度，分为“进”“缴”“存”“该”四个部分，以“进–缴=存–该”作为会计平衡等式，“进”相当于各类收入，“缴”相当于各种费用，“存”相当于各种资产，“该”相当于负债和资本。然而龙门账的使用在中国还是少数，多数采用“四柱法”。[②]达丰厂采用的就是基于“四柱法”的一种新式记账方法。1940年达丰厂就已经记录了第一笔资产和负债转化为货币的额度。[③]

和西方会计制度相比，中国传统的会计制度同样有效合理。即使资本较少也能正常运作。当时的会计制度并不像现在人们想象得那样落后，反而在现代工业社会展现出惊人的生命力，同样适用于现代企业的管理。20世纪30年代上海逐渐开始流行使用复式记账方法。在笔者看来，真正将传统作坊与现代工厂区别开来的，不是记账方法，也不是将企业和家族资产厘清关系，而是企业产量的增加。工厂要做到在最短的时间内不间断地生产实现效益最大化，会计制度就必须适应这种生产速度。增长本身就是生产的目的，也是工业经济理论支持的必要条件。这就是将作坊与现代企业区别开来的最重要的一点。会计制度仅限于记录这种变化。

二、广纳贤才

中国企业下单订购外国机器时，外国公司通常会提供设备使用说明书和安装方法说明。除非是专业工程师，英文版的术语说明书对于普通人来说晦涩难懂。洋务运动强调“师夷制夷”“中体西用”。事实证明，单纯购买西方设备是不够的，也要懂得如何安装和使用。

外国公司知道中国企业在处理复杂的机械设备的时候会遇到困难。公司专门设有工程师部门，只要中国工厂提出要求，会随时派出工程师提供安装和使用的服务。通常，进口机械设备抵达上海码头时仍然属于出口公司，直到外国工程师现场安装并确认运行情况以后交易才完成。有时候中国工厂会聘请随船负责安装设备

① Gardella, Robert: “Squaring accounts: commercial bookkeeping methods and capitalist rationalism in late Qing and Republican China”. *The Journal of Asian Studies* 51(2), 1992.

② 四柱法是会计利用“旧管”“新收”“开除”“实在”四柱及其相互关系反映一定时期的财产增减变化并结算账目的方法。“旧管”为期初结余，“新收”指收入，“开除”指支出，“实在”为期末结余。（译者注）

③ 上海市档案馆藏，档案编号：Q78-2-12417。

的外国工程师来培训本厂的技术人员。中国第一家棉纺厂上海机器织布局就专门聘请一名美国工程师管理工厂运作。[①]

王启宇的新厂振泰纱厂和达丰染织公司都向供货商提出此项申请。1920年达丰从怡和洋行聘请了两位工程师，分别是A. J.汤姆林森（A. J. Tomlinson）和A. D. Young，每月工资300两海关银并提供住宿。[②]汤姆林森主要负责监管达丰染织公司设备的安装和使用。[③]虽然名义上汤姆林森是达丰染织公司的总工程师和厂长，但杨杏堤和崔福庄依然是工厂的核心人物，工厂实际的管理者。外国工程师提供技术支持但是并不属于企业管理团队，达丰还是实行百分之百中国人管理制度。

伴随着英国工程师的加入，他们也带来了之前在怡和洋行工作的工人。这样一来，达丰染织公司在开设初期就有130名工人。[④]隔壁振泰纱厂有2 000名工人。[⑤]英国工程师将达丰染织公司分为两个部门：第一大部门为营业部，包括总务科、购料科、布匹科、棉纱科、门市科、会计科、仓库科；第二大部门为工厂，包括棉纱科、机织科、染色科、人事科、金工科、材料科、成本科、出纳科、储藏科、庶务科。所有部门都纳入企业的垂直管理体系，服从部门经理领导，经理对董事会负责，最高裁决权在股东大会。[⑥]外籍工程师的角色类似于外聘顾问，他们的意见（仓库清单除外）用中文写成，或者用奇怪的中英文符号混合撰写。

中国的机械制造业和工业的发展都受到外国工业的影响。从20世纪初期中国工业开始走向专业化，推动者就是这些工厂企业主，在他们的倡导下成立了最早的一批技术专业学校。1896年盛宣怀创办南洋公学，是全国第一所开设工程专业的高等学府。1912年张謇开设第一所专门培养纺织专业工人的专科学校。当时

---

① 工程师名为A. W. Danforth。Feuerwerker, Albert: *China's Early Industrialization. Sheng Hsüan-huai (1844–1916) and Mandarin Enterprise*. Cambridge: Harvard University Press, 1958, pp. 212–213.

② 上海市档案馆藏，档案编号：Q199-3-6、Q199-3-213; *Rea's Far Eastern Journal* (1922): 98。

③ 王福元：《中国机器印染之首创者，故实业家王公启宇传略》，见政协舟山市委员会文史资料委员会等编：《舟山文史资料》（第一辑），浙江人民出版社1990年版，第115页。

④ 黎霞：《旧上海染织业巨匠——王启宇》，《上海档案》1997年第3期，第50页。非常遗憾这部分的数据与其他资料的数据不一致。另外一项关于达丰工人数量比较可信的统计是在1928年，共有400名男性工人和150名女工。没有数据说明新旧工厂工人数量的比重，但是随着旧厂业务量的减少，难免让人推测新厂开设之前旧厂工人人数不超过30人。

⑤ *Rea's Far Eastern Journal* (1922): 98.

⑥《工商史料》，1935年，第189页。

苏北地区人口中有大量文盲存在，开设这所学校的另外一个重要目的就是扫除文盲，振兴地方教育。[①] 1919年在天津开设南开大学，是中国第一批全部以英文授课的工科大学。到了20世纪20年代，中国自己培养的工程师开始在上海工业领域崭露头角。

大多数的宁波买办没有接受过专业训练，所有的工业工程技术都来源于实践。像王启宇、崔福庄这样的将丝光技术引入中国的科技先驱者，他们仅有一本英文书作为入门工具书。但是达丰起步以后就立刻聘请专业的技术人员，如陈北元、查济民、唐遗僧、张迭生参与生产。[②]他们完成学业以后就被达丰聘请，并且在英国工程师的指导下在工厂实践中得到锻炼。为了能招聘到最优秀的员工，达丰专门制定了一套选拔流程。此外，王启宇和崔福庄多次前往日本，参观日本最先进的工厂，也向日本人展示自己的产品。[③]在此期间，英国工程师在达丰发展过程中依然起着举足轻重的作用，达丰的成就与他们的技术优势密切相关。有了和怡和洋行工程师的初次合作尝试以后，达丰又聘请英国工程师威廉·查尔斯·戈默索尔（William Charles Gomersall, 1895—1960），双方的长期合作就此拉开帷幕。

戈默索尔1895年出生于伦敦，父亲姓王，是一名中国茶商，母亲伊丽莎白·戈默索尔（Elisabeth Gomersall）是英国人。由于在华英国社区的种族主义法律禁止异族通婚（尤其是英国女性和中国男性之间的婚姻），伊丽莎白在英国生下孩子，以祖父母名义送儿子入学。后威廉·查尔斯·戈默索尔在曼彻斯特理工学院学习工程，1918年返回中国，在工程公司工作，直到1928年创立信昌机器工程有限公司（China Engineers Co. Ltd.）。虽然威廉·查尔斯·戈默索尔的家族在上海不是声望最高、最具有影响力的，但是因为英国工程师身份所以和兰开夏郡企业保持密切往来，也能够活跃于上海英国人的精英阶层。

虽然信昌1928年才正式注册，但威廉·查尔斯·戈默索尔和信昌机器工程有限公司已开始出现在达丰的内部管理资料中。1924年春，信昌作为企业开始与达丰开展合作，[④]同年4月戈默索尔收到一封信，其中说到达丰给他寄了崔福庄等人

---

① Köll, Elisabeth: *From cotton mill to business enterprise: The emergence of regional enterprises in Modern China*. Cambridge: Harvard University Press, 2003, p. 96.

② 上海市档案馆藏，档案编号：Q199-3-94。

③ 中国企业史缩微资料，6-04-033: 13。

④ 上海市档案馆藏，档案编号：Q199-3-213: 106。

研发的卡其布，希望他能带去东南亚展会。[①]当时卡其布主要在部队使用，是达丰创始人之一崔福庄的技术专长，当时全中国只有他掌握该布染色技术。[②]王福元在传记中提及，当时这种卡其布非常畅销，主要依靠英国伊尔伯特公司推广和销售，在开办信昌机器工程公司之前戈默索尔任职于工程部，而余葆三则是该公司的买办。[③] 1924年日本人买下英国伊尔伯特公司下属的老公茂纱厂，很有可能这一举动促使戈默索尔成立自己的公司。[④]

达丰除了首创丝光染色工艺，也是现代化学染色剂最早的使用者。化学领域的变革是19世纪末爆发的第二次工业革命中重要的组成部分，此外还有运输（内燃机、橡胶和石油），金属（铝和钢）和电力（电力、电灯和电报）。[⑤]德国正是在第二次工业革命中崛起。合成染料比如苯胺可以代替如靛蓝这种天然色素，以更低廉的成本染出相同的颜色。苯胺纤维素和硫酸的生产带动了化学品成批量大规模生产。像拜耳（Bayer）、卡尔洛夫奇（Carlowitz）、巴斯夫苯胺苏打工厂（Badische Anilin & Soda Fabrik）等大公司发现了化工行业的多商业用途：洗染、药房、军火、化妆品、火柴、文具、食品、炼油、化肥、摄影、电影等。[⑥]当英国、美国、日本的化工工业逐渐发展起来，加入国际竞争以后，这几家较大的德国化学公司联合起来组建了卡特尔，称为德孚洋行（I.G. Farben）。[⑦]一跃成为世界第四大公司，由于在第二次世界大战中与纳粹合作，1945年被盟国强行关闭。[⑧]在垄断化学工业之后，德孚洋行向全世界展示了机械工厂最丑恶的一面：纳粹集中营。

直到第二次世界大战爆发，科学技术才向人类展现了灭绝人性的一面。在此之前，人们普遍认为人类的聪明才智（主要体现在创新创造能力）和工业发展将解

---

① 上海市档案馆藏，档案编号：Q199-3-7。

② 王福元：《中国机器印染之首创者，故实业家王公启宇传略》，见政协舟山市委员会文史资料委员会等编：《舟山文史资料》（第一辑），浙江人民出版社1990年版，第116页。

③ 同上，第116页。

④ 虽然是作者提出的一个合理假设，遗憾的是无法查阅伊尔伯特公司内部档案证实，相关档案是否存在也无从得知。

⑤ Feliu, Gaspar, Sudrià, Carles: Feliu, Gaspar and Carles Sudrià: *Introducció a la història econòmica mundial*. València: PUV, 2006, pp. 253-259.

⑥ 张珍侯：《染料行业话当年》，见上海市政协文史资料委员会编：《上海文史资料存稿汇编7》，上海古籍出版社2001年版，第71页。

⑦ 同上。

⑧ Hayes, Peter: "Carl Bosch and Carl Krouch: chemistry and the political economy of Germany, 1925-1945". *The Journal of Economic History* 47(2), 1987, pp. 353-363.

决人类社会现存的所有问题。这种观点让人们错误地认为所有的困难都可以迎刃而解。在经济学领域的"外部因素"和社会学领域的"意外后果"都属于完全未知的概念。工程师被认为是新工业时代的魔法师，没有任何秘密可以瞒过他们。信昌机器工程有限公司1928年在香港注册，在上海开设分公司，洞察到当时工业发展所展现出的权威性和万能性。公司成立初期主要做了两件事：

> a）
>
> 从事钢铁制造、机械工程和各种机械制造和进口，包括工具制造、黄铜制造、金属加工、锅炉制造、轧钢厂运作、转炉炼钢等工作；开展炼铁、木材加工、建筑、刷漆、冶金、电气工程、供水工程、煤气供应、务农、印刷、运输和贸易等业务；购买、销售、制造、修理、转换、改造、出租和经营各种机械、工具、机车车辆和设备，以及本公司有能力便于开展的与上述业务相关的，以及被认定为与之直接或间接相关的其他业务（制造或其他），临时性为公司的财产和权限增值。
>
> b）
>
> 建造、执行、实施、装备、改进、运行、开发、管理或管控世界各地的公共工程和各类便利设施，本合约中包括铁路、电车轨道、码头、港口、运河、水库、堤坝的灌溉、开垦、改善，污水处理、排水、卫生、水、煤气、电灯、电话、电报和供电工程，以及酒店、仓库、市场和公共建筑、公园、游乐场以及所有公共设施的便利工程。[①]

也就是说，工业利润的重要性高于后续产生的问题，高于可能造成的不良后果也就合乎逻辑。达丰和信昌不断推出新产品，让大众耳目一新。将苯胺染色投入生产后，人们前所未见的颜色不断在市场出现。正因为如此，上海这座城市成为创新、摩登和优雅的代名词。

三、上海摩登：永不褪色

历史学家曾经认为"时尚"是18世纪欧洲人发明的。[②]时尚最显著的特征就

① 信昌机器工程有限公司的公司架构和所有的注册资料存档于中国企业史缩微资料，6-08-13: 515。

② 例如Braudel, Fernand: *Civilisation matérielle.* Paris: Armand Colin. 3 Vol, 1979, pp. 233-250。

是风格多样变化迅速。[①]欧洲工业革命和法国大革命都引发社会短时间内发生剧烈变化，人们开始狂热追求时尚。历史学家将18世纪的时尚与其他国家的文化，尤其是中国等亚洲国家的服装演变进行对比并得出结论，认为在东方要么不存在时尚这种意识，要么这里的时尚从未发生改变。也就是说，东方国家的审美一成不变。[②]正因为东方国家政治、经济、社会结构的僵化，所以才会出现这种现象。该研究论证了东方主义的观点，典型的19世纪学术理论，认为欧洲才是世界变革的驱动力。事实上，假如对中国服饰的演变进行分析，再将其与欧洲服装史进行深入比较，就会发现这种论断也只是相对而言，不能以偏概全。[③]

不可否认当时中国国力走向衰微。而欧洲革命浪潮高涨，时尚变化日新月异。[④]这种不断变幻风格的欧洲时尚，恰恰是因为亚洲商品出现在欧洲市场导致的。在全球化进程中，亚洲和欧洲的上层阶级消费模式开始趋同。无论是欧洲还是亚洲，茶叶、蔗糖、丝绸、瓷器、钟表、眼镜、皮草都是精英阶层趋之若鹜的高档消费品。研究表明，在全球化影响下18世纪世界各国的奢侈品消费具有趋同性。也即是说，当时欧洲贵族和清帝国、莫卧儿王朝贵族的消费习惯相差无几。[⑤]

费尔南·布罗代尔认为："时尚不只是丰富多彩、眼花缭乱，而是要求人们在正确的时间穿着符合时宜。是每个季节、每天、每个时辰都需要关注的问题。事实上，时尚帝国在1700年之前并没有能够统治世界，而现在焕发第二春的时候重新定义：跟随潮流。"[⑥]清王朝的宫廷和欧洲宫廷一样追求摩登：参加不同的仪式有不同礼服，正式与非正式的着装变化多种多样。在旅行时专门穿着的服装，不同气候

---

① Simmel, Georg: *Sobre la aventura. Ensayos de estética*. Barcelona (2002): Edicions 62, 1905, pp. 41–86; Pomeranz, Kenneth: *The Great Divergence. China, Europe and the making of modern world economy*. Princeton: Princeton University Press, 2000, pp. 152–153.

② 中国一成不变的服饰风格是"东方主义"的典型之一，出现在大量的文学作品中。如，Thorstein Veblen (1899) 提出："众所周知，世界上一些国家民族形成独特的风格和时尚并且相对稳定，尤其是日本、中国这些东方民族的风尚相对固定。" Veblen, Thorstein: *Teoría de la clase ociosa*. Madrid (2004): Alianza, 1899, p. 185.

③ 中国服装史研究见华梅：《中国服装史》，中国纺织出版社2018年版；Finnane, Antonia: *Changing clothes in China. Fashion, history, nation*. New York: Columbia University Press, 2008。

④ Pomeranz, Kenneth: *The Great Divergence. China, Europe and the making of modern world economy*. Princeton: Princeton University Press, pp. 152–165.

⑤ 详见 Belfanti, Carlo Marco: "Was fashion a European invention?" *Journal of Global History* 3, 2008, pp. 419–443。

⑥ Braudel, Fernand: *Civilisation matérielle*. Paris: Armand Colin. 3 Vol, 1979, p. 237.

条件下穿着不同的服装，最重要的就是通过服装来彰显身份和社会地位：图形、勋章、旌旗、饰带、滚边、纽扣、标识等。①

时尚具有两面性：模仿和划界。②想要形成一种时尚，首先要形成模仿效应，也就是说，要获得人群的认可和追随。其次，时尚又存在一定界限，能够让社会一部分群体脱颖而出，成为其身份和社会地位的标志，与其他人形成对比。众所周知，当时尚过度普及大众化以后就不再是“时尚”。所以说，对于真正的“时尚”而言，永远处于一种微妙的平衡状态：“时尚”为人所追随，但是却有一定的“界限”。通常来说（也存在例外），社会上层开始流行某种时尚，然后逐渐普及到中下阶层。③这种现象在18世纪的欧洲并不罕见。

英国的工业革命开始于模仿印度印花布的生产。在开始工厂化生产之前，这种布料仅仅局限于上流社会，因为作为异国特产对于普通老百姓来说价格过于昂贵。但是随着工业技术的发展，丝绸或者羊毛印花也可以用棉布来生产。“丝光”工艺使得棉纱纺织品也具有丝绸般的光泽。该技术使得棉布性价比超过了丝绸。因为棉布的价格远比丝绸低廉，很快此类原属于上流阶层独享的奢侈品变得大众化，也加快了时尚的普及速度，只要有一个样品，工厂就能生产出成千上万的一模一样的仿制品。面对这种趋同性，上流社会的审美必须迅速做出反应，在本阶层的风格被普及之前，再次将自己与普通大众区别开来。在工业化生产之前，每件服饰无论多么简朴都是独一无二的，就像今天人们追捧的“高定”。所以，我们不难发现这种迅猛的“时尚”变化，正是工业社会发展的产物。④

20世纪初中国出现工业时尚。首先是欧洲和日本的时尚被引入中国，然后再本土化大批量生产，这一审美变革也伴随着社会政治变革。孙中山在德国制服和日本学生制服的基础上进行改良，发起了20世纪中国服饰的变革。⑤很快棉质“中

---

① Roberts, Claire (ed.): *Evolution and revolution. Chinese Dress, 1700s–1990s*. Sidney: Powerhouse Publishing, 1997, pp. 26–34.

② 理论出自Simmel, Georg: *Sobre la aventura. Ensayos de estética*. Barcelona (2002): Edicions 62, 1905, pp. 49–55。

③ Thorstein Veblen（1899）的作品第七章《服饰的金钱文化》，将服饰的模仿行为定义为“金钱模仿”。Veblen, Thorstein: *Teoría de la clase ociosa*. Madrid (2004): Alianza, 1899.

④ Finnane, Antonia: *Changing clothes in China. Fashion, history, nation*. New York: Columbia University Press, 2008, p. 56.

⑤ Steel, Valerie and Major, John S. (eds.): *China chic. East meets West*. New Haven: Yale University Press, 1999, p. 55.

山装”大批量生产畅销全国各个城市。孙中山的民主革命也成为民族主义的象征，很快席卷全国。

时尚首先影响了市民阶层的生活。比如蓝色纯棉连体裤就是本地靛蓝土布和美国牛仔面料的结合，先是作为张謇工厂的工服，很快变成工人阶层中流行的制服。此外，当时很多学生，包括青年毛泽东本人，喜欢穿传统的长袍。海外求学的年轻学生喜欢打领带穿西装。出身富裕家庭的年轻学生则穿传统英国私立学校的制服，在非正式场合穿童子军服装。知识分子必不可少的配饰就是圆形眼镜，这种造型由于“帝国诗人”拉迪亚德·吉卜林（Rudyard Kipling, 1865—1936）而风靡一时，之后民族主义者甘地（Mahatma Gandhi, 1869—1948）和革命领袖孙中山也以这种形象示人。毫无疑问，由于中国都市服装史的发展和演变，进一步加快了纺织工业的发展。

1911年的辛亥革命打破多年以来禁锢女性的道德枷锁，人们更加自由，思想更加解放。1912年的一篇文章这样说道：“中国人穿着洋人的衣服，而洋人穿着中国人的衣服。男人打扮得油头粉面像是女人，女人却打扮得像男人。妓女装扮成女学生的样子，女学生却看起来像是妓女。”[①]上海时尚杂志发行量翻了数倍，将中西方风格融合在一起。城市女子缠足的陋习，清王朝时期汉族男子蓄辫的传统，统统在这个时期被打破。[②]

旗袍，是租界最典型的女性服饰，出现于20世纪20年代的上海。旗袍是由满族贵族女性穿着的一种丝质长裙改良而来。之所以会叫旗袍，是因为原来只有八旗女子才能穿着。中国传统女性服饰由袄、裤、裙组成。“旗袍”是对传统满族女性服饰和一片式男性长袍的一种改良。因为在旗袍下面不再穿裤装，可以看到女性的双腿。高领设计也使得男孩式的短发流行起来。很快，原来用丝绸制作的旗袍也开始用棉布制作，旗袍的生产成本大大降低，工人阶层的女性也能消费得起。

当批量生产成为趋势以后，广告在时尚界的影响力愈发凸显。烟草业是中国最早开始采用广告营销策略的行业之一。20世纪初，英国的英美烟草集团（British American Tobacco，简称BAT）在中国市场推出美国广告招贴画，因为惨遭滑铁卢

---

① Finnane, Antonia: “What should a Chinese woman dress?” *Modern China* 22(2), 1996, p. 130.

② Crow, Carl: *400 million customers. The experiences, some happy, some sad, of an American in China and what they taught him*. Norwalk (2003): East Bridge, 1937, p. 32.

而轰动一时。每当贴出金发碧眼衣着暴露的美国女郎海报，都会遭到路人一片嘘声。后来烟草公司改变策略，根据当地的审美标准推出身穿旗袍抽着卷烟的画报女郎（月份牌），看起来非常摩登。

由于广告切中要点，BAT成为中国市场最成功的外国企业之一。很快该公司投资印刷设备平版印刷机，开拓新的广告领域。[①]受到该公司的启发，中外企业都开始进行广告投入，推出“月份牌”，用美丽优雅的女子作为自己产品的代言人。上海广告招贴画很好地诠释了上海时尚。[②]月份牌广告制作精美而且具有特色，将中式的高贵典雅，法式咖啡店的波希米亚风格，美国爵士的现代主义以及爱德华时代的英式古典主义融合在一起。

1920年达丰染织打出第一支广告，当时的广告词是：注意，凡本厂所出不退色之布，匹布边上均有此卍字商标及“永不退色”四字为记。文字上方有两只孔雀，还有一个佛教的“卍”字符号，居中几个大字“中国首创上海达丰染织厂”。苯胺染色的配方在中国被称为“永不退色”。1929年《工商半月刊》首次公布该化学染剂的配方。[③]然而，在20世纪20年代配方都是保密的。达丰染织是全国第一家采用苯胺染色的配方的中国企业。起初，商标旁边附有一则广告词“日晒雨淋，永不退色”。这句话曾经引发了达丰染织和苯胺最大的进口商德国的法本公司之间的商战。在一场不公平的诉讼之后，强大的德国公司胜出，继续使用代表太阳和雨水的图案作为产品包装在中国地区销售。[④]为了对抗德国以及后来的日本竞争对手，达丰选择与英国苯胺公司合作并设计了专属的广告方案。

1920—1937年上海画报广告的兴起与注册商标的热潮息息相关。新品牌需要扩大影响力，紧跟潮流，寻求社会对品牌的认可，广告最有利于这些目标的实现。广告将消费者按照年龄、性别、社会阶层，甚至是对女明星的喜好进行分级。达丰将各生产线的棉纱、布料注册商标，比如：双童、长颈鹿、四喜等。1928年公司提出的一项申请中，达丰就有14个商标申请注册。[⑤]企业注册商标只需将申请书提交

---

① Cochran, Sherman(ed.): *Inventing Nanjing Road. Commercial Culture in Shanghai, 1900–1945*. Cornell: Cornell East Asia Series, 1999, pp. 37–58.

② 左旭初（1999）和张锡昌（2008）对此做过专门的搜集和整理。左旭初：《老商标》，上海画报出版社1999年版；张锡昌：《美女月份牌》，锦绣文章出版社2008年版。

③《工商半月刊》第1卷第12期，1929年，第47–51页。

④ 王福元：《中国机器印染之首创者，故实业家王公启宇传略》，见政协舟山市委员会文史资料委员会等编：《舟山文史资料》（第一辑），浙江人民出版社1990年版，第114页。

⑤ 上海纺织博物馆藏：国民政府工商部工厂调查表、1928年注册执照、达丰染织厂。

到商标局，缴纳相应的费用，相关品牌就会获得一个注册码。[①]达丰厂的每个商标都是针对不同的消费群体。产品种类最多的品牌是“四喜”，有印花布、漂白布和染色布。“七子”是彩色斜纹布的商标，“财神”的绉纱和“孔雀”的薄纱都是更加精致更加昂贵的布料。[②]

机械化批量生产的另外一个结果就是出现了大商场。大商场区别于之前的零售店，一方面能紧跟时尚，另一方面商品价格稳定。1870年美国首次出现大商场，出售各种纺织用品和居家用品。商场的利润主要来源于销量而不是依靠价格浮动，虽然商场不允许讨价还价但是价格稳定而且低廉。[③]大商场依赖时尚生存，周转库存和大规模的零售业是成功的秘诀。商场商品必须迅速出售并且迅速补货，因此必须投资广告确保每个季度的风格不断更新。广告代理商随着大型零售业的不断扩张就此应运而生。

20世纪20年代上海南京路上开始出现大型商场，南京路成为当时的市中心。[④]商场出现在南京路上以后彻底改变了南京路的街容街貌，满大街的霓虹灯形成这条步行街独特的风格和氛围。郭氏兄弟从澳大利亚返回上海，创立了当时的“永安”公司，于1918年开业。郭顺（1885—1976）和郭乐（1874—1956）兄弟是广东农家出身，19世纪末移民到澳大利亚。郭氏兄弟在澳洲开始经商，早先创办了“永安水果公司”。许多中国侨民在海外经商办企业，郭氏兄弟的公司业务蒸蒸日上，郭顺在悉尼定居，并组建了第一个大洋洲华人商会。郭乐回到中国，在上海南京路开办永安百货。[⑤]

1924年末，达丰公司登记在册近7万件库存，包括裤子、家居服、衬衫、外套、细

① 关于“四喜”“九子德利”“五子高升”三个商标注册手续详见企业档案：上海市档案馆藏，档案编号：Q199-20-89。

② 上海市档案馆藏，档案编号：Q199-3-11。

③ Chandler, Alfred D.: *La mano visible. La revolución de la gestión en la empresa norteamericana.* Barcelona (2008): Belloch, 1977, p. 333.

④ Chan, Wellington K. K.: “Selling goods and promoting a new commercial culture: the four premier department stores on Nanjing Road, 1917-1937”. At Ochran, Sherman (ed.): *Inventing Nanjing Road. Commercial Culture in Shanghai, 1900-1945*. Cornell: Cornell East Asia Series: 1999, pp. 19-36.

⑤ 关于郭氏兄弟及上海最早的大商场研究见Chan, Wellington K. K.: “Selling goods and promoting a new commercial culture: the four premier department stores on Nanjing Road, 1917-1937”. At Ochran, Sherman (ed.): *Inventing Nanjing Road. Commercial Culture in Shanghai, 1900-1945*. Cornell: Cornell East Asia Series: 1999。

条纹布、斜纹布、缎面布等。[①]布料或者成捆打包卖给各个商铺（记），或者销售给裁缝，裁缝店是他们主要的客户群体。达丰也开始向大百货商场供货，或者为其他工厂做来料加工，将粗布染色、漂白或者印花。1924年，达丰最大的客户之一就是永安百货。当年达丰最大的订单是染1万匹灰色棉斜纹，客户正是永安。这恰恰证明了当时的达丰走在上海时尚的前列，公司产品出现在南京路五光十色的霓虹灯下。

达丰染织厂一方面拥有自主品牌可以直接出售给服装经销商，另一方面也可以为工厂和大商场提供加工服务。达丰能在短时间内生产大量布料，只需染色就能进入销售渠道，该销售模式累积了大量资本。王福元的传记中提到，达丰经常需要贷款，通常以库存作为担保。[②] 1924年达丰有61 889件库存，每件价值1.43海关两。达丰有91 800件自主品牌的商品，平均每件市价8.5海关两。公司将库存价值作为抵押从银行贷款。[③]达丰既从传统银行“钱庄”融资，也向现代银行贷款，有时候一年筹集的贷款达上百万海关两。1924年达丰向银行还利息4万海关两，有时年息则高达10万海关两。[④]该项事务由银行家徐承勋和陈子埙专门负责，二位办事严谨缜密因此名列董事会和股东大会。

① 上海市档案馆藏，档案编号：Q199-3-213。

② 王福元：《中国机器印染之首创者，故实业家王公启宇传略》，见政协舟山市委员会文史资料委员会等编：《舟山文史资料》（第一辑），浙江人民出版社1990年版，第118页。

③ 王福元：《中国机器印染之首创者，故实业家王公启宇传略》，见政协舟山市委员会文史资料委员会等编：《舟山文史资料》（第一辑），浙江人民出版社1990年版，第118页；上海市档案馆藏，档案编号：Q199-3-7。

④ 王福元：《中国机器印染之首创者，故实业家王公启宇传略》，见政协舟山市委员会文史资料委员会等编：《舟山文史资料》（第一辑），浙江人民出版社1990年版，第118页。

第四章

风险和机遇

第一节　蓬勃发展：1913—1924

一、国际背景：第一次世界大战

第一次世界大战的战场主要在欧洲，亚洲地区只有在巴格达发生了小规模的军事冲突。然而，第一次世界大战带来的影响却是世界性的，打破了长久以来欧洲列强在殖民地的势力平衡。早在19世纪下半叶，随着新兴的美国、俄国和日本的崛起，欧洲在世界的政治和经济霸主地位和影响力已经明显削弱。

第一次世界大战期间，中国青岛爆发战争，是东亚为数不多的战场之一。1914年11月英国和日本军队短暂围攻后占领了德国在青岛的军事基地，德军撤出山东，日本乘机占领德国在中国的势力范围。战争爆发的第一年，在英帝国的默许下，德国在东亚和太平洋地区被解除了武装势力，日本占领了马绍尔群岛、马里亚纳群岛和加罗林群岛。与此同时，澳大利亚和新西兰攻陷了位于印度洋的科科群岛、萨摩亚岛、巴布亚岛、所罗门岛和俾斯麦岛。①日本清楚自己的侵略扩张不会遭到英国的阻扰，因为此时英国人正深陷欧洲的战争泥潭。但日本的疯狂扩张却引起美国的警惕，尤其是美国在太平洋地区的利益受到了严重威胁。

在此有必要介绍当时历史大背景下英国和日本的外交关系。从19世纪末开始，英日两国达成协议共同对抗俄国称霸。两国利用外交手段即所谓的政治博弈，沿着赫尔辛基、千岛群岛到日本的边界，在俄国南部边境制造不稳定。英帝国在阿富汗地区的势力受到威胁，英属印度在中亚地区被孤立。另一方面，日本在中国北部和韩国境内的侵略脚步加快，与俄国在东部边境发生冲突。日俄战争（1904—1905）爆发以后，俄国原本在这些地区的势力范围落入日本手中，日本作为新崛起的帝国不断扩张直到占领德国在山东的势力范围。英国和日本联手将德国势力从亚洲彻底清除。

帝国主义国家通过一系列的外交联盟签订秘密协定，他们之间的暗中较量，导

---

① Howard, Michael: *La Primera Guerra Mundial*. Barcelona: Crítica, 2003, p. 65.

致奥匈帝国王位继承人在萨拉热窝被刺，全欧洲陷入前所未有的阵地战泥潭。欧洲将蒸汽机投入世界各地的殖民地生产，停止其他一切贸易活动，只为宗主国提供基本需求。日本远离欧洲战争环境，乘机攫住有利时机取得了飞跃发展。1915年1月，日本秘密对中国下达了最后通牒，与北洋政府签订"二十一条"不平等条约。根据条约，日本将山东据为己有，侵占了青岛港、大连港和中国北部铁路线（由德国、比利时和俄国建造）。日本在赢得一系列对外战争（中日甲午战争、日俄战争、对德青岛之战）胜利，获了大量赔款和割地。另一方面，日本敦促袁世凯政府和日本军部的合作。日本帝国不仅企图将中国北方变成势力范围，甚至试图趁中华民国衰弱之际一举占领整个国家。

这不是中华民国第一次屈从于这样的不平等条约。早在1912年末，英国、法国、俄国、德国、日本银行团就给袁世凯大量高额贷款，[①]日本和西方列强忌惮蔓延全国的革命浪潮，因此大力支持中国的独裁政府。列强贷款直接导致中华民国的财政遭到外国干预，20世纪20年代，政府预算的五分之四用于军队补给和还贷款。[②]外国银行团的信贷条件是维持19世纪末协议划定的势力范围：山东属于德国，长江流域属于英国，云南属于法国，东北部和内蒙古属于俄国。[③]列强信贷实际上是迫使中国维持现状的陷阱，当时国民党严厉谴责北洋政府的行径。1913年民族主义者宋教仁赢得国会选举，袁世凯直接派人将其刺杀，孙中山被迫流亡日本。第一次世界大战清空了西方的势力影响后，日本成为唯一的强权帝国。

第一次世界大战结束以后诞生了两位国家领导人：美国总统伍德罗·威尔逊（Woodrow Wilson, 1856—1924）和布尔什维克列宁（Vladimir Ilich Lenin, 1870—1924）。他们强烈反对欧洲帝国主义和殖民主义，并且一致认为各个殖民地国家应该从宗主国的枷锁中挣脱出来。当时中国在向欧洲出口丝绸、茶叶和粮食商品的同时，也逐渐产生了收复领土主权的意识。威尔逊对此抱着巨大期望。中国知识

---

① 这笔贷款计划为6 000万英镑，但最后中国只收到了大约800万英镑，详见Chan, Anthony B.: "The consortium system in Republican China 1912-1913". *Journal of European Economic History* 6(3), 1997, p. 628。

② Feuerwerker, Albert: *The Chinese Economy, 1870-1949*. Michigan: An Arbor Center for Chinese Studies, 1995, p. 158.

③ Chan, op. cit., pp. 627-628.

分子对国家概念、民族自主在报纸上进行激烈的论战。[①]当《凡尔赛和约》传回国内，举国上下大失所望。经济学家、英国代表团成员约翰·梅纳德·凯恩斯（John Maynard Keynes, 1883—1946）认为美国总统荒唐可笑，并预言战后对德国的严厉制裁将带来不堪设想的后果。[②]并且进一步指出威尔逊从推行“十四点”和平纲领后，没有采取对应措施将其付诸实际，也没有能力落实相关条款。

当时的中国代表团希望威尔逊总统可以兑现承诺，承认中国的国家主权和国际关系平等，至少收回中国山东的主权。但是法国、英国和日本勾结起来直接葬送了这一可能性。[③]中国和印度都是维持现状毫无变化。列宁未出席巴黎和会而且反对殖民主义，这让饱受欧洲殖民主义蹂躏的国家看到新的曙光。战争期间列宁发文表达反对帝国主义的观点，认为是“资本主义的最高级阶段”。他在文章中呼吁“坚决抵抗大国划分世界势力范围”。[④]

第一次世界大战后，日本帝国逐步崛起，从此日本取代英国成为世界第一棉纺织业强国，是亚洲第一个崛起的工业化国家。[⑤]在军队和政府扩张性的外交政策庇护下，日本大型贸易公司纷纷在中国开设工厂加快扩张的步伐。[⑥] 1911—1924年，

---

① Manela, Erez: “Imagining Woodrow Wilson in Asia: dreams of East-West harmony and revol”. *American History Review* 111(5), 2006, pp. 1327–1351; Xu, Guoqi: *China and the Great War: China's pursuit of a new national identity and internationalization*. Cambridge: Cambridge University Press, 2005, pp. 25–68.

② Keynes, John Maynard: *Las consecuencias económicas de la paz*. Barcelona (1991): Crítica, 1919, p. 32.

③ 关于山东主权问题会议讨论记录参见Czernin, Ferdinand: *Versailles, 1919. The forces, events and personalities that shaped the treaty*. New York: G. P. Putnam's Sons, 1964, pp. 164–200。

④ Lenin, Vladimir Ilich: *El Imperialismo, fase superior del capitalismo*. Madrid (1974): Fundamentos, 1916, p. 84.

⑤ Saxonhouse, Gary and Gavin Wright: “Technological evolution in cotton spinning, 1878–1933”. At Farnie, Douglas A. and David J. Jeremy(eds.): *The fibre that changed the world. The cotton industry in international perspective, 1600–1990s*. New York: Oxford University Press, 2004, p. 129.

⑥ 第一次世界大战之前，中国三大日本贸易巨头是三井物产、日本邮船会社和横滨正金银行。日本虽然没有在中国正式建立工厂，但已经抢占了中国北方和上海的市场。详见Sugiyama, Shigeru: “Textile marketing in East Asia, 1860–1914”. At Chapman, S.D. (ed.): *The textile industries*. London: I. B. Tauris, vol. 2, 1997, pp. 311–332; Wray, William D.: “Japan's Big-Three service enterprises in China, 1896–1936”. At Duus, Peter, Myers, Ramon H. and Peattie, Mark (eds.): *The Japanese informal empire in China, 1895–1937*. Princeton: Princeton University Press, 1989, pp. 33–64。

仅内外棉公司就在中国开设了15家工厂(其中11家在上海,3家在青岛)。[①]日本公司通常不会雇佣中国买办,而是大力栽培本国销售代理直接强力渗入中国市场。上海涌入大量日本侨民,到1919年日本侨民数量已经超过了英国,20世纪20年代末期上海外国人口的三分之一是日本人。[②] 1917—1924年日本在山东建立8家工厂,并逐步垄断整个山东地区的棉纱进口。[③]日本军队和贸易公司在中国北方通过铁路垄断了货物运输,控制东北棉花、煤炭、石油和矿产等战略物资。《凡尔赛和约》则使中日不平等外交关系合法化。

在巴黎和会上,以上海精英陆徵祥(1871—1949)、顾维钧(1888—1985)为首的中国代表团得知大会不承认中国为战胜国,愤然离席并拒绝在和约上签字。1919年5月4日北京发生大规模示威游行以抗议巴黎和会,五四运动爆发。这是一场20世纪知识分子发起的民族主义运动。

上海在第一次世界大战期间开始出现本国资产阶级。随着欧洲战争的爆发,外国公司纷纷委托中国合伙人负责料理他们在华的生意。在此期间欧洲进口大幅下降,导致之前进口的货物如棉麻或布料价格大幅度上涨。[④]在没有竞争对手的情况下,亚洲贸易商和制造商独占利润丰厚的市场,在印度和日本之间形成强大的贸易网,从事各种商品交易。[⑤]中国资产阶级将逐渐积累起来的商业资本都投入到工厂建设。

即使交货日期已经推迟到1920年和1921年,中国进口大型机械的订单也在成倍增加。另一方面,当时中国大宗贸易使用的货币为两,汇率的变化刺激了从国外进口机器设备:1914年海关两与美元汇率为1 ∶ 0.7,到1919年汇率就变成

---

① Cochran, Sherman: *Encountering Chinese networks: Western, Japanese, and Chinese corporations in China, 1880–1937*. Berkeley: University of California Press, 2000, pp. 95–106.

② Clifford, Nicholas R.: *Spoilt children of empire. Westerners in Shanghai and the Chinese revolution of the 1920s*. Hanover: Middlebury College Press, 1991, p. 7.

③ Kubo, Toru: "Chinese Cotton Industry in the 20th Century". Working Paper, Osaka: *Global Economic History Network*, 2004, pp. 20–21.

④ 天津16支工业棉纱的人民币价格从1914年的103.7元每支升至1919年的268.4元。天津的工业布批发的片材(40码 ×36,14磅)在第一次世界大战期间几乎翻了一倍,每片价格从1914年人民币7.3元升至1919年的12.5元。Fang, Xianting (H. D. Fong): *Cotton industry and trade in China*. Tianjin: Chihli Press, 1932, pp. 107, 110.

⑤ 亚洲贸易网研究是近年来日本汉学的主要研究课题,并且有突破性进展,详见Sugihara, Kaoru (ed.): "An introduction". At Sugihara, Kaoru (ed.): *Japan, China, and the growth of the Asian international economy, 1850–1949*. Oxford: Oxford University Press, 2005, pp. 1–22。

1 : 1.4。[①] 1913年底全中国已有32家棉纺织工厂，1914—1918年又建成14家。但工业热潮真正爆发是在1919—1922年，新工厂数量达到50家。1918—1923年中国的工业以13.8%的速率增长，纺锤的增长量达到了231%。[②]在此期间，中国棉纺织业的发展速度是世界第一。

假如分析国内工业产量棉织品占总消费的比例，就会发现中国的工业化进程还是稍显不足。1905年中国的纺纱业占总消费的比例为18%，1919年提升至34%。在此期间，中国纺织品行业的市场份额也只从1%略提升至5%。[③]虽然这种增长相对于全国总量较小，但对生活在上海这座大城市的新兴资产阶级而言是黄金时代。中国的资本家受到了西方深刻的影响，但他们更为现代，并自定义为民族资本家。总体而言，当时的民族资本家似乎已经具备带领中国走向工业化的能力。

二、上海资本家

欧洲势力暂时离开中国的时候国内民主革命逐渐兴起，对于上海资本家来说是千载难逢的发展机会，摆脱外国资本的控制成为独立的社会阶层。虽然所属阶层性质不同，但是上海各阶层都打出"实业兴国"的口号。[④] 1913—1923年，社会各个阶层都朝向这一目标努力，上海进入黄金时期。[⑤]

正如1921年王启宇第一次参加股东大会的报告所述，要不是因为丝光工艺棉纱和德国染料的进口突然中断，达丰的生意不会这样顺利。[⑥]德国中断了与中国的贸易（虽然20世纪20年代末很快就恢复了），因此出现了供应缺口。中国和日本在纺织工业的发展填补了这一空白，直接导致20年代棉纱进口大幅度下降。但

① Murphey, Rhoads: *The outsiders. The Western Experience in India and China*. Michigan: Ann Arbor, 1977, p. 204; Bergère, Marie-Claire: *Histoire de Shanghai*. Paris: Fayard, 2002, p. 160.

② Bergère, Marie-Claire: *Capitalisme national et impérialisme. La crise des filatures chinoises en 1923*. Paris: Éditions de l'École des Hautes Études en Sciences Sociales, 1980, p. 23; Bergère, Marie-Claire: *Histoire de Shanghai*. Paris: Fayard, 2002, p. 161.

③ Feuerwerker, Albert: "The foreign presence in China". At Fairbank, John King and Twitchett, Denis (eds.): *The Cambridge History of China. Vol. 12: Republican China, 1912–1949. Part 1*. Cambridge: Cambridge University Press, 1983, p. 200.

④ "振兴工业，促进工业发达"，引自黄汉民、徐新吾主编：《上海近代工业史》，上海社会科学院出版社1998年版，第109页。

⑤ Bergère, Marie-Claire: *L'âge d'or de la bourgeoisie chinoise, 1911–1937*. Paris: Flammarion, 1986.

⑥ 上海市档案馆藏，档案编号：Q199-3-8。

是，替代丝绸的高档面料，比如绸缎和其他意大利精纺面料还是依赖进口（主要从英国和日本），这一状况持续了10年。①直到30年代中期，上海一些企业才能开始自主生产高端纺织面料。②

第一次世界大战的爆发给达丰创造了巨大的发展空间，1913—1919年达丰工厂设置了一个专门车间：购买英制40支密度细线，经丝光技术处理和染色以后销售给高档纺织企业。进口丝光线大幅度削减以后，达丰就成为中国唯一一家掌握该技艺的公司，这种颜色鲜艳质地柔软的丝线非常适合纺织绸缎、麦斯林纱和直贡呢。此类布料专门用于制作棉质旗袍，旗袍是孙中山民主革命时期女性服饰革命的一项成果。显然，与南京路上的裁缝店和服装店相比，从日本或英国进口的精细纺织品无法迎合当时上海的时尚。只有振华堂的服装商、达丰客户永安百货才能真正掌握上海的流行趋势。随着国内革命大爆发和欧洲国家的崩溃，中国市场终于彻底成为国货和中国时尚的天下。

1923年，达丰染织厂第二届股东大会在振华堂举办。③当时达丰厂已经在曹家渡投产染色厂和织布厂，并且在上海市中心的南京路橱窗中展示自己的产品。达丰厂不需要从国外进口棉纱，直接由振泰纱厂供应。如此一来，王启宇及其达丰染织厂堪称时代典范，因为他实现了普通商业阶级到工业资本家的转变。随着资本的累积和投资的增加，企业家王启宇在上海纺织工业中的地位和声望不断提高。新厂落成以后，王启宇就在上海商会登记了自己的公司并加入了上海的宁波旅沪同乡会，也就是四明公所的现代版。④

上海商会初期是以朱葆三为首的早期买办主导，之后产生了新一代接班人。在1918年的选举中理事会第一次吸纳了年轻企业家，他们在食品加工业和综合类出口繁荣时期迅速积累财富。比如穆藕初，42岁的时候将泰勒主义理论引进中国。1920年朱葆三辞去商会主席的位置，推举年轻的棉纺织企业家聂云台（1880—

① Abe, Takeshi: “Organizational changes in the Japanese cotton industry during the inter-war”. At Farnie, Douglas A. and David J. Jeremy (eds.): *The fibre that changed the world. The cotton industry in international perspective, 1600–1990s*. New York: Oxford University Press, 2004, pp. 83–85.

② Nishida, Judith Mary: *The Japanese influence on the Shanghainese textile industry and implications for Hong Kong*. Tesis doctoral, Hong Kong: University of Hong Kong, 1990, p. 29.

③ 达丰第一次股东大会会议很可能是在振华堂公所举行，上海市档案馆藏，档案编号：Q199-3-8。

④ 李瑊：《上海的宁波人》，上海人民出版社2000年版，第158—159页；陶水木：《浙江商帮与上海经济近代化研究：1840—1936》，上海三联书店2000年版，第431—432页。

1953）出任商会主席。[①]至此，新一代企业家正式执掌上海工商业重要的代表机构。虽然大多数上海资本家早年都在外国公司供职，但是并不是所有人都遵循这一人生轨迹，上海资本家出身各不相同。

新商会主席聂云台是曾国藩之外孙，他与盛宣怀之子盛恩颐（1892—1958）都是少数出身清朝望族的实业派。[②]这是新旧实业家权力的交替，早年提倡洋务运动的实业家退出历史舞台，新一代实业家逐渐成长。此类新兴企业的企业家和技术工人多数没有跟外国公司打过交道，而是在19世纪末官督商办的民用工业中成长起来的。

张謇恰好处于两代企业家之间，是最后一位传统儒商代表，也是最早白手起家的企业家之一。张謇出身寒微，受传统的儒家教育，1894年考取进士功名。[③]他是一位开明"绅商"，因为他博学（绅）并且是位商人（商）。[④]由于其传统教育背景，张謇与倡导洋务运动的政治精英关系密切，尤其和张之洞私交甚笃。1905年末取消科举制度以后绅商的传统社会地位丧失，开始使用外来词汇"资本家"。传统儒家教育被现代学校和西方大学替代，上海的新兴资本家普遍接受过西式教育并且能熟练使用英语。[⑤]

张謇本人及其大生纺织公司没在上海发展，而是在苏北。1920年苏北地区有110万常住人口，整个地区彻底转型，南通县成为"模范县"。[⑥]当时众多访问团前去观摩学习南通现代化建设，此地基础设施先进，连交通协管员都精通英语。1920年实用主义哲学家约翰·杜威（John Dewey, 1859—1952）在南通举行讲座；中国著名戏剧表演大师梅兰芳（1894—1961）曾三次在南通登台演出。公共生活都有

---

① 关于20世纪20年代上海商会的发展史，详见徐鼎新：《上海总商会史事记要 1921—1929》，《上海研究论丛》1989年第二辑，第295—316页。

② Bergère, Marie-Claire: *L'âge d'or de la bourgeoisie chinoise, 1911–1937*. Paris: Flammarion, 1986, p. 180.

③ Qin, Shao: *Culturing modernity. The Nantong model*. Stanford: Stanford University Press, 2004, p. 15.

④ Bastid-Bruguière, Marianne: "Currents of social change". At Fairbank, John King and Kwang-ching Liu (eds.) (1980): *The Cambridge History of China. Vol. 11: Late Ch'ing, 1800–1911. Part 2*. Cambridge: Cambridge University Press, 1980, p. 557.

⑤ Ibid., p. 555.

⑥ Qin, op. cit., pp. 86–100.

相应的行为规范约束，包括学校、孤儿院、剧院、大街、工厂甚至监狱。[①]南通的特殊之处在于此前没有受到任何外国资本主义国家的影响，是在没有外国影响下形成的资产阶级。

第一次世界大战爆发初期张謇社会地位极高：1913—1915年他担任农商总长，在1915年中国参加旧金山世界博览会时为中国树立了良好的国际形象。旧金山世界博览会是美国权力扩张和亚洲太平洋地区崛起的体现，由于巴拿马运河的开通而被称为巴拿马太平洋。当时中国代表团有位年轻人名叫厉树雄（1891—1987）。[②]厉出生于富裕的商人家庭，青年时期就在张謇领导的商务部工作。

厉树雄积累一定的政府机构的工作经验以后，去纽约哥伦比亚大学进修城市规划专业。在那里结识了宋子文（1894—1971），未来的国民党财政部部长。从美国回来后，厉树雄进入上海工部局从事公共工程和城市规划的工作。此后不久，他转向房地产业并进入国内大资本家社交圈。厉树雄建造了当时上海最早的高档摩天住宅楼：厉氏大厦，也造过办公楼、电影院和剧场。专门在法租界市中心打造了一片休闲区，建造网球场、西餐厅和其他休闲娱乐场所，为该地区的资产阶级提供服务。他还加入了朱葆三的精英联盟俱乐部（The Union Club），在积累一定基础以后，厉树雄决定进军外国资本家的世界。1928年，他与信昌机器工程有限公司的威廉·查尔斯·戈默索尔、埃里克·沙夫茨伯里·埃利斯顿（Eric Shaftesbury Elliston）开始合作。[③]

厉树雄和王启宇有许多相似之处，他们都来自定海。两者都属于上海的亲英派，厉树雄比王启宇更甚。厉为了登记在信昌机器工程有限公司给自己改了个英文的名字，自称James H. Lee。王启宇也在与戈默索尔的通信中，使用自己的英文名字C.Y. Wong。[④]在英语环境中，工程师戈默索尔作为纽带将这两位来自定海的

---

① Köll, Elisabeth: *From cotton mill to business enterprise: The emergence of regional enterprises in Modern China*. Cambridge: Harvard University Press, 2003, p. 235.

② 更多关于世博会中张謇的作用研究详见Ma, Min and Ai, Xianfeng: "Zhang Jian and the World Exposition in the early years of the 20th Century — An inter-cultural historical observation". Trans-Pacific Relations: East Asia and the United States in the 19th and Early 20th Centuries. Princeton, 8-10 de septiembre, 2006。更多关于厉树雄参加世博会的研究详见李瑊、孙丕晋：《爱国爱乡的企业家厉树雄》，见上海市宁波同乡联谊会等编：《创业上海滩》，上海科学技术文献出版社2003年版，第350—358页。

③ 中国企业史缩微资料，6-08-13: 515。

④ 20年代的往来信件王启宇已经使用这个名字，见上海市档案馆藏，档案编号：Q199-3-213。

企业家联系在一起。是否会说英语成为当时社会身份地位的象征，而能熟练使用英语的中国资本家也以此为傲。1947年王启宇接受了中国报纸的采访，记者用中文请他概括说明这四十年来棉纺织业发展变化，他用英文简明扼要地答道“相当有趣”（quite interesting）。这位记者在后来的报道中如实记下了王启宇的回答，或者略带嘲讽地写到，这位企业家言行举止都很有绅士风度。①然而，中国企业家英式生活习惯并不妨碍他们与同乡会的密切联系。虽然厉树雄和王启宇与外国人保持生活和业务上的频繁联系，但是他们从未放弃上海宁波同乡的关系网。欧洲的生活方式也从来不妨碍中国资本家民族主义者的自我定位。②在李瑊和孙丕晋所著的厉树雄传记中，称他为“爱国爱乡”的企业家。③

厉树雄因为哥伦比亚大学校友宋子文的关系，顺利进入上海最上层的资本家圈子。宋子文出生于优渥的华人家庭，宋家是当时非正统的资产阶级。宋子文的父亲宋嘉树（1864—1918）早年移民到美国，后来成为卫理公会的牧师。回到上海后，他继续传教并热心于公共慈善事业。宋氏家族却是因为宋嘉树的三个女儿而家喻户晓，也就是宋子文的三个姐妹：宋霭龄（1889—1973），宋庆龄（1893—1981）和宋美龄（1898—2003）。

宋氏三姐妹是中国最早出国留学的女性，她们像自己的父亲一样在美国居住了很长一段时间。完全不同于张謇，宋氏家族代表了接受西方教育的中国资本家。宋氏家族住在法租界的主干道霞飞路（今淮海中路），附近就是厉树雄设计建造的休闲区。宋家人将中餐与西餐相结合，经常以基督教青年会的名义举办慈善活动、生日派对和各种社交活动。总之，他们的生活方式和欧洲或美国家庭一样，宋庆龄在1912年给她一个朋友写的信中说：

> 我们这的生活跟你们的完全一样，我们的生活方式、穿着方式甚至是装修方式都如同欧洲人。你会发现，我不是你遥远的弥漫着古老的东方气息的中国朋友，我与你身处国际大都市的朋友没有区别。上海是一个非常现代化的城市，在很多方面远超亚特兰大，我们的房子很好很大，拥有所有的现代化设

---

① 中国企业史缩微资料，6 04 033。

② 黄汉民、徐新吾主编：《上海近代工业史》，上海社会科学院出版社1998年版，第128—130页。

③ 李瑊、孙丕晋：《爱国爱乡的企业家厉树雄》，见上海市宁波同乡联谊会等编：《创业上海滩》，上海科学技术文献出版社2003年版，第350—358页。

施。房子里有许多间卧室、浴缸和洗手间，所以你一定要经常来看看。[①]

对于厉树雄来说，与宋氏年轻子弟交往显然是大有裨益的。王启宇的社交生活则低调很多。[②]从达丰染织厂的内部档案看来，很少提及王氏家族成员参与企业管理。更多涉及的是王氏家族成员与宁波同乡或者外国企业的接触。直到1938年左右，王启宇的子女们才进入公众视野。由于受到家庭影响，王氏第三代人亲英态度更加明显。目前保存的为数不多的私人信件中，就有王氏兄弟与吴氏兄弟（吴卫东、Richard和David）的往来信件，他们与王启宇之子王芹荪关系亲密。这些信件内容记录了上海资本家的生活细节，到了40年代彻底结束。1941年8月，就在日军占领租界前的几个月，David吴写信给他正在哈佛读书的兄弟，信中说道：

> 我经常和王芹荪这些英国归国留学联的人一起打网球。比如去年英国大学午餐俱乐部每周四晚在G. E.米歇尔先生的住处举办网球下午茶派对，G. E.米歇尔先生是巴特菲尔德银行和太古股份有限公司的总经理。作为俱乐部秘书我每场活动都得参加。[③]

在第二次世界大战改变世界之前，王家子弟日常休闲打网球，有自己的车，参加外国人的招待酒会，住在租界最为繁华的街区之一巨泼来斯路（今安福路）。[④]总而言之，他们是上海真正的中国资本家。

三、第一次棉业危机

1912—1922年，苏北地区发生特大洪灾，加上军阀混战日益加剧，终于导致中国棉纺织业第一次危机提前爆发。此次危机在1923年到达顶峰，对上海的冲击尤其严重。由于原棉短缺，而纺纱厂数量已经成倍增加，上海黄金时代的口号“实业

---

① 引文出自 Hahn, Emily: *The Soong sisters.* New York: Doubleday, Doran & Co, 1941, p. 88。

② 李瑊、孙丕晋：《爱国爱乡的企业家厉树雄》，见上海市宁波同乡联谊会等编：《创业上海滩》，上海科学技术文献出版社2003年版，第353页。

③ 上海市档案馆藏，档案编号：Q199-3-166。相关信件分散在不同的卷宗里，并且没有标明顺序。卷宗Q199-3-166保存了大量的信件。

④ 公司管理文件详见上海市档案馆藏，档案编号：Q199-20-88、Q199-20-90，详细记录了达丰染织厂员工家庭住址。

兴国”被迫放慢脚步。纺纱厂的利润来自棉纱和原棉价格差，利润下跌迫使许多工厂不得不关闭或减产。此外，军阀间的混战逐渐扩散到长三角地区，帮派组织开始控制街区，渗透进警察局。上海的社会平衡开始动摇。

1922年，长三角地区棉花歉收，只有1919年收成的四分之一。[①]恰逢许多新工厂开始将新购买的设备投产。原棉价格是工厂主要生产成本之一，当原棉与棉纱价格差缩小，纱厂和贸易商的利润就会严重下跌，企业由于投资而负债累累。[②]

在此期间，日本贸易公司利用在中国北方的特权在天津建立了当时最大的交易市场，攫取巨额利润。天津三家日本大公司三井物产、日本邮船会社和横滨正金银行几乎垄断了当时棉花的物流运输。[③]这些公司将原棉与日本商品直接交易，或者在当地雇佣农户从事家庭计件生产。这一现状，取代中国北部的通商条约、税收制度，打破了北方市场与长三角地区的纽带。第一次世界大战之前，西方船舶将中国北方原棉运输至上海销售给中国商人。如今日本贸易公司就地采购原棉，而且只销售日本本国产品。据20世纪20年代末棉纺织业专家阿尔诺·S.皮尔斯（Arno S. Pearse）研究，日本公司将原材料就地制造成商品的交易网，其“高效”在世界上独一无二。[④]

中国企业争夺原材料的竞争愈演愈烈，此时公所和商会必须采取应对措施。[⑤]

---

① 棉花的收成从1918—1919年的412.9万石减为1921—1922年的128.4万石。Fang, Xianting (H. D. Fong): *Cotton industry and trade in China*. Tianjin: Chihli Press, 1932, p. 26.

② 1911年上海原棉价格为每担30.8海关两，意味着30.8两能购买1.8吨原棉（1担=60. 479千克）。到1923年原棉价格几乎没有低于40海关两，而1924年则上涨为均价43海关两。南通的原棉价格上涨幅度更大，此时上海和天津16支的棉纱价格不变，1919年涨至最高，而1922年则降到每担150两。1924—1925年棉纱价格恢复上涨，最后在1926年下降调整到1922年的价格。在此期间成品布的价格一直上涨，上海工业标准布（恒丰生产14磅片布，40码 × 36英寸）从1922年的均价5.7两涨到1924年的6.4两。Fang, Xianting (H. D. Fong): *Cotton industry and trade in China*. Tianjin: Chihli Press, 1932; Bergère, Marie-Claire: *Capitalisme national et impérialisme. La crise des filatures chinoises en 1923*. Paris: Éditions de l'École des Hautes Études en Sciences Sociales, 1980, p. 16.

③ Duus, Peter: “Zaikabō : Japanese Cotton Mills in China”, at Duus, Peter, Myers, Ramon H. and Peattie, Mark (eds.): *The Japanese informal empire in China, 1895–1937*. Princeton: Princeton University Press: 1989, p. 93; Rowe, William T.: *Hankow conflict and community in a Chinese city, 1796–1895*. Stanford: Stanford University Press, 1989, pp. 33–66.

④ Pearse, Arno S.: *The cotton industry of Japan and China being the report of the journey to Japan and China*. Manchester: Manchester International Cotton Federation, 1929, p. 12.

⑤ 严中平：《中国棉纺织史稿》，科学出版社1955年版，第181—185页。

1918年创立中国棉花企业工会华商纱厂联合会，主要目的是防止中国原棉向日本出口。[①]然而日本的利益集团盘踞在北京和天津地区，并控制着各路军阀。相较而言，上海企业家在中国北方地区毫无影响力。因此这种不足就导致了棉纺织业投机热潮。1922年联合会成立了调控棉花价格的期货市场，[②]但是情况并没有好转，甚至在年末达成降低棉纱产量的协议，希冀由此提高棉纱价格。[③]到1923年部分工厂开工率只有75%甚至50%，许多工厂倒闭了。[④]张謇的数千亩原棉田因遭遇洪灾，加上东北地区日本公司的影响，1924年张謇只能宣布破产并由银行接管。[⑤]中国最后一位“绅商”在几年后去世。企业家聂云台和穆藕初也不得不暂时关闭工厂应对危机。

工厂停产整顿引发工人阶级的哗变。由于白银价格上涨产生消极影响，海关两升值而纸币贬值了。企业利润以银两计算，但是工资以纸币结算，因此工人实际工资减少了。此外，大米、原棉和炭等原材料价格上涨。当企业减产甚至倒闭的时候，所有员工就失去了经济来源。1923年的危机导致工人的生活水平急剧下降，为两年后工人阶级的政治崛起奠定了基础。

因为达丰不是单一的纺纱厂，所以较其他厂幸运并顺利度过危机。因为原棉与棉纱价格差导致企业利润降低的问题，并没有给达丰染织厂造成大的影响。另一方面，作为综合性工厂，振泰纺纱厂也没有因为经济危机影响而停产。振泰纺纱厂有2.5万纱锭，可以直接将棉纱销售到市场，也可以运到达丰进行丝光处理。由于棉纱销售困难，达丰决定以协议价采购振泰的产品，[⑥]但即便如此达丰并不能处理振泰纺纱厂的所有产品。达丰染织厂进行各种类型的来料染色，本厂的织布机却极少，只有十几台手拉机类型的手摇纺织机。1921年振泰纺纱厂和达丰染织厂

---

① Fang, Xianting (H. D. Fong): *Cotton industry and trade in China*. Tianjin: Chihli Press, 1932, p. 228; Kraus, Richard A.: *Cotton and cotton goods in China, 1918–1936*. New York: Garland Publishing Inc, 1980, pp. 15–16.

② Bergère, Marie-Claire: *Capitalisme national et impérialisme. La crise des filatures chinoises en 1923*. Paris: Éditions de l'École des Hautes Études en Sciences Sociales, 1980, p. 25.

③ Zhao Gang: *The development of cotton textile production in China*. Cambridge: Harvard University Press, 1977, pp. 121, 123.

④ Bergère, op. cit., p. 31.

⑤ Qin, Shao: *Culturing modernity. The Nantong model*. Stanford: Stanford University Press, 2004, pp. 198–210.

⑥ 王福元：《中国机器印染之首创者，故实业家王公启宇传略》，见政协舟山市委员会文史资料委员会等编：《舟山文史资料》(第一辑)，浙江人民出版社1990年版，第114页。

转型成为综合类工厂，但还是遇到了发展瓶颈。达丰染织厂不能消化振泰纺纱厂生产的所有棉纱，而且市场上不论是普通纱线还是丝光处理棉纱价格都在持续下跌。与其低价将棉纱直接销售，不如加工成纺织品。在时势推动下，达丰染织厂决定大力发展纺织工业。

1922年的董事会重点讨论收购英国自动纺织机的成本和收益。拟定三款纺织机的采购计划：100台标准类型（平布铁机）、50台意大利纺织机（直贡呢）和50台斜纹布机（斜纹尼）。[①]采购英国设备以后就能消耗振泰纺织厂的一部分库存以及老厂加工的丝光线。但是采购设备也会增加公司债务，到1923年达丰债务为63万两（40万的长期贷款，8万利息和15万银行账目）。[②]此次股东大会上，银行家徐承勋统计出共计支出37.6万两，如果工厂的月产量达到3万匹，公司就能赚取41.73万两。照此，10个月内公司就能收回投资。[③]

在1923年3月的第二次股东会议上，为了应对严峻的经济危机董事会通过了购买200台英国怡和洋行纺织机的收购案，并告知各股东不分配股息。[④]设备投产以后预计可以实现12万匹织布的年产量，也就是月1万匹的月产量。此次新购买织机的生产率是与欧洲工厂的生产标准一致。由此，一些学者认为中国的工厂设备陈旧、生产率低下、毫无竞争力，是错误的。[⑤]

---

① 上海市档案馆藏，档案编号：Q199-3-7。尽管目前学界有大量的关于统计各机型平均产量的研究，精准的产量计算依然非常困难。

② 上海市档案馆藏，档案编号：Q199-3-7。

③ 同上。

④ 上海市档案馆藏，档案编号：Q199-3-8。

⑤ 根据这种计算方法，每台织机每小时的生产率约为5.5码（按照每天12个小时，每匹布40码），织布机每天能生产1.6匹布。历史学家格雷戈里·克拉克基于拉尔夫·奥德尔（1916）分析单个工厂的生产率得出结论，中国工厂生产效率比欧洲工厂低很多。作者进一步深入研究，指出亚洲国家（尤其是印度和中国）企业管理不合理以及工人素质低导致这一结果。作者将工人和机器生产率差异作为客观条件研究影响生产率差异原因，仅分析一家中国工厂案例就得出该结论。本研究也可以将达丰染织厂的案例质疑其研究结果的准确性。达丰厂每台织机每小时平均生产5.5码（远高于其预估平均值4.01码），统计表格显示，只有英国（平均6.07码）和日本（平均5.96码）超越了达丰。也就是说，作者的比较研究并没有基于不同织机导致的差异，例如达丰染织厂由于设备先进所以产量较高。另一方面，克拉克使用1907—1916年奥德尔的统计数据，本研究统计的是达丰染织厂1923年的生产率。Odell, Ralph M.: *Cotton goods in China*. Washington: Bureau of Foreign and Domestic Commerce. Special Agents Series n° 107, 1916, p. 167; Clark, Gregory: "Why isn't the whole world developed? Lessons from the cotton mills". *The Journal of Economic History* 47(1), 1987, p. 154.

染织工厂平均每月有5万匹布料的订单。另外，汤姆林森和崔福庄两位工程师还前往日本收购烧毛机和压花机。1924年达丰染织厂又加购50台织机。根据董事会计算，如果工厂加夜班可以实现每月最高产量5万匹。①

在1925年的股东大会上，公司扭亏为盈，产生4万海关两的净利润（官利）。股东陈楣卿建议将红利重新加入公司资本中，但大多数股东决定分红。②事实证明，达丰染织厂应对的策略大获成功。在经济危机最严重的时候贷款采购设备，风险很高，但是达丰染织厂看清时局抓住机遇，并因此挽救了处于危险境地的振泰纺纱厂。直到20世纪20年代，达丰都在不断降低棉纱产量增加成品布的生产。十年后，达丰染织厂已经拥有了400台织机，从以下数据比较可得出该变化趋势：1924年达丰染织厂的丝光线收入54万海关两，纺织品收入76.5万海关两。1928年的丝光线销售36万海关两，纺织品却达到了204万海关两。③中国棉纺织业的第一次危机，促使达丰染织厂从丝光处理和洗染工厂转型为染色织布的工厂。

伴随1923年经济危机的同时也爆发了政治危机。袁世凯死后，北洋军阀分裂成皖、直、奉三派：段祺瑞指挥的安徽派系，冯国璋领导的直隶派系，张作霖的奉天派系。1922年春，中国北方局势动荡直接导致上海贸易急剧下降。④相比较上海而言，将北方棉花出口到日本，比直接用火车运输到青岛的日本工厂更为容易。第一次世界大战结束后，欧洲国家将剩余的一部分军备卖给了各路军阀。参加过法国阵地战的中国军人回到国内，沿途都是难民、逃兵和外国雇佣兵。⑤

军阀派系战争不断蔓延逐渐迫近上海，城市变得越来越危险。⑥ 1917年禁烟以后，军阀又开始靠鸦片运输来获取资金。上海位于鸦片运输线的关键点，且上海地区的鸦片需求量也非常大。⑦青帮和红帮等黑社会帮派出现的原因之一就是中

---

① 上海市档案馆藏，档案编号：Q199-3-7。

② 上海市档案馆藏，档案编号：Q199-3-8。

③ 上海市档案馆藏，档案编号：Q199-20-91。

④ Bergère, Marie-Claire: *Capitalisme national et impérialisme. La crise des filatures chinoises en 1923*. Paris: Éditions de l'École des Hautes Études en Sciences Sociales, 1980, pp. 14–17.

⑤ Clifford, Nicholas R.: *Spoilt children of empire. Westerners in Shanghai and the Chinese revolution of the 1920s*. Hanover: Middlebury College Press, 1991, p. 77.

⑥ 关于上海在20世纪20年代社会不稳定因素以及犯罪率上升的研究详见Wakeman, Frederic Jr.: *Policing Shanghai, 1927–1937*. Berkeley: University of California Press, 1995, pp. 6–15。

⑦ Martin, Brian G.: *The Shanghai Green Gang. The politics of organized crime, 1919–1937*. Berkeley: University of California Press, 1996, p. 47.

国市场割据。起初青帮只是京杭大运河上的船运帮会，[①]由于运河航线瘫痪转而从事非法贸易：鸦片运输、军火销售、为工厂和妓院买卖人口，[②]成为黑社会帮派。由于缺乏公共治安管理加上无法开展合法贸易，京杭大运河运输成为管理真空地带，彻底被黑帮分子控制。

由于全国缺乏统一的军队，军阀混战和鸦片贸易导致各地社会犯罪率上升。另一方面，第一次世界大战期间欧洲国家对租界管控放松，租界的警察部门也被上海黑帮控制。[③]当时几个黑社会帮派的大头目有“麻皮金荣”黄金荣（1868—1953）、“江北大亨”顾竹轩（1886—1956）和“杜大耳朵”杜月笙（1888—1951），他们掌控了租界和非租界地区的警局和街道。[④]各帮派之间互相制衡维持势力平衡，帮派成员根据籍贯（苏北、江苏、安徽或浙江）追随不同的帮派头子。

由于社会治安的不良影响加上政治局势动荡，黑帮和军阀越发臭名昭著。工厂必须通过黑帮雇佣工人，因为帮派控制了几个劳动力主要来源地：扬州（苏北）、泰州（京杭大运河沿线，江苏）和绍兴（浙江）。工头来到当地在每个村庄挂牌招聘，雇佣对象通常是10～12岁的孩子，工头给他们的家庭支付一笔钱。承诺两年内给他们找工作并且提供食宿，在此期间受雇方必须将这笔支款项还清。从农村招聘来的孩子除了进入工厂工作，女孩很有可能被卖到妓院，男孩则有可能加入黑社会。韩起澜估算每年人贩买卖10个女孩收入约2 070元，而工厂监工一年工资为1 080元。[⑤]

1924年江浙战争爆发，段祺瑞派遣皖系军阀卢永祥（1867—1934）垄断长三角地区的鸦片运输。[⑥]直隶军阀孙传芳（1885—1935）加入混战。各黑帮则开始争抢地盘，势力范围不断变更，这就是所谓的“第三次鸦片战争”。[⑦]当上海黑帮爆发激

---

① Wakeman, Frederic Jr.: *Policing Shanghai, 1927-1937*. Berkeley: University of California Press, 1995, p. 27.

② Honig, Emily: “The contract labor system and women workers: Pre-Liberation cotton mills of Shanghai”. *Modern China* 9(4), 1983, pp. 421-454.

③ Wakeman, op. cit., p. 32.

④ Martin, op. cit., pp. 35-40.

⑤ Honig, Emily: “The contract labor system and women workers: Pre-Liberation cotton mills of Shanghai”. *Modern China* 9(4), 1983, pp. 421-454.

⑥ Wakeman, Frederic Jr.: *Policing Shanghai, 1927-1937*. Berkeley: University of California Press, 1995, pp. 36-37.

⑦ Martin, Brian G.: *The Shanghai Green Gang. The politics of organized crime, 1919-1937*. Berkeley: University of California Press, 1996, p. 55.

烈的帮派斗争，美国纽约和芝加哥等城市也同样能掀起暴力犯罪风潮，西班牙巴塞罗那同时期也爆发枪击案件。

当上海发生一系列剧变的时候，1923年4月，孙中山在广州成立陆海军大元帅府。中国共产党支持孙中山，于1924年实现国共两党合作。在共产国际代表鲍罗廷（Mikhail Borodin, 1884—1951）和中国共产党的帮助下，国民党在广东建立了黄埔军校。为了与北洋政府达成协议，孙中山最后一次带着病体前往北京，1925年3月在北京逝世。

第二节 兵临城下：1925—1936

一、国际背景：中国和大萧条时期

1925年5月30日五卅运动爆发，标志中国工人阶级政治意识的进一步觉醒。在一场工人罢工运动中，一名中国工人在上海一家日本工厂门口遇害。此人名叫顾正红（1905—1925），他于1924年加入中国共产党，当时中共尚处于发展初期。顾正红的死引发了南京路街头大规模的抗议游行。面对示威的群众，租界警察开枪打死13人。[①]租界警察的暴行立刻引发各界联合抵制，罢工游行持续不断，反帝国主义的五卅运动就此掀起。[②]五卅运动以后，工人阶级正式确定了共产党的属性，成立了规模数千人的群众工会。

上海总商会代表资产阶级加入了反帝国主义运动中。[③]一直游走于国民党和共产党之间的资产阶级第一次站到了罢工运动的工人一边，谴责帝国主义和军阀的暴行。然而当外国军舰开到港口时，就立刻引起了资产阶级的恐慌，很快号召群众缩小斗争范围。虽然事态没有进一步恶化，但整个社会氛围持续紧张。

此时正处于国共合作时期。上海爆发群众示威游行期间，国共两党在苏联支持下在中国南部武装起来。孙中山逝世以后，国民党大权落入蒋介石手中。蒋介石早年在日本留学，后来又曾去苏联进行考察。1926年7月北伐战争开始后，蒋介石率总司令部赴前线指挥作战。蒋介石用6个月的时间收复了南部地区，各地军

---

① 五卅惨案详见：Perry, Elisabeth J.: *Shanghai on strike: The politics of Chinese labor*. Stanford: Stanford University Press, 1993, pp. 76–87; Ku, Hung-ting: "Urban mass movement: The May Thirtieth Movement in Shanghai". *Modern Asian Studies* 13(2), 1979, pp. 197–216。

② 爆发群众示威游行有其特定的历史背景，当时警察局、黑帮和军阀相互勾结，控制社区的赌博、卖淫、毒品等非法暴利行业。Wakeman, Frederic Jr.: *Policing Shanghai, 1927–1937*. Berkeley: University of California Press, 1995, pp. 118–122.

③ 上海总商会公开声明详见徐鼎新（1989），当时上海总商会会长为宁波人虞洽卿。徐鼎新：《上海总商会史事记要 1921—1929》，见《上海研究论丛》1989年第二辑，第295—316页。

阀或被铲除或被收编。同年年底，北伐部队抵达长江。1927年3月蒋介石宣布胜利接管上海，共产党发起的总罢工也控制了城市的主要管理部门。[①]在此期间，上海企业成立支持蒋介石的商业联合会，出资6 000万元支持蒋介石政府。[②]企业家先支付1 000万元，作为交换条件，国民党承诺短期内解决三个最迫切的问题：社会治安、厘金和海关主权。[③]

但是很快蒋介石背弃了孙中山的国共合作协议，与上海黑帮组织青帮秘密往来。1927年4月12日，在蒋介石的指示和外国租界的默许下，上海黑帮对中共进行大屠杀。[④]此举导致国民党内发生严重意见分歧，国民党左派遭到清洗。在清扫长江流域中共和军阀的抵抗势力以后，蒋介石在南京成立国民政府。同年12月，宋美龄与蒋介石结婚，孙中山的遗孀宋庆龄无法原谅蒋介石背弃孙中山，避走莫斯科。[⑤]就此中国进入南京国民党政府时代。一年后，南京国民党政府占领北京，改北京为北平，结束北洋军阀的统治。旧共和政府覆灭，蒋介石独裁统治时代就此开启。

国民党政府统治时期，爆发了现代工业社会最严重的一次经济危机。由于原棉生产过剩导致国际需求下降，经济大萧条引发农产品价格下跌。第一次世界大战之后，各国之间经济关系相互隔离，都想尽办法自给自足。美国和苏联雄踞一方，欧洲各国主要依赖对外贸易和海外殖民地。1931年英国放弃坚持一个多世纪的自由主义经济，竖起贸易壁垒。在此期间，为了巩固其帝国政治结构组建了"英联邦"，赋予殖民地更多的政治自治权利并"分享英帝国的财富"。[⑥]其他工业国

① Isaacs, Harold: *La Tragédie de la révolution chinoise, 1925–1927*. Paris (1967): Gallimard, 1938, p. 182; Henriot, Christian: *Shanghai 1927–1937, Élites locales et modernisation dans la Chine nationaliste*. Paris: Éditions des hautes Études en Sciences Sociales, 1991, p. 31.

② Coble, Parks: "The Kuomintang regime and Shanghai capitalists, 1927–1929". *China Quarterly* 77, 1979, pp. 6–7.

③ Bush, Richard: *The politics of cotton textiles in Kuomintang China, 1927–1937*. New York: Garland Publishing Company, 1982, p. 106.

④ 详见André Malraux(1933)《人类境况》(*La condition humaine*)以及1938年Harold Isaacs出版的《中国革命的悲剧》(*The tragedy of Chinese Revolution*)。Malraux, André: *La condición humana*. Barcelona (1988): Edhasa, 1933; Isaacs, Harold: *La Tragédie de la révolution chinoise, 1925–1927*. Paris (1967): Gallimard, 1938.

⑤ Hahn, Emily: *The Soong sisters*. New York: Doubleday, Doran & Co, 1941, p. 137.

⑥ Findlay, Ronald and Kevin H. O'rourke: "The rise and fall (and rise) of market integration". At Bordo, Michael, Taylor, Alan and Jeffrey G. Williamson(eds.): *Globalization in historical perspective*. Chicago: The University of Chicago Press, 2003, p. 46.

家如德国和日本开始寻求对外领土扩张建立自己的“联邦”，避免过度依赖国际贸易。①

自古以来中国社会一直以自给自足为要，事实上在某些领域确实如此。甚至在军阀割据混战最严峻的时候，中国贸易赤字也主要是鸦片和棉纺织品进口造成的。帝国主义列强一方面向中国索要战争赔款，另一方面向中国政府提供银行贷款来支付赔偿。向华提供借贷的条件就是进入中国金融系统，从而维持列强在中国划定的势力范围。清政府为了偿还贷款和利息，导致一部分国家财富流向海外。事实上，当时中国政府已经没有储备维持财政自主，然而资金的流入和流出趋于平衡。一方面贸易赤字和外债造成沉重的经济负担，另一方面中国还在大量进口白银。这一矛盾局面是由于大量的侨汇进入造成的。此外，墨西哥在1905年停止使用银币以后，中国是全世界最后一个将白银作为流通货币的国家。②

最初几年，中国并没有受到经济大萧条的影响。金本位国家深受其害，由于经济形势恶化导致华尔街股市暴跌。③中国作为当时唯一将货币与白银挂钩的国家，反而免受其难，至少在大萧条初期受到银本位的保护。④然而1931年由于黄金贬值导致白银价格上涨，引发了世界对白银的兴趣。⑤从1931年开始中国大量出口白银，导致乡村地区白银大量流向大城市及港口城市。⑥白银价格越来越高，铜

① Iriye, Akira: “Japanese aggression and China’s international position 1931–1949”. At Fairbank, John King and Albert Feuerwerker (eds.): *The Cambridge History of China. Vol. 13: Republican China, 1912–1949. Part 2*. Cambridge: Cambridge University Press, 1986, p. 505.

② Shiroyama, Tomoko: *China during the Great Depression. Market, state and the world economy, 1929–1937.* Cambridge: Harvard University Press, 2008, p. 31.

③ 第一次世界大战以后，金本位制国家没有足够黄金储备保障纸币的发行。由于当时缺乏对货币真实价值的认知，导致货币投机和货币兑换价格波动。Feliu, Gaspar and Carles Sudrià: *Introducció a la història econòmica mundial.* València: PUV, 2006, p. 279–281.

④ Lai, Cheng-chung and Gau, Jr-Shiang: “The Chinese silver standard economy and the 1929 Great Depression”. *Australian Economic Review* 43(2): 2003, pp. 155–168.

⑤ 1931—1934年非常普遍的现象，原材料和外汇的价格每天波动频繁，甚至每小时都会发生变化。于是出现各种投机倒把现象，引发群众恐慌。Ci, Hongfei: “On the consequences of the 1935 currency reform”. At Wright, Tim (ed.): The Chinese economy in the Twentieth Century. Recent Chinese Studies. London: The Macmillan Press Ltd, 1992, pp. 195–198; Crow, Carl: *Foreign devils in the Flowery kingdom.* London: Hamish Hamilton, 1941, p. 75.

⑥ Hsiao, Liang-lin: *China's foreign trade statistics, 1864–1949*. Cambridge: Harvard University Press, 1974, p. 129; Shiroyama, Tomoko: *China during the Great Depression. Market, state and the world economy, 1929–1937.* Cambridge: Harvard University Press, 2008, p. 103.

钱价格降低。多数老百姓都习惯用价值较低的铜币进行小额买卖，价值高的白银仅用于向国家交税，银价上涨导致普通百姓越发贫困。远离沿海港口的地区白银越发稀缺价格越发高昂。从1931年开始，中国陷入长期的通货膨胀，导致物价飞涨。[①]中国和全世界一起陷入全球经济大萧条的恶性循环。

大萧条很快影响到少数依赖茶叶、丝绸出口的农村地区，因为国际市场的产品需求逐渐消失。社会学家费孝通（1910—2005）在其开创性论著《江村经济》中深入研究了长江三角洲丝绸产地的情况。在此期间，由于突发性气候灾害导致大米、棉花和谷物等主要农业生产严重歉收。北方地区持续两年的干旱之后，1931年全国暴发严重自然灾害，黄河、长江、淮河决堤，千百万人受灾。[②]河流流域原本肥沃的土地严重受灾，大洪水导致大量村庄、地区陷入贫困，与外界隔离。

面对如此人间惨剧，毛泽东提出最具有革命意识的就是农民阶层。1927年毛泽东发表《湖南农民运动考察报告》，结束了当时对农民运动的责难，提出农民是工人阶级的同盟军，是毛泽东思想的体现。四一二反革命政变以后，大多数中共党员都离开城市避往农村地区。在农村，毛泽东依靠群众的力量展现出卓越的军事才能，利用熟悉地形的天然优势，采用著名的游击战术，在多次反“围剿”中取得胜利。[③]

当中原地区洪水肆虐时，毛泽东在福建、江西两省交界的山区组建中央苏区。蒋介石数次围剿最终将共产党困在山区。在物资极度匮乏的情况下共产党成功突破敌人的围剿，一路经过广西、贵州、云南、四川等最贫困、偏远的地区，到达陕西延安建立革命根据地。这就是举世闻名的“二万五千里长征”。毛泽东深刻认识到中国人民的苦难，提出“改善群众的生活条件，解决群众的生产和生活问题，盐的问题，米的问题，房子的问题，衣的问题，生小孩的问题，解决群众的一切问题”。[④]

上海企业家也逐渐意识到群众生活水平的下降，尽管是间接的方式。因为企

① Wang, Yeh-chien: “Secular trends of rice prices in the Yangzi Delta, 1638-1935”. At Rawski, Thomas G. and Lillian M. Li (eds.): *Chinese history in economic perspective*. Berkeley: University of California Press, 1992, p. 66.

② Wakeman, Frederic Jr.: *Policing Shanghai, 1927-1937*. Berkeley: University of California Press, 1995, p. 191.

③ 游击战最早可能起源于西班牙抵抗法国拿破仑时期，20世纪毛泽东将游击战术发扬光大。

④ Mao, Tsetung: *Obras escogidas de Mao Tsetung*. Beijing (1971): Ediciones en lenguas extranjeras. 4 Vol., 1926-1949, pp. 159-160.

业发现面向农村市场的粗布、粗线销量大不如前。[①]面向城市市场的布料产量增加。总体而言，棉织品的价格在1925—1927年有所下跌，之后上涨回升到1931年的最高点。[②]之后由于通货膨胀导致物价普遍下跌，因此纺织品价格再次暴跌。另一方面，重要的棉花产区湖北、山东先是战争不断，之后又被洪水淹没，沿海城市和内陆地区的差距越来越大。事实上，中国境内有两种完全不同的经济体制：一种是城市经济，隔离于国内地区但是与国外市场密切联系；一种是农村经济，地域广阔但是深陷贫困。[③]由于各种苛捐杂税和政治动荡导致国内贸易一蹶不振。1930年上海企业消耗印度棉花总量超过整个长三角地区。[④]因此，中国企业家提出要求国民党政府维持社会安定，取消运输税（厘金），收回海关主权。

最后，1929—1931年，南京国民党政府取消"厘金"并且收回海关主权。政府名义上采取了措施，但结果是老百姓承受更重的税收。虽然"厘金"取消了，为了维持军队的开支在各个地方设立关卡，荷枪实弹的军人当场征收。在一些地方甚至税收比之前还要重。[⑤]另一方面，通用税取消了，但是对特定货物施加荷载，如"棉类产销税"。[⑥]

另一方面，鸦片战争以后中国首次收回边境贸易控制权。但是在国际大环境

① 服装与其他商品比较价格有所下跌，见Kraus, Richard A.: *Cotton and cotton goods in China, 1918–1936*. New York: Garland Publishing Inc, 1980, pp. 117–118。英国学者Freda Utley也认为英国出口下降是由于面向农村市场的商品销量下跌，尤其是粗线（小于或等于20支纱）以及白坯布销量下跌。Utley, Freda: *Lancashire in the Far East*. London: George Allen & Unwin Ltd., 1931, pp. 30–32.

② 1925年上海一包棉纱（16支纱）的价格为169.1海关两，1927年急剧下跌至139.7海关两，到了1931年回升至172.2海关两。布料价格变化趋势相同，1925年一匹标准布售价10.7海关两，1927年9.47海关两，1931年11.2海关两。Fang, Xianting (H. D. Fong): *Cotton industry and trade in China*. Tianjin: Chihli Press, 1932, pp. 106, 110.

③ 关于中国经济两面性问题的论文见Lin, Man-houng: "China's 'dual economy' in international trade relations, 1842–1949". At Sugihara, Kaoru (ed.): *Japan, China, and the growth of the Asian international economy, 1850–1949*. Oxford: Oxford University Press, 2005, pp. 179–198。

④ Bush, Richard: *The politics of cotton textiles in Kuomintang China, 1927–1937*. New York: Garland Publishing Company, 1982, p. 36; Fang, Xianting (H. D. Fong): *Cotton industry and trade in China*. Tianjin: Chihli Press, 1932, p. 71.

⑤ Bush, Richard: *The politics of cotton textiles in Kuomintang China, 1927–1937*. New York: Garland Publishing Company, 1982, pp. 150–151; Fang, Xianting (H. D. Fong): *Cotton industry and trade in China*. Tianjin: Chihli Press, 1932, p. 71.

⑥ Bush, Richard: *The politics of cotton textiles in Kuomintang China, 1927–1937*. New York: Garland Publishing Company, 1982, p. 145.

驱使下，又很快建立起贸易保护主义，加收25%～40%的从价税。①事实上国民党政府依然无法控制中国北部的海关，日本人活跃在北方地区操纵贸易。由于地方保护主义，本地工业产量增加，国内的抵制运动加上农村地区需求下降，20世纪30年代棉纱和布匹进口下跌到鸦片战争前的水平。

日本因为缺乏原材料很难实现自给自足。日本过度依赖美国和英国，而两国又是日本在太平洋地区主要的竞争对手。30年代棉纺织业对于中日两国都是非军工产业中最重要的生产领域。但是大萧条对中国的冲击并没日本严重，日本纺织品价格下跌了50%。②经济大萧条造成工业国家大量工人失业、企业生产过剩。许多外国企业不堪重负到中国寻找市场和出路。即使国际市场已经崩溃，在经济利益驱动下，以英国和日本为代表的外国利益集团在中国兴建工厂的热情依然高涨。③

过度依赖国际市场是驱使日本侵华的主要原因。④中国北部地区人烟稀少，是日本人想象中的"黄金国"，有尚未开垦的土地和大量的原材料，日本可以在此销售工业产品，转移失业移民。⑤ 1931年日本发动九一八事变，炸毁沈阳柳条湖附近日本修筑的南满铁路路轨，并栽赃嫁祸于中国军队。在此背景下，日本占领了整个满洲，1932年2月扶植清废帝溥仪登基，建立了以溥仪为首的傀儡政权，并封锁商品进入伪满洲国。此时蒋介石采取"攘外必先安内"政策，正在一次又一次对共产党进行围剿。

上海虽然因此失去了重要的北方市场，但是工业依然持续发展。国内和国际

① Koo, Shou-eng: *Tariff and the development of cotton industry in China*. New York: Garland Publishing Inc, 1982, p. 193.

② Ohno, Kenichi: *The economic development of Japan*. Tokyo: National Graduate Institute of Policy Studies, 2006, p. 128.

③ 英资企业介绍见Swan, David M.: "British cotton mills in pre-second world war China". *Textile History* 32(2), 2001, pp. 175–201；日资企业介绍见Duus, Peter: "Zaikabō: Japanese Cotton Mills in China", At Duus, Peter, Myers, Ramon H. and Peattie, Mark (eds.): *The Japanese informal empire in China, 1895–1937*. Princeton: Princeton University Press: 1989, pp. 65–100。

④ Sugihara, Kaoru: "The economic motivations behind Japanese aggression in the late 1930s: Perspectives of Freda Utley and Nawa Toichi". *Journal of Contemporary History* 32, 1997, pp. 259–280.

⑤ Peter Duus (1989)在序言部分提出关于"黄金国"观点。Duus, Peter: "Japan's informal empire in China, 1895–1937. An overview". At Duus, Peter, Myers, Ramon H. and Peattie, Mark (eds.): *The Japanese informal empire in China, 1895–1937*. Princeton: Princeton University Press.1989, p. xiii.

反日本帝国主义的浪潮高涨。1931年9月，国联召开理事会讨论日本占领满洲的问题。会议陷入无止境的争论，日本代表团辩称对华发动军事行动是由于中国抵制日货破坏自由贸易，指控上海商会和市党部是幕后操手，应当承担主要责任。12月，国联理事会决议派调查团解决中日争端。1933年2月通过国联调查报告书，认定日本的侵略行为，日本为此于3月退出国联。

事实上，国内城市的游行示威和抵制日货从未停息。一名日本僧侣死于三友实业社附近，这起事故成了矛盾再激化的导火索。[①] 1932年1月28日，日军对上海发动空袭并且出兵闸北。日军击溃保卫火车站的中国军队，一路开到素有"小东京"之称的虹口。同年5月，国联勒令中日两国停火，要求双方将军队撤出交战区。

面对如此严峻的局面，南京国民党政府向美国寻求支援。当时一部分工厂毁于战火，一部分纱厂再次原材料告急。美国总统罗斯福(Roosevelt)和南京国民党政府财政部长宋子文签订了《中美棉麦借款合同》：借款5 000万美元购买美国原棉，年息5%限还本总期五年。[②]美国一改白银购买股票的初衷，而用物资援助当时原材料奇缺的上海棉纺织工业。[③]美国改变金本位制以后，成为中国白银最大的买家。1934年美国通过《购银法案》(American Silver Purchase Act)实施货币改革政策，白银大量外流，中国经济岌岌可危。当时掌握国民政府财政大权的宋子文和姐夫孔祥熙开始筹备改变中国的货币体系。1935年年底，国民党政府将"法币"规定为官方法定货币，与美元和英镑挂钩。[④]当时的币制改革稳定了国内物价，使

① Wakeman, Frederic Jr.: *Policing Shanghai, 1927–1937*. Berkeley: University of California Press, 1995, p. 187.

② Cochran, Sherman: *Encountering Chinese networks: Western, Japanese, and Chinese corporations in China, 1880–1937*. Berkeley: University of California Press, 2000, p. 141.

③ Iriye, Akira: "Japanese aggression and China's international position 1931–1949". At Fairbank, John King and Albert Feuerwerker (eds.): *The Cambridge History of China. Vol. 13: Republican China, 1912–1949. Part 2*. Cambridge: Cambridge University Press, 1986, p. 508.

④ 之前中国使用海关两(HKT)作为流通货币，货币的价值取决于白银的重量。近几年的研究对1935年的货币改革评价更多趋向于正面，尤其是在受到当时技术条件的限制的情况下实施。详见：Ci, Hongfei: "On the consequences of the 1935 currency reform". At Wright, Tim (ed.): *The Chinese economy in the Twentieth Century. Recent Chinese Studies*. London: The Macmillan Press Ltd, 1992, pp. 193–207; Lai, Cheng-chung and Gau, Jr-Shiang: "The Chinese silver standard economy and the 1929 Great Depression". *Australian Economic Review* 43(2): 2003, pp. 155–168; Shiroyama, Tomoko: *China during the Great Depression. Market, state and the world economy, 1929–1937*. Cambridge: Harvard University Press, 2008。

中国货币摆脱了世界银价涨落的影响，但也为以后的通货膨胀开了方便之门。这场币制改革也加强了美国和中国的经济联系。

二、国货运动

“抵制”作为一种强制手段，无论是在中国还是在世界贸易史上由来已久。中国的抵制运动通常是由商会或者同乡会发起，是地区贸易发生冲突时的常用手段。19世纪中期，由于四川、江西、湖南商会向汉口销售草药导致本地供应商的地位岌岌可危。①在这种情况下，“抵制”就是一种贸易施压手段。当内部爆发矛盾时也可以采用抵制手段，比如成员不遵守地区或者行业规则的时候，当百姓对抗政府的时候，当地区协会同乡会认为政府对贸易干涉超出常规的时候都可以采取抵制措施。贸易壁垒可以涵盖原材料、工业制成品的供应以及最后的市场销售各个环节。②

中国的抵制殖民者运动是从1874年、1898年两次四明公所事件发起的，由于当时法国人想拆除公所的墓地。后来，爱国革命者将抵制作为政治斗争的一种手段。日本占领山东以及巴黎和会的召开，分别导致1915年和1919年两次抵制日货运动。③在此背景下，数个商会和20所会馆在上海组成支持国货的爱国社团“劝用国货会”。④起初参与抵制活动的主要是贸易商人抵制部分商品，1919年学生和知识分子也参与进来。1925年五卅惨案发生以后，抵制运动迅速扩展到全国并涵盖所有的消费品。⑤1927年“使用国货”正式成为官方政治宣传口号。随着群众性“国货运动”的不断发展，“抵制”成为团结饱受外国侵略者践踏的中国同胞的政治

---

① Rowe, William T.: *Hankow conflict and community in a Chinese city, 1796–1895*. Stanford: Stanford University Press, 1989, pp. 274–275.

② Rowe, William T.: *Hankow conflict and community in a Chinese city, 1796–1895*. Stanford: Stanford University Press, 1989, pp. 274–275. 20世纪“抵制”运动及其经济影响见Remer, C. F.: *A study of Chinese boycotts with special reference to their economic effectiveness*. Taipei (1966): Cheng-Wen Publishing Company, 1933。

③ 在此之前，1904年和1908年分别爆发针对美国和日本的“抵制洋货”运动。

④ Yeh, Wen-hsin: “Shanghai modernity”. *The China Quarterly* 150, 1997, p. 390; Gerth, Karl: *China made. Consumer culture and the creation of the nation.* Cambridge: Harvard University Press, 2003, p. 142.

⑤ 由于振华堂公所等商会的参与，进口棉纱是当时最受到抵制的洋货之一。Duus, Peter, Myers, Ramon H. and Peattie, Mark (eds.): *The Japanese informal empire in China, 1895–1937*. Princeton: Princeton University Press, 1989, p. 316.

手段。[①]

英国作为五卅惨案的刽子手之一，也遭到了中国人民前所未有的抵制。示威游行在各个大城市蔓延开，游行队伍不断壮大，矛盾不断升级。许多队伍游行到后来和英国租界武装发生正面冲突。1925年6月12日，湖北汉口数名示威群众被英国军人打死。6月23日，广州沙面爆发冲突，导致数名欧洲人死亡。抵制运动不断升级：一周之内15万华工，其中大多数是码头工人（苦力），逃离香港。[②]英国因此损失惨重，轮船贸易减少20%，直接造成3亿美元的损失。[③] 1926年9月，英国军队在四川制造万县惨案。这次以后，整整一年时间，中国香港和内地的贸易几乎完全瘫痪。

国货运动也造就了新的审美潮流。正如甘地在印度推行"非暴力不合作运动"，中国人也通过衣着服饰来表达民族主义精神。不同于甘地形象鲜明的印度传统家纺白色长袍，中国民族主义者一般身穿混纺布料或者工业布。中印两国的强烈反差在于，当印度家庭纺织已经几乎被边缘化的时候，中国的工业布却始终是少数。[④]在抵抗帝国主义列强的时候，中国和印度的民族主义者都营造了鲜明独特的形象。南京国民党政府时代，女性的旗袍和男性的中山装（虽然当时男性也穿西装）在市民阶层开始广泛流行起来。[⑤]

这一阶段正是达丰染织蓬勃发展的时期之一，据王福元描述是达丰的"黄金时代"。[⑥]当时的达丰印染制作中山装的"卡其色"面料和旗袍的彩色面料（使用从苯胺中提取的染料），技术纯熟。[⑦]达丰从众多印染厂中脱颖而出。1924年生产

---

① 抵制洋货运动的概况详见：Gerth, Karl: *China made. Consumer culture and the creation of the nation.* Cambridge: Harvard University Press, 2003。

② Remer, C. F.: *A study of Chinese boycotts with special reference to their economic effectiveness.* Taipei (1966): Cheng-Wen Publishing Company, 1933, p. 94.

③ 当时一项研究统计了相关损失，其中半数为棉产品。Orchard, Dorothy J.: "China's use of boycott as a political weapon". *Annals of the American Academy of Political and Social Science* 182, 1930, pp. 259–260.

④ 1880—1915年，从英国进口的成衣数量已经超过了家庭生产的总量。Tomlinson, B. R.: *The Economy of modern India, 1860–1970. The New Cambridge History of India*. Cambridge: Cambridge University Press, 1993, pp. 105–116.

⑤ Finnane, Antonia: *Changing clothes in China. Fashion, history, nation*. New York: Columbia University Press, 2008, p. 177.

⑥ 王福元：《中国机器印染之首创者，故实业家王公启宇传略》，见政协舟山市委员会文史资料委员会等编：《舟山文史资料》（第一辑），浙江人民出版社1990年版，第120页。

⑦ 上海市档案馆藏，档案编号：Q199-3-8。

量为9万匹染色布。[①]第二年股东分红5%、总计4万两(资本80万两)。三年以后工厂产量高达30万匹、总计超过200万两。[②]染织使用的布料三分之一是达丰布厂生产,多数坯布来自采购或者订购。1927年达丰染织厂订购4台日本印花机,主要用于旗袍面料生产。[③]

抵制运动致使外国企业式微而中国企业受益。日本和英国的进口细布和花布受到国民抵制,为达丰的扩张创造了机遇。[④]南京路上的百货公司纷纷将日本和英国商品从橱窗撤下。[⑤]另外,日本在中国的企业直到20世纪20年代末期才开始生产成品布。当时达丰染织的主要竞争对手是两家英国公司和三家中国公司。

从1921年开始,怡和洋行的子公司怡和棉纺织公司成为上海规模最大、最现代化的染色漂白工厂。[⑥]之后,兰开夏郡专门从事印花和成品布生产的企业协会(Calico Printers Association)鉴于商品出口中国变得越发困难,先在上海法租界收购一家小厂,后又在浦东收购了一家大厂,[⑦] 1925年开始正式投产。[⑧]此外,从20世纪20年代中期开始多家中国企业开始从事丝光、漂白和印染,如唐星海(1898—1971)的光华,郭氏兄弟的永安。[⑨]但直到30年代末期,纺织成品的竞争激烈程度才能与纺纱和织布行业的竞争相提并论。[⑩]总体而言,多数棉纺织企业从事纺纱、

① 上海市档案馆藏,档案编号:Q199-3-8。

② 同上。

③ 上海市档案馆藏,档案编号:Q199-3-7。

④ 1919年从日本进口棉布产生19.07亿日元的利润,1920年16.65亿日元,1921年12.88亿日元。Remer, C. F.: *A study of Chinese boycotts with special reference to their economic effectiveness*. Taipei (1966): Cheng-Wen Publishing Company, 1933, p. 77.

⑤ Gerth, Karl: *China made. Consumer culture and the creation of the nation.* Cambridge: Harvard University Press, 2003, p. 154.

⑥ Swan, David M.: "British cotton mills in pre-second world war China". *Textile History* 32(2), 2001, p. 186.

⑦ 中国企业史缩微资料,6-08-11-336。Swan, David M.: "British cotton mills in pre-second world war China". *Textile History* 32(2), 2001, pp. 195-197. Calico Printers Association在中国注册的公司中文名为纶昌纺织印染化公司。详见黄汉民、徐新吾主编:《上海近代工业史》,上海社会科学院出版社1998年版,第185页。

⑧ 黄汉民、徐新吾主编:《上海近代工业史》,上海社会科学院出版社1998年版,第185—186页。

⑨ Abe, Takeshi: "Organizational changes in the Japanese cotton industry during the inter-war". At Farnie, Douglas A. and David J. Jeremy (eds.): *The fibre that changed the world. The cotton industry in international perspective, 1600-1990s*. New York: Oxford University Press, 2004, p. 88.

⑩ Kubo, Toru: "Chinese Cotton Industry in the 20th Century". Working Paper, Osaka: *Global Economic History Network*, 2004, pp. 166-167.

织布，但是少数企业从事成品布加工。这一产业现状加上国内高涨的“抵制洋货”运动和进口锐减，就很好地解释了达丰染织厂为何能够在当时大展拳脚。

1927年9月，达丰月产量到达到顶峰——4.2万匹。①达丰第一次购买中国制造的生产设备。②达丰的股东大多数是上海市区从事棉纱和布料贸易的中国商人。这一年达丰发生了转变：由于销售额增加，资本增长了一倍，于是达丰组建了一家新的公司，发行股本1万股每股100海关两，注册资本高达100万两。企业创始人王启宇、崔福庄、杨杏堤三人在338人组成的股东大会中担任要职。③股东们多数在上海金融贸易中心的南京路经营，他们有的是纺织品零售商，有的是成衣店老板。当时的上海有超过400家成衣店，多数老板是宁波人。④

尽管抵制洋货运动和本国保护主义都促使民族工业获得了一定的发展，但是上海资产阶级和南京国民党政府却出现了分歧。1927年4月反革命政变动摇了上海资产阶级与蒋介石的合作，他们不想继续资助蒋介石政府。⑤政变之后不久，申新纺织公司总经理荣宗敬（1873—1938）宣布，由于社会局势动荡，企业家无力继续履行资助国民党的承诺。第二天蒋介石下令逮捕荣宗敬。⑥荣宗敬并不是普通小企业主。他祖籍江苏无锡，15岁时迁居上海。荣宗敬起初在一家钱庄工作，后来和兄弟荣德生（1875—1952）开办面粉厂和申新纱厂。

1932年申新成为中国最大的纱厂，注册资本高达6 400万元，纱锭占全国总量的20%，织机数量占全国总量的28%。⑦棉花大王荣宗敬被当局逮捕就是一个警

① 上海市档案馆藏，档案编号：Q199-3-7。

② 同上。

③ 王福元：《中国机器印染之首创者，故实业家王公启宇传略》，见政协舟山市委员会文史资料委员会等编：《舟山文史资料》（第一辑），浙江人民出版社1990年版，第115页。

④ Finnane, Antonia: *Changing clothes in China. Fashion, history, nation*. New York: Columbia University Press, 2008, p. 112.

⑤ Coble, Parks: "The Kuomintang regime and Shanghai capitalists, 1927-1929". *China Quarterly* 77, 1979, pp. 1-24; Bush, Richard: *The politics of cotton textiles in Kuomintang China, 1927-1937*. New York: Garland Publishing Company, 1982; Henriot, Christian: *Shanghai 1927-1937, Élites locales et modernisation dans la Chine nationaliste*. Paris: Éditions des hautes Études en Sciences Sociales, 1991.

⑥ 荣宗敬被逮捕的详细经过详见Bush, Richard: *The politics of cotton textiles in Kuomintang China, 1927-1937*. New York: Garland Publishing Company, 1982, pp. 106-113。

⑦ Cochran, Sherman: *Encountering Chinese networks: Western, Japanese, and Chinese corporations in China, 1880-1937*. Berkeley: University of California Press, 2000, p. 123.

告。无论是工人还是知识分子，甚至是最有影响力的企业家，都可能被警察逮捕审问，都有可能被黑帮绑架或者暗杀。[①]蒋介石政府、黑帮和租界警察局营造出的白色恐怖笼罩上海。[②]事实上，国民党鼓吹的民族主义和大一统思想只是一个幻象：当时的日本帝国主义、封建军阀和英国殖民者都在动摇着蒋介石政府的合法性。理应最支持蒋介石和国民党的城市资产阶级，也饱受国民党政府统治的压迫。

1927年6月达丰召开第六次股东大会，会上讨论了国货运动的影响。国货替代洋货对公司发展也有不利的一面。[③]达丰主要依赖进口采购一种高级漂白布"白匹布"，国民党政府的关税保护主义使得进口该货物变得极为困难。1928年英国工程师阿尔诺·S.皮尔斯参观达丰的时候，表示向达丰提供英国布的印染和代销。在当时保护主义的压力之下，这几乎是不可能的。王启宇打通海关官员，让这批高级英国布顺利通关运到染织厂，这批货物是在当时国货运动浪潮中达丰唯一进口的商品。[④]

此次股东大会上，宣布工程师汤姆林森合同结束离职回国。作为其5年期间兢兢业业工作的回报，达丰开出1 000海关两作为汤姆林森返回英国的旅资。[⑤]这位英国工程师的离开时机正好。因为就在第二年，国民党政府工商部长孔祥熙发布《中国国货暂定标准》，要求各企业出具书面材料证明与国货运动的关系。[⑥]对各企业的爱国主义程度进行调研。想要获得政府颁发的"国货"证明，企业要出具材料说明自己的产品是在中国生产，聘用的都是中国员工，采用的是中国原料，由中国人负责管理，企业所有者也必须是中国人。[⑦]毫无疑问，此次企业调查也是国民党政府收集各企业生产信息的一个借口。

达丰提交了所有材料申请"国货"证书，其中共39项产品获批。[⑧]提交资料显

---

① Wakeman, Frederic Jr.: *Policing Shanghai, 1927–1937*. Berkeley: University of California Press, 1995, pp. 78–93.

② 邹木法：《上海纺织工人运动史》，中共党史出版社1991年版，第142—176页。

③ 上海市档案馆藏，档案编号：Q199–3–6。

④ 军阀于1923年向政府发出第一份申请，王启宇从英国进口高档白坯布享有关税优惠，虽然当时的关税没有1926年高。见上海市档案馆藏，档案编号：Q199–3–37、Q199–3–141。

⑤ 上海市档案馆藏，档案编号：Q199–3–6。

⑥ Gerth, Karl: *China made. Consumer culture and the creation of the nation*. Cambridge: Harvard University Press, 2003, p. 194.

⑦ Ibid., p. 2.

⑧ 上海市档案馆藏，档案编号：Q199–3–141。

示，虽然大多数生产设备都是进口，但达丰强调的是企业的注册资本100%是中国资本。[①]由于达丰染织厂效益良好加上全国发展民族工业的大环境，王启宇与其合伙人决定再兴办一家工厂，1928年他们在虹口以北的宝山地区开设了一家新工厂，[②]召开第一届董事会以后，命名为宝兴棉纺织股份有限公司。工厂采购200台英国织机，向信昌机器工程公司采购1.2万纱锭。[③]达丰染织厂以企业的名义给宝山注入1.2万海关两资本。同时振泰又从怡和洋行购买300台织机。[④]随着名下三家工厂的不断发展壮大，王启宇成为上海举足轻重的企业家。矛盾的是，像王启宇这样致力于国货替代洋货的实业家，事实上也是最依赖国际贸易和外国进口设备的一群人。

1927年上海机制国货工厂联合会诞生，提倡使用国货，达丰也是该联合会的成员单位。[⑤]九一八事变以后，日本为转移国际社会的视线，谋划在上海制造事端。1932年发动一・二八事变，西方列强撇清关系宣布中立。

日军从北部进攻上海，部队在闸北、虹口、宝山纠集。新建的宝兴厂就坐落于宝山，眼看着就要遭到日军轰炸。信昌机器工程公司的设备就在那里，但是戈默索尔和厉树雄还没有收到货款，所以理论上这些设备还是属于他们。[⑥]这刚好成为宝兴转资为英国公司的理由，于是达丰在工厂上方挂满了英国米字旗。[⑦]正因为如此，日军进入宝山地区的时候宝兴侥幸逃过一劫免受破坏。1932年3月英国领事馆向达丰发出照会，证明这是一家英资企业。[⑧]信昌机器工程公司和达丰染织厂的关系进一步拉近。在特定时期，英国公司是1925年的民族主义和反帝国主义运动

① 上海纺织博物馆藏，1928年工商部调查表。

② 当时宝山刚独立为上海的一个行政区，详见Henriot, Christian: *Shanghai 1927–1937, Élites locales et modernisation dans la Chine nationaliste*. Paris: Éditions des hautes Études en Sciences Sociales, 1991, p. 40。

③ 上海市档案馆藏，档案编号：Q199-3-30; Swan, David M.: "British cotton mills in pre-second world war China". *Textile History* 32(2), 2001, p. 194。

④ 上海市档案馆藏，档案编号：Q199-3-7、Q199-3-213: 44。

⑤ 李瑊：《上海的宁波人》，上海人民出版社2000年版，第190—191页；Gerth, Karl: *China made. Consumer culture and the creation of the nation.* Cambridge: Harvard University Press, 2003, pp. 199-200。

⑥ Swan, David M.: "British cotton mills in pre-second world war China". *Textile History* 32(2), 2001, p. 193.

⑦ Ibid., p. 194.

⑧ 原文中英对照，详见上海市档案馆藏，档案编号：Q199-3-181。

的目标，但是当日军兵临城下中国企业面临铁蹄蹂躏的时候，英国人和宁波人的互利共生成为乱世生存之道。瞬息万变的政治形势将爱国主义变成一场不可预测的博弈。

三、上海工人运动

随着资产阶级的兴起，工厂越来越多，工人阶级也不断发展壮大。到1919年前后，全国工人数量高达50万人。其中四分之一的工人在上海地区，且多数是纺织工人。[①]当时生产规模为30人以上且使用机械动力的企业被定义为工厂，其工作人员定义为工人。根据九省工业部的统计，1928年中国工人总数为1 204 318人，[②]主要集中在五大产业：铁路、矿山、航运、纺织和造船业，其中上海棉纺织业在中国工业中占很大比重。但对于一个4亿人口的大国而言，该比重也侧面反映了当时中国工业发展滞后的现实。

与此同时，这些地区还有数以万计的匪徒从事各种不法活动。[③] 1920年，中国共产党创始人、知识分子陈独秀（1879—1942）公开发表文章批判上海资产阶级，矛头直指穆藕初的厚生纱厂。[④]当时的工人运动浪潮中，不只是共产党，教会组织也参与其中。教会代表提出应当规范工作条件，禁止使用童工。宋美龄一直活跃于"童工委员会"，该委员会由当时上海公共租界的正式管理机构上海工部局发起。[⑤]

1924年国共合作的共同目标之一是组建工会和学会，打击黑社会。各种教育、社会、娱乐俱乐部纷纷成立。[⑥]

1925年1月，中共第四次全国代表大会提出无产阶级领导权问题，通过反对日

---

① 工人主要集中在杨树浦、虹口、闸北、曹家渡和小沙渡。根据韩起澜统计，1919年总计181 485的工人居住在以上地区，其中半数工人在26家棉纺织工厂上班，其中11家中国厂，11家日本厂，4家英国厂。Honig, Emily: *Sisters and strangers: Women in the Shanghai cotton mills, 1919–1949*. Stanford: Stanford University Press, 1986, pp. 22–23.

② Fang, Xianting (H. D. Fong): *Cotton industry and trade in China*. Tianjin: Chihli Press, 1932, p. 113.

③ Wakeman, Frederic Jr.: *Policing Shanghai, 1927–1937*. Berkeley: University of California Press, 1995, p. 25.

④ 陈独秀撰文批判当时穆藕初作为最早将泰勒主义介绍到中国的企业家，工人的生活条件却十分恶劣。邹木法：《上海纺织工人运动史》，中共党史出版社1991年版，第68—69页。

⑤ Hahn, Emily: *The Soong sisters*. New York: Doubleday, Doran & Co, 1941, p. 105.

⑥ Perry, Elisabeth J.: *Shanghai on strike: The politics of Chinese labor*. Stanford: Stanford University Press, 1993, p. 78.

本帝国主义来团结工人。[1]之后群众运动迅速发展。首先是在日本纺织企业内外棉厂举行大罢工，商会出面调停，最后日本企业答应：废除体罚工人，停止使用童工，对犯下的暴行公开道歉，允许工人成立互助小组。作为交换条件，日本人没有答应工人提出的涨工资的要求。然而，首次罢工胜利使工人相信应该团结起来为自身权益作斗争。[2]同年5月，工人示威要求涨工资，工人领袖顾正红遇难，成为五卅运动的导火线。五卅运动的工人集会并非针对本国资产阶级，而是针对帝国主义。

罢工从6月1日开始持续3个月，总计20万名工人参与，多数来自外资工厂。[3]虽然多数中国工厂由于供电不足需要提前下班，但是普遍都没有受到工人罢工的冲击。顾正红遇难的地点就在距离达丰染织厂不远的曹家渡，达丰染织厂并没有因此受到牵连。当时，董事会最担忧的不是动荡不安的社会环境，而是如何保障电力供应，如何改进发电机确保在停电的时候能够保证生产。[4]

但接连不断的罢工对达丰也产生了不利影响。达丰董事会并没有将企业危机归咎于当时风起云涌的政治运动。1927年5月，余葆三、王启宇、陈少舟、蒋仰山、周辛伯、陈子埙、徐承勋以及1926年底新加入会计部门的朱掌衡、沈关舜召开理事会。[5]会上指出，近三个月公司损失12 447海关两，仅完成织布19 385匹、染布88 102匹（其中采购或委托加工5.5万匹布）、丝光处理6 204捆线的产量。之后理事会统计了买进和卖出的数量，得出结论是由于仓库积压货物过多而造成损失。显然，频繁的政治运动也导致了企业经营不善。受工人运动的影响，达丰将工资提高10%，但是这不是最终症结之所在，最大的困难是煤炭和电力涨价（董事会上提到当时煤炭价格上涨40%）。另外，由于罢工的影响，虽然日本印花机已经到货但无法安装，董事会一筹莫展。[6]

除了在董事会上，达丰股东大会或者公司内部文件中很少提到工人的生活条件或者工人罢工运动，有可能公司已经开始重视这个问题并且在日常事务中讨论。

---

① 《反对东洋人》，见邹木法：《上海纺织工人运动史》，中共党史出版社1991年版，第92页。

② 邹木法：《上海纺织工人运动史》，中共党史出版社1991年版，第92—105页。

③ 参加罢工的工人中有13万人来自103家外国工厂，详见Ku, Hung-ting: "Urban mass movement: The May Thirtieth Movement in Shanghai". *Modern Asian Studies* 13(2), 1979, p. 82。邹木法的研究列出受影响的企业，工人数量以及罢工天数，详见邹木法：《上海纺织工人运动史》，中共党史出版社1991年版，第113—114页。

④ 见上海市档案馆藏，档案编号：Q199-3-7，1925年董事会议资料。

⑤ 上海市档案馆藏，档案编号：Q199-3-7、Q199-3-8。

⑥ 以上资料来自董事会28号文件，上海市档案馆藏，档案编号：Q199-3-7。

1928年达丰提交给南京政府申请国货证书的材料就是一份企业情况的分析。当时工厂共有400名男工，150名女工，26名后勤，42名办公和销售人员。到1932年达丰的工人数量再次增加，总计642人。[①]此外，振泰纺织厂有1000多名工人，其中多数是女性，她们更年轻但是报酬更低。研究显示，纺纱和织布行业中女性占多数，洗染业中男性占多数。[②]达丰厂也不例外，工厂女工负责纺纱织布，男工负责染色、丝光和漂白。[③]工人最高日薪1.5元，最低只有0.43元。[④] 1928—1938年，1名普通纺织厂工人工资大约每天0.5元，负责成品加工的工人工资略高。[⑤]熟练技术工人的工资超过每天1元。工人平均年龄为20岁。总体而言，上海90%棉纺织企业工人的年龄都低于30岁。[⑥]

到了20世纪20年代，根据泰勒的理论，工人开始消费自己生产的产品。当工人工资有所上涨首先就会增加购买服装的支出。其中月薪低于30元的工人将收入的5%用于添置衣物，工资高于30元的则会花费11%的工资置装。显然服装是随着工资增加而增长最多的消费。[⑦]工人偿清债务以后，要么不结婚要么拖延婚期，这样就没有家庭负担的压力。这些没有家庭羁绊的单身男女，闲暇之余会去当地剧院听戏，有时候去大商场购买衣物。总体而言，工人阶层模仿上流社会的生活方式。当时的一位女工这样描述她们的生活：

> 他们有的穿着西式皮鞋，有的穿着高领的丝绸衣服。一些年轻女工被他们的外表迷惑，被甜言蜜语冲昏了头脑。先是轧姘头，然后结婚成为妻子。平时女工所赚的工资都给男方添置衣服和饰品。最后这些女孩通常会被她们英俊的丈夫卖到妓院，这种事情在纺织女工当中非常普遍。[⑧]

---

① 中国企业史缩微资料，6-04-220。

② 中国企业史缩微资料，6-04-223。

③ 刘大钧：《上海工业化研究》，商务印书馆1940年版，第274页；Honig, Emily: *Sisters and strangers: Women in the Shanghai cotton mills, 1919–1949*. Stanford: Stanford University Press, 1986, pp. 24–25。

④ 上海纺织博物馆藏，1928年工商部调查表。

⑤ Honig, op. cit., p. 176; Fang, Xianting (H. D. Fong): *Cotton industry and trade in China*. Tianjin: Chihli Press, 1932, p. 131.

⑥ Fang, op. cit., pp. 116–117.

⑦ Fang, op. cit., p. 139.

⑧ 韩起澜通过对工人个人访谈收集到的口头材料。见Honig, Emily: *Sisters and strangers: Women in the Shanghai cotton mills, 1919–1949*. Stanford: Stanford University Press, 1986, p. 186。

1928—1929年，天津南开大学就曹家渡230户工人家庭的生活情况展开调查，达丰就坐落于此。该研究发现，曹家渡工人每月工资的平均水平为32.5元，远高于天津工人家庭的收入水平。[①]上海工人家庭平均人口为3.75人。家庭男性成员的收入在家庭收入中的比重低于天津，不到家庭总收入的50%。其中女性收入占家庭总收入的20%，儿童收入占15%，以及其他收入（转租房子、黑色收入等）。一半以上的家庭收入用于食品开销，10%用于添置衣物，7.6%购买燃料，6%用于支付房租。南开大学对曹家渡工人家庭开销的调研与1919年圣约翰大学的调查结果相差无几。[②]但1929年上海工人家庭收入主要来源于另外两个渠道："其他"和"儿童"。说明当时沪上工人家庭生活条件恶化，非正式收入成为家庭收入的主要来源。除了成人基本工资收入以外，儿童也被迫外出工作。

蒋介石决定镇压共产党和罢工，着手打击工人运动。1927年四一二反革命政变以后，黑帮重新夺取了上海的控制权，工人称之为"豺狼恶虎"。政变之前上海有1万多纺织工人，到1930年仅剩6 874人。[③]工人罢工由于武力镇压而被迫停止。像杜月笙这样的黑帮控制了上海的大街小巷，共产党遭到暗杀，暴尸街头也是屡见不鲜。

1929年10月南京国民党政府颁布《工厂法》。该项法律涉及所有使用机械动力，并且聘用30名以上工人的规模企业。其中法令规定废除"厘金"和海关监管，然而收效甚微。[④]尽管如此，上海企业发展还是受到变化莫测的局势影响。达丰染织厂制定一份文件，详细讨论新法案的每一项规定。[⑤]首先，按照法律规定逐步实现每天8小时工作制。工厂每月支付工人工资两次，不得克扣，改善各个社区的工作条件。全额支付工资意味着工厂不得擅自扣除食宿费用。工厂可以提供膳宿，但是必须出于工人自愿。工人的膳宿问题自行负责，尽管达丰也可以强制要求工人在食堂用餐。

---

① Fang, Xianting (H. D. Fong): *Cotton industry and trade in China*. Tianjin: Chihli Press, 1932, p. 136.

② Ibid., p. 138.

③ Perry, Elisabeth J.: *Shanghai on strike: The politics of Chinese labor*. Stanford: Stanford University Press, 1993, p. 92; Fang, Xianting (H. D. Fong): *Cotton industry and trade in China*. Tianjin: Chihli Press, 1932, p. 160.

④ Fang, Xianting (H. D. Fong): *Cotton industry and trade in China*. Tianjin: Chihli Press, Inc., 1932, p. 174.

⑤ 上海市档案馆藏，档案编号：Q199-20-95。

达丰之前暂行的是10小时轮班制。政府法律规定女工下班时间不得晚于18点，达丰厂的女工22点以后才下班。法律规定工人每月有4天休息日，且工厂必须照常支付工资，当时达丰每月只给工人放假2天。国家法定假日（至少有8天）也要支付工资，这点达丰做到了。《工厂法》也规定只要理由正当合理工人就可以请假的制度。法律严禁使用童工，工人年龄至少14岁以上；当时达丰将年龄下限定为12岁，聘作学徒并负责技术培训。法律规定，假如工厂以不正当理由解雇或者未事先通知就解雇工人，工厂要支付赔偿；工人有工伤事故，工人在职怀孕或者死亡，工厂都必须支付工资或者进行抚恤。

为此达丰重新制定了工厂规章制度。新的工作表从6点开始上班到11点半，然后从12点半到17点。[①]白领人员也遵循该作息表。遇到紧急订单需要加班的时候，轮流安排夜班，避免有的工人总是加夜班。由于不得随意开除工人，因此列出了一系列（轻度、中度、重度）违规内容：懒惰，顶撞，鲁莽，拖延，在规定时间以外用餐，闲聊，擅离职守，替他人打卡，将小孩或者家人带到工厂，把私人衣物带到工厂洗涤或者染色，骚扰女工，瞌睡，损坏设备，偷窃工厂原料，斗殴等。工厂设有三个基础部门：材料科（采购布料或者本厂生产的布料）、染色科（漂白或者染色）、纱线科。每次进货出货都要登记在册，一天下来统计进出总量，必须有厂监签字。厂监也要负责该部门的清洁和安全。每月技术负责人和厂监要与经理开会，并且就该月工作情况提出建议，意见汇总后提交到三个月一次的董事会上讨论。

即使企业提出以上种种对策，依然无法平息曹家渡等工人社区不断发酵的动荡氛围。1932年1月日本侵略军空袭上海，罢工范围进一步扩大。此时，位于城市北部的工厂区已经陷入战火的包围，许多工人投入抗击日军的行列中。在战争爆发之前达丰停产整顿。同年3月达丰恢复生产，但由于社会动荡电源切断又再次关闭。由于供电不足导致工厂生产停顿，达丰辞退了数百名工人，给每位工人发放30元的补偿金。被辞退的工人聚集在工厂门口，并且向工厂内投掷石块。厂长杨杏堤试图与工人谈判，但是最后还是只能报警。警察赶来逮捕了两名抗议者。工人聚集到警察局，又被警察用暴力驱散，最后法院开庭审判。法庭判决达丰将工人遣散费提高到每人80元，给愿意回到原籍的工人再加10元。最后工人接受了条件。[②]

---

① 上海市档案馆藏，档案编号：Q199-20-97。相关资料详见染色部新厂规。

② 公司内部文件提到了动乱、罢工、战况，但是没有过多细节。上海市档案馆藏，档案编号：Q199-3-7。事情经过的来龙去脉详见《申报》及邹木法：《上海纺织工人运动史》（中共党史出版社1991年版）第203页的相关研究。

第五章

进退维谷

第一节　战火中的城市：1937—1945

一、上海日据时期

在社会政治冲突不断的情况下，中国工业化进程非但没有停止反而持续发展。1926—1939年，上海工业年平均增长速度为6.4%，与过去十年相比经济有所复苏。[①]研究表明，工业化国家棉纺织业会集聚在某一特定地区，中国在长江流域集聚了全国大部分的棉纺产业。[②]然而地区经济的单一增长发挥的作用有限，长江流域棉纺产业增长速度与全国市场的增长速度不一致。即便中国是当时世界上人口最多的国家，地方的割据使得广阔的市场优势无法发挥，中国工业若要生存下去必须要对外寻求发展。

1933年中国共有5亿人口，国内人均生产总值远远低于其他国家。[③]城市人口为1 200万，仅占总人口的3%。鸦片战争爆发之前到1893年，中国城市人口占比6%，[④]这表明中国经历了工业化和城市人口的外流。1933年中国国内生产总值的

---

① 这项数据来源于John K. Chang（1969）关于中国工业增长定量研究。Chang, John K.: *Industrial Development in pre-Comunist China. A quantitative analysis*. Edinburgh: The University Press, 1969, p. 99.

② 在特定地区集聚棉纺产业在世界各地都非常普遍，比如兰开夏（英格兰）、新英格兰（美国）、加泰罗尼亚（西班牙）。Douglas A. Farnie和Jeremy, David J.（2004）对世界各个地区棉纺织业的发展史做了总结研究，在对以上各个国家和地区（以及更多国家和地区）的数据进行采样以后，惊奇发现对中国情况同样适用，因此中国长江流域棉纺织业呈现集聚效应并非偶然。Farnie, Douglas A. and David J. Jeremy(eds.): *The fibre that changed the world. The Cotton industry in international perspective, 1600–1990*. New York: Oxford University Press, 2004.

③ 1933年中国国民人均生产总值578 美元，日本2 129美元，欧洲各国平均人均3 851美元。Sugihara, Kaoru: "The Second Noel Butlin lecture: Labour-intensive industrialisation in Global History". *Australian Economic History Review* 47(2), 2007, p. 130.

④ Feuerwerker, Albert: "The state and the economy in late imperial China". *Theory and Society* 13, 1984, p. 302. Feuerwerker, Albert: *The Chinese Economy, 1870–1949*. Michigan: An Arbor Center for Chinese Studies, 1995, p. 91.

65%来源于农业，10%来源于商品生产，14.6%来自贸易。10%的商品生产中75%采用传统手工制作以及家庭生产模式。工业生产占国内生产总值的3.4%不到。①1937年公布的第一次工业普查显示，全国共有2 435家工厂，每个工厂员工超过30人并且采用机械化手段生产，总计493 257工人，其中1 186（48%）家工厂开设在上海。②可以说当时中国的工业正在不断发展，甚至可以毫不夸张地说是在"起飞"。但那时候的中国距离经济学家们所说的经济高速增长还有很长一段距离，也就是说，让全国大多数人口大量消费工业品还有很长一段路要走。③

然而，即便工业增长与人口增长不协调，也不能否认工业不断增长的事实。即使是在日本对长江三角洲工业不断摧毁、占据、围困时期，中国工业都没有一刻停止过发展。日军控制了中国工业化程度最高的长江流域，占据了中国自然资源最丰富的东北地区，明目张胆地掠夺中国经济，对华侵略战争似乎是胜券在握。但是战争并没有很快结束，反而战线不断拉长。漫长的战争给中国带来几乎是毁灭性的创伤。④

在全民族抗日战争爆发前不久，交战双方各自占领战略要地。1936年11月日本与德国签订《反共产国际协定》。除了共产党以外，英国自由党同样反对法西斯。世界新秩序也让口岸开放成为一纸空文，日本占领东北地区建立傀儡政权伪

---

① Chang, John K.: *Industrial Development in pre-Comunist China. A quantitative analysis*. Edinburgh: The University Press, 1969, p. 88; Murphey, Rhoads: *The outsiders. The Western Experience in India and China*. Michigan: Ann Arbor, 1977, pp. 112, 222; Feuerwerker, Albert: *The Chinese Economy, 1870–1949*. Michigan: An Arbor Center for Chinese Studies, 1995, pp. 91–110.

② 此处工厂数量的统计相对保守，主要针对1932—1933年的企业进行调查，由刘大钧主持。其余工人主要集中在外国工厂，尤其是日资企业。另外一项研究统计了所有中国工厂和外国工厂的数量，总计3 841家。Feuerwerker, Albert: *The Chinese Economy, 1870–1949*. Michigan: An Arbor Center for Chinese Studies, 1995, p. 102；刘大钧：《上海工业化研究》，商务印书馆1940年版。此外，上海80%的制造型企业雇佣工人数量不超过30名，所以此类企业没有被计算在内。Murphey, Rhoads: *Shanghai, key to modern China*. Cambridge: Harvard University Press, 1953, pp. 166–169.

③ 根据罗斯托提出的经济增长类型，关于该理论对中国经济模式的分析参见：Rostow, W. W.: "The stages of economic growth". *The Economic History Review* 12(1), 1959, pp. 1–16; Rawski, thomas G.: *Economic Growth in Prewar China*. Berkeley: Berkeley University Press, 1989; Rawski, Thomas G. (ed.): *Economics and the historian*. Berkeley: University of California Press, 1996。

④ 罗斯托在论述关于经济增长的文章中指出，战争将导致工业化进程突然中断。Rostow, W. W.: "The stages of economic growth". *The Economic History Review* 12(1), 1959, p. 2.

满洲国。在轰炸上海之后，1933年日本彻底叛离了同盟国。[①]

另一方面，蒋介石必须放弃不得民心的对中共的围剿政策。1936年12月蒋介石在西安被张学良（1901—2001）挟持，之后被迫与共产党领导人周恩来谈判。事实上此次会晤促使了国共再次合作，两党携手共同对抗日本侵略者。正是这次会晤暂时结束了自1927年以来的国共分裂局面。国共合作将共产党、国民党、自由党联合起来对抗共同的敌人。出于共同对抗日本帝国主义的需要，美国与南京政府的联系进一步加强。

1937年7月，北京郊外国民党军队与日军发生冲突，史称“卢沟桥事变”，日军加快了侵华的步伐。日本对华不宣而战，仅一个月的时间就占领了北平、天津，以及两地铁路沿线城市。8月淞沪会战爆发，上海受到战争冲击。战火在闸北、宝山、虹口、杨树浦工业区蔓延，70万中国官兵对抗22万日军。[②]租界将城市一分为二：苏州河北岸遭到大肆破坏，南岸依然保持中立。成千上万的中国百姓前往租界寻求庇护，外国移民以旁观者心态观察事态的发展，认为是又一与他们无关的亚洲国家之间的军事冲突。[③]拥挤的城市人口一度上涨到300万。[④]

1937年11月，为期3个多月的战役结束，苏州河北岸的工业遭到彻底破坏，上海被日军占领。其后日本扶植临时政府上台，并且设立了秘密警察系统。日军在城市出入口设立军事管控，各租界被包围起来变成一个个“孤岛”。

上海沦陷以后，日军长驱直入抵达长江流域，1937年12月进入南京城。国军沿长江向内陆撤退，日军犯下战争中惨绝人寰的南京大屠杀。就像在上海租界，南京租界保持中立，成为难民唯一的庇护所。[⑤]武汉失守以后，国军只能继续撤退到重庆。在此期间，武汉周边城市及长江流域共600家企业迁往四川。然而当时的

① Iriye, Akira: “Japanese aggression and China’s international position 1931–1949”. At Fairbank, John King and Albert Feuerwerker (eds.): *The Cambridge History of China. Vol. 13: Republican China, 1912–1949. Part 2*. Cambridge: Cambridge University Press, 1986, p. 519.

② Coble, Parks: *Chinese capitalists in Japan’s new world*. Los Angeles: University of California Press, 2001, p. 11.

③ Bergère, Marie-Claire: *Histoire de Shanghai*. Paris: Fayard, 2002, pp. 301, 304.

④ Wang, Ju: *Prospérité et déclin de l’industrie cotonnière nationale de Shanghai (1945–1949)*. Tesis doctoral, París: Ecole des Hautes Etudes en Sciences Sociales, 1997, p. 18.

⑤ 德国人John Rabe（1882—1950）凭借德国与日本同盟国关系，在南京租界庇护难民使得成千上万的中国百姓免于日军屠杀。

国民政府仅仅控制了全国6%的工业。[①]一部分企业家逃离沦陷的城市，前往香港、重庆或者国外；[②]也有一部分迁往革命根据地延安，其中有大量来自上海的中国知识分子以及外国进步分子，如美国记者埃德加・斯诺（Edgar Snow, 1905—1972）、加拿大医生诺尔曼・白求恩（Norman Bethune, 1890—1939）。

此时欧洲形势急转直下。德国纳粹反犹太政策一出台，犹太人被迫移民，即使他们当中大多数世代定居德国，也已经没有地方可去。由于当时的上海是世界上少数几个不需要护照、签证就可以进入的地方，因此1938—1941年总共有超过2万欧洲犹太移民在上海港登陆。[③]当时港口被日本人控制，但是他们并不阻拦犹太移民。1939年1月欧洲战事愈发激烈，难民数量开始增加。起初难民聚居在位于苏州河北岸的虹口的废弃住宅区内，该区域在日军与国军交战中遭到彻底破坏。中国居民要凭通行证通过铁丝网，日本人却允许欧洲人从中立区穿越到日占区。最终，1943年日军在虹口周围竖起栅栏，将1937年1月以后进入上海的欧洲移民关押在里面。

中立地区人们也是艰难度日。通货膨胀和物资缺乏导致生活必需品物价飞涨，甚至一日的工资当天就可以用完。黑帮势力趁着严格的贸易管控操控物价，哄抬基本生活用品的价格。由于政治原因、经济原因或者是普通争端导致的非正常死亡层出不穷，鸦片买卖、街头卖淫随处可见，夜总会迸发着上海压抑的活力。

1940年3月汪精卫投敌，在日本扶植下成立汪伪政权。9月，日本、德国、意大利签署三国同盟条约，形成政治轴心，试图构建新的世界秩序。10月，法国维希政府派出新领事驻上海法租界。汪伪政府与法国领事签订协议，重新规定法国租界的特权。至此租界完全被法西斯势力包围。

1941年6月，苏德战争爆发，英、美同苏联结成反法西斯同盟，因此，英、美与日本断交，减少了在租界地区的贸易活动。该举措直接导致西方国家对上海的供给不足，上海基本生活用品的价格再次飞涨，上海租界外国人的处境犹如陷入了死胡

---

① Coble, Parks: *Chinese capitalists in Japan's new world*. Los Angeles: University of California Press, 2001, p. 16.

② 钱锺书的小说《围城》（1947）中讲到中产阶级的知识分子逃离上海。虽然书名“围城”是指婚姻的围城，但故事是围绕战争展开的。

③ 详见当时亲历者的珍贵资料及相关影像资料《最后的泊湾》。Grossman, Joan and Paul Rosdy: *Zuflucht in Shanghai. The Port of Last Resort.* Audiovisual, New York: Pinball Films, 1998.

同。[①] 12月7日日本偷袭珍珠港，与此同时，日本占领了公共租界，最后一艘守卫上海的英舰“海燕号”孤军奋战。[②]聚集了成千上万的外国人和中国人的租界完全沦为日伪统治区。许多共产党、国民党、反纳粹主义者被定为“战犯”遭到处决，另外一部分人在集中营凄惨死去，比如当时上海郊外的龙华集中营就有大量平民死于营养不良以及各种疾病。[③]

偷袭珍珠港以后，日本采用“闪电战”迅速占领了欧洲在亚洲国家的殖民地。1941年12月25日香港沦陷。不久以后新加坡也被日军占领。[④]从1942年开始，马来西亚、菲律宾、缅甸、印度尼西亚、泰国，以及太平洋一些岛屿，都被日军占领并扶植了当地的亲日派政权。转眼之间，英帝国在亚洲势力被彻底清除。[⑤] 1942年12月21日全亚洲的亲日“政府首脑”（包括汪精卫在内）在东京举行会晤。[⑥]该会议的召开宣告亚洲脱离了欧洲殖民体系。

美国政府清楚中国是建立世界新秩序的一个关键部分。1943年11月，蒋介石受邀与美国总统罗斯福、英国首相温斯顿·丘吉尔（Winston Churchill, 1874—1965）参加开罗会议。斯大林邀请蒋介石参加德黑兰会议，四大巨头构建了战后世界政治组织，之后法国也参与进来。此次大会反映出当中国的问题，即国民政府无法完全代表整个中国，在战场上发挥作用有限。1944年豫湘桂战役中，国民党军队节节溃败，损害了中国在世界反法西斯战争中的形象。当时就有美国记者认为延安的共产党更有能力抵抗日军的侵略。1944年6月以美国记者福尔曼为首的西北参观团来到延安，考察当时延安的军事实力，他们为当时的所见所闻

---

① Henriot, Christian(ed.): *In the shadow of the rising sun: Shanghai under Japanese occupation*. Cambridge: Cambridge University Press, 2004, p. 36.

② Bergère, Marie-Claire: *Histoire de Shanghai*. Paris: Fayard, 2002, p. 314.

③ J.G.Ballard是出生在上海的英国裔作家，父亲是厉树雄印刷加工厂的工程师，作者在一部自传小说中讲述了西方人在上海集中营的曲折遭遇。Ballard, J. G.: *El imperio del sol*. Barcelona (2008): Ediciones Minotauro, 1984；李瑊、孙丕晋：《爱国爱乡的企业家厉树雄》，见上海市宁波同乡联谊会等编：《创业上海滩》，上海科学技术文献出版社2003年版，第357页。

④ Bayly, Christopher A.: *Forgotten armies. The fall of British Asia, 1841–1945*. London: Allen Lane, 2004, pp. 113–126.

⑤ 关于英帝国如何在亚洲逐渐失去控制权的历史过程，详见Bayly, Christopher A.: *Forgotten armies. The fall of British Asia, 1841–1945*. London: Allen Lane, 2004。

⑥ Coble, Parks: *Chinese capitalists in Japan's new world*. Los Angeles: University of California Press, 2001, p. 77.

惊叹不已。[①]

美国在太平洋战场上逐渐占据上风。1942年夏，日军在中途岛和瓜达尔卡纳尔岛溃败，战争发生转折。1943年和1944年，道格拉斯·麦克阿瑟（Douglas MacArthur, 1880—1964）和切斯特·尼米兹（Chester Nimitz, 1885—1966）在太平洋充分展现了美国海军和空军的优势。1945年初，经过一场严酷的战役后美军收复了马尼拉。1945年2月雅尔塔会议召开，斯大林承诺在战胜德国90天以后正式对日宣战。为了避免美国在亚洲地区独大，斯大林要求恢复大连港口为自由港（1905年日俄战争中日本得到了该港口的控制权）。8月，美国在日本广岛和长崎投下两颗原子弹，苏联对日宣战。短时间内上海的日军全部撤离，中国人民终于解放了，但是抗日战争期间的死亡人数高达2 000万。[②]

二、上海“孤岛”

战争给上海的棉纺业带来的打击是致命的，很少有企业能够幸免于难。大量企业直接被炮弹炸毁，少数幸存的工厂则被日军占据，还有一些企业迅速撤离战区。尽管形势如此危急，还是有人能在这黑暗时期赚取巨额利润。1935年荣宗敬的遭遇预示了上海资产阶级的最终结局。[③]荣氏帝国崩塌，他本人避难香港，1938年死于香港。[④]荣氏家族后人命运各异。由此可见，高密度的工业格局在战乱时代遭受的损失更为惨重。

1937年底，国民党军队撤离上海，局势进一步恶化。上海的核心工业区和经济区变成一片废墟，1938年，公共租界东区和北区（苏州河南以外）有905家工厂（场）被焚毁，570家民族机器工厂损毁较重的达360多家。日本侵略者侵占华资工厂98家，“中日合办”的66家，“租赁”的31家，“收买”的16家。[⑤]日本成为中国最

---

① Short, Philip: *Mao*. Barcelona: Crítica, 2007, pp. 541–548.

② Eastman, Lloyd E.: “Nationalist China during the Sino-Japanese war, 1937–1945”. At Fairbank, John King and Albert Feuerwerker (eds.): *The Cambridge History of China. Vol. 13. Republican China, 1912–1949. Part 2*. Cambridge: Cambridge University Press, 1986, p. 548.

③ 更多关于申新纱厂在战争期间的详细资料，见Coble, Parks: *Chinese capitalists in Japan's new world*. Los Angeles: University of California Press, 2001, pp. 114–139。

④ 关于申新棉纺帝国在战争中的剧变详见Coble, Parks: *Chinese capitalists in Japan's new world*. Los Angeles: University of California Press, 2001, pp. 114–139。

⑤ 黄汉民、徐新吾主编：《上海近代工业史》，上海社会科学院出版社1998年版，第224页；陈真等编：《中国近代工业史资料》第二辑，生活·读书·新知三联书店1958年版，第445页。

大的棉纺产业所有者。1937年日本在中国拥有210万纱锭（占全国总数的42%），2.89万台织布机（50.2%）；到了1940年上涨到340万纱锭（72.6%），4.68万台织布机（81%）。[①]此时，中国棉纺企业纱锭数量从230万（53.3%）下降到10万（21.6%），织布机从2.4万（42.8%）下降到6300台（10.9%）。[②]并不是所有的民族企业家都向侵略者屈服，还有146家企业以及1.4万吨设备从苏州河北岸内迁至武汉等地。[③]另外一部分企业则迅速转资成为英资企业或者德资企业。[④]

达丰染织厂的经营和发展主要是在战争爆发之前。1934年股东持有企业25.2%的股份，最高分红64.595 2万元（76.8万海关两），资本估价为131.8万海关两。[⑤] 1935年1月达丰在宁波路349号以40万元购买一栋大楼，靠近南京路，就在公共租界区正中心的位置。企业经营所得的一部分红利再次投入生产。达丰和振泰出资37万元购买自动发电机以及煤炭蒸汽机。毫无疑问，所有的新设备由信昌机器工程有限公司负责安装。[⑥]

随着战争脚步的迫近，王启宇召集达丰、振泰、宝兴三厂的经理和负责人开会。当时这三家企业正处于蓬勃发展阶段。王启宇想给已有2.55万纱锭640台纺机的振泰再增加7 000个纱锭和400台纺机（投资50万元）。当时的宝兴已有1.45万纱锭400台纺机，也面临增资。但是战争的到来将所有计划打乱。1937年8月13日所有的企业停工。工人们从交战区的工厂逃到公共租界。技术工人唐遗僧兄弟为逃难工人在曹家渡中立区找到一处庇护所安顿下来。[⑦]

即使已经采取种种措施，依然不能确保万无一失。1937年8月，在战争爆发之前，达丰趁夜将工厂三分之一的设备打包运到苏州河另一边的租界区。[⑧]机器藏在一个储藏了成千上万卷布料的仓库里。[⑨]就在这不久之后，日军占据了曹家渡达丰

---

① 中国企业史缩微资料，3-30-001: 208。

② 同上。

③ 黄汉民、徐新吾主编：《上海近代工业史》，上海社会科学院出版社1998年版，第218页。

④ 因此这段时间英国纱锭和纺机数量增加。基于之前数据统计，英国纱锭从1937年的22.1万（4.4%）增加到1940年的28万（5.8%），纺机从4 000台增加到4 600台（8.1%）。中国企业史缩微资料，3-30-001: 208。

⑤ 陈真编：《中国近代工业史资料・第四辑》，生活・读书・新知三联书店1961年版，第651页。

⑥ 上海市档案馆藏，档案编号：Q199-3-7。

⑦ 上海市档案馆藏，档案编号：Q199-3-94。

⑧ 王福元：《中国机器印染之首创者，故实业家王公启宇传略》，见政协舟山市委员会文史资料委员会等编：《舟山文史资料》（第一辑），浙江人民出版社1990年版，第121页。

⑨ 上海市档案馆藏，档案编号：Q199-3-194。

和振泰两个厂里的所有设备和资产。工厂一部分被用来驻扎日军，另外一部分被丰田公司占用。[①]宝兴厂在战火中被彻底摧毁。

与此同时，王启宇和戈默索尔在延平路171号租下了一块地皮，靠近曹家渡但是处于租界之内，[②]总面积15亩（约0.9公顷）。他们用一年的时间完成基础设施建设，将所有抢救到的设备安置进去。工厂建成以后，厂房分为三个区域：纺线、织布以及印染。由八个部门组成：丝光处理工艺（使用1921年采购的詹姆斯·法默和一些更新式的机械设备），漂白（使用1921年采购的詹姆斯·法默和1938年采购的国产洗衣机），印染（使用1921年采购的詹姆斯·法默烘干机，以及1936年购买的国产浸染设备），印花（使用日本和歌山设备），上浆（使用1938年购买的国产设备）；另外还有一个设计工作室和一个锅炉房（1938年在香港购买）。[③]新公司固定资产为545 056.33元（每年5%的贬值率已经计算在内）。[④]负责设备运输的是创始人之一杨杏堤，他的救厂壮举记录在企业年鉴。[⑤]

这种厂房格局确保印染和纺纱织布紧挨在一起，空间比之前小了许多。纺机安置在纱锭旁边。过去纺纱和印染相对独立但又互相配合，现在的形势迫使两个部门合并起来。

1937年9月15日，信昌代表威廉·查尔斯·戈默索尔和埃里克·沙夫茨伯里·埃利斯顿与达丰的两位代表王启宇和顾子槃签署协议，组建了一家在香港注册的新公司：中纺纱厂股份有限公司，注册资本250万元。不久之后，该公司用100万元收购了达丰染织厂。[⑥]中纺纱厂股份有限公司同样以100万元收购了振泰、宝兴。[⑦]这样一来，虽然企业依然用中文名字，中国股东持股，但是王启宇最大的三家企业就此转资成为英国公司。公司总部设在博物馆路66号信昌机器工程有限公司所在地，销售点设在宁波路振泰和达丰主要办公室所在地。中纺纱厂是一家股份制公司，总资产为160万元共16 000股，其中：达丰占8 000股，振泰占4 000股，

---

① 王福元：《中国机器印染之首创者，故实业家王公启宇传略》，见政协舟山市委员会文史资料委员会等编：《舟山文史资料》（第一辑），浙江人民出版社1990年版，第121页。

② 土地租自中华银行，上海市档案馆藏，档案编号：Q199-3-42。

③ 上海市档案馆藏，档案编号：Q199-3-175。

④ 上海市档案馆藏，档案编号：Q199-3-182。

⑤ 上海市档案馆藏，档案编号：Q199-3-94。

⑥ 上海市档案馆藏，档案编号：Q199-3-173。

⑦ 同上。

宝兴占3 000股，王启宇占500股，戈默索尔占200股，埃利斯顿占200股，王芹荪占100股。[①]

王芹荪是王启宇的长子。除了上文提到的三家企业，20世纪30年代中期王启宇进一步开拓了产业。他给三个儿子王芹荪、王统元、王福元建了一个小型工厂让他们学习企业管理。[②]由于该厂设在沦陷区，所以1937年就被放弃了，于是王启宇决定让儿子们参与中纺纱厂的企业管理。由于战争的缘故王启宇的其他产业也停滞了。当时王启宇与厉树雄在宁波共同经营一家羊毛厂和一家纺织厂。[③]后来羊毛厂搬到了香港，纺织厂则被日军占领。最后，王启宇又投资一家商业保险公司：泰山保险公司。该公司收购原棉，也在国内市场出售各种棉纺成品。[④]泰山是王氏名下唯一一家专做贸易的公司，在战争期间发挥主要作用。

1939年2月10日，中纺纱厂向英国领事馆提出申诉，要求其出面干预追回被日本人占领的曹家渡工厂。企业要求追回2万纱锭，200台纺机，一栋宿舍楼，以及存储4 000原棉包的仓库。[⑤]英国领馆受理了中纺纱厂的申述，1939年3月英国人出面调停，已经被日本人占领了一年的曹家渡工厂，虽然已被洗劫一空，但是终于再次回到了中纺纱厂。

5月，三家工厂恢复生产：中纺第一厂，也就是原来的宝兴，现在位于主教路2号；中纺第二厂，原来的振泰，依然位于旧址；中纺第三厂，原来的达丰厂，位于延平路的新楼。[⑥] 12月28日召开中纺纱厂股份有限公司董事会会议，戈默索尔担任理事长，董事会成员有斯蒂芬森、埃利斯顿、王启宇和王芹荪。[⑦]董事会上对截至10月份的10万元利润进行决算，讨论了12月19日印染厂爆发的劳工冲突（虽然几

---

① 上海市档案馆藏，档案编号：Q199-3-164。

② 大纬制造厂，王福元：《中国机器印染之首创者，故实业家王公启宇传略》，见政协舟山市委员会文史资料委员会等编：《舟山文史资料》（第一辑），浙江人民出版社1990年版，第120页。

③ 羊毛厂位于上海，名为上海毛绒纺织厂；宁波厂名为和丰纱厂。《近代上海工商业概览》，第35—36页；李瑊：《上海染织业先驱王启宇》，见上海市宁波同乡联谊会等编：《创业上海滩》，上海科学技术文献出版社2003年版，第356页。

④ 王福元：《中国机器印染之首创者，故实业家王公启宇传略》，见政协舟山市委员会文史资料委员会等编：《舟山文史资料》（第一辑），浙江人民出版社1990年版，第120页；上海市档案馆藏，档案编号：Q199-3-58。

⑤ 上海市档案馆藏，档案编号：Q199-3-164。

⑥ 同上。

⑦ 同上。

天以后工人就复工)，清算了仓库4 000包美国原棉。1940年达丰染织厂(现在的中纺三厂)净利润为36 642元，资产价值180万元。[①]中纺纱厂获利454 534元，支付股东40万元的利润，剩余的利润一部分用来支持抗战，捐赠给英国战争基金。[②]可惜的是，这笔钱在当时意义不大。

在中国北部，日军取缔法币强制发行日元。由于当时的重庆政府入不敷出而大量发行法币，导致货币严重贬值。1940年末法币价值一路下滑，汪伪政府试图建中央银行发行货币替代法币。11月汪精卫接管上海外滩的中央银行。所有试图抵制汪伪汉奸的银行家和中央银行的人员都遭到袭击，或者成为暗杀对象。上海物价飞涨，货币危机进一步加深。以1937年上海物价为例(以100为单位)，城市通货膨胀如下：1939年(164)，1940年(523)，1941年(1 560)，1942年(4 470)，1943年(21 400)，1944年(249 000)，1945年(8 520 000)。[③]这种局势对于企业而言，货币储蓄的意义远不及存储半年量的煤炭、大米以及原棉之类的实物。[④]

尽管困难重重，1937—1941年的战争给上海造成了巨大损失，但是在此期间这座"孤岛"上的经济又再次复苏了。战争的破坏激发了人们重建工厂的热情。[⑤]更多纺织印染工厂被建了起来。根据黄汉民、徐新吾的统计，1939年底租界洗染业就有将近500家企业(包括工厂、小作坊、销售点)。[⑥]面对连年战争带来的晦暗和阴影，人们将所有布料染上绚丽的色彩。即使遭遇不幸，上海人依然保持特有的精致和优雅。

即使日货商品价格更低廉，质量甚至是最好的，却遭到了国民一贯以来的强烈抵制。另外一方面，随着战场的转移，上海与内地恢复了通商。虽然黑市交易困难重重风险巨大，但利润也十分丰厚。[⑦]事实上真正维持上海经济运转甚至增长的是

---

① 见本书附录7。

② 上海市档案馆藏，档案编号：Q199-3-164。

③ Coble, Parks: *Chinese capitalists in Japan's new world*. Los Angeles: University of California Press, 2001, pp. 91-97.

④ Frazier, Mark: *The Making of the Chinese industrial workplace: state, revolution, and labor management*. Cambridge: Cambridge University Press, 2002, pp. 60-68.

⑤ 黄汉民、徐新吾主编：《上海近代工业史》，上海社会科学院出版社1998年版，第230—250页。

⑥ 同上书，第235—236页。

⑦ Wakeman, Frederic Jr.: *Shanghai badlands. Wartime terrorism and urban crime*. Cambridge: Cambridge University Press, 1996. Cochran, Sherman(ed.): *Inventing Nanjing Road. Commercial Culture in Shanghai, 1900-1945*. Cornell: Cornell East Asia Series, 1999.

对外贸易活动，尤其是和中国香港、东南亚等地区的贸易往来。正如历史学家帕克斯·科布尔（Parks Coble）所说，一件上海织造的汗衫卖到仰光或者爪哇比卖到几千米以外的嘉定更容易。[①]

因此当时的中纺纱厂运营还算相对顺利。宁波路上与办公处毗连的仓库没有受到任何损失。中纺已经改组为英资企业，可以通过依然持有进出口许可的英国货轮从事国际贸易。频繁的贸易往来从1939年持续到1941年年底。由于通货膨胀，企业对商品的价格进行了新一轮的调整。1941年7月召开的特别会议上将资产增加到3 000万元。由于可周转资金增加了1 250万元，因此向公众出售股票。针对中纺纱厂重振的消息，9月一家当地报纸发表了一篇热情洋溢的报道："昨天中国纱厂股票的超额认购创造了纪录，说明上海闲置资金还有巨大富裕。公司向公众投放20 464.7万元的股票认购，总计销售额高达420万元。尽管人们实际获得的股份少于其认购数额，但事实上，是该公司良好的信誉的体现，公司的责任心获得公众极强的认可。迄今，该公司一直拥有成功上市的历史。"[②]

很快中纺纱厂就转型为一家跨国公司。虽然94.3%的股东是中国人，但其余股东来自世界各地：首先是英国人（比如阿诺德家族最早的移民），巴格达犹太人，欧洲难民，美国人，印度人，葡萄牙人，还有一个叫加西亚（E. A. de García）的西班牙人。[③]中纺纱厂就像公共租界，世界各地的人在此共存寻求庇护。由多国成员组成的中立堡垒，保证了其安全无虞。

三、走向解放

1941年12月7日夜，日军跨过日占区与租界之间的屏障苏州河。第二天早上，侵略军占领了公共租界工部局、银行、工厂等战略要地。1942年1月9日，4个日本监管人员来到中纺纱厂要求接管企业档案。之后清点仓库所有库存，一队卡车运走了大部分的货物。[④]据12月8日的统计，37 429担原棉的库存，日本人运走12 041担；原来1317支库存棉纱，中纺纱厂仅存13支；库存21 484布匹，日本人仅

① Coble, op. cit., p. 22.

② 出自企业内部文件收藏的1941年9月5日的一份剪报，很遗憾的是没有出现报刊的名称。上海市档案馆藏，档案编号：Q199-3-190。

③ 上海市档案馆藏，档案编号：Q199-3-181、Q199-3-195；股东名单根据国籍罗列，见附录8。

④ 上海市档案馆藏，档案编号：Q199-3-94。

留下104匹。[①]因为固定资产已经抵押给一家外国银行做担保，幸而得以保留。中纺纱厂将固定资产抵押给银行，从香港汇丰银行借贷一笔并购贷款，因为贷款没有偿还，中纺纱厂的基础设施（主要是家具和机械设备）最后得以保全。[②]在战乱年代，抵押财产是企业安全的保障。

虽然中纺纱厂没有被日军直接占领，但由于生产停止导致原有的3 000多名工人大部分人离岗，[③]到1942年企业几乎无法继续运转。上海市民惶惶不可终日，担心食物配给，害怕感染上黄热病或者霍乱，也担心被可怕的日本秘密警察逮捕。秘密警察就设在极司菲尔路76号（今万航渡路435号），靠近延平路工厂所在地。日据初期，日军平息了街头暴动，通敌分子还能维持较好的生活水准。上海市民虽然饱受饥饿的摧残，但是依然没有放弃原有的优雅的生活品位。当时上海最著名的女作家张爱玲（1920—1995）在战争爆发初期求学香港，不久之后回到故乡上海。她的叙事完整再现上海作为时尚之都兼具的优雅、国际化，再现战争给上海带来的苦难：

> 在香港，我们初得到开战的消息的时候，宿舍里的一个女同学发起急来，道:"怎么办呢？没有适当的衣服穿！"她是有钱的华侨，对于社交上的不同的场合需要不同的行头，从水上跳舞会到隆重的晚餐，都有充分的准备，但是她没想到打仗。……苏雷珈加入防御工作，在红十字会分所充当临时看护，穿着赤铜底绿寿字的织锦缎棉袍蹲在地上劈柴生火，虽觉可惜，也还是值得的。那一身伶俐的装束给了她空前的自信心，不然，她不会同那些男护士混得那么好。[④]

王福元在王启宇传记中写到，1942年某日，父亲王启宇和兄长王芹荪被日本人叫去谈话。日本人提议中纺转出51%的公司股份，承诺归还征用的库存并且享有日资企业同等待遇。王启宇拒不接受日本人开出的条件，提出如此重要的决策

① 上海市档案馆藏，档案编号：Q199-3-162。

② 1942年6月19在一封香港汇丰银行发给日本海军将领山之内的申明函中，中纺纱厂的资产已经被银行冻结。上海市档案馆藏，档案编号：Q199-3-37。

③ 以上数据来自1945年企业内部报告统计，上海市档案馆藏，档案编号：Q199-3-177。

④ 出自太平洋战争爆发初期张爱玲的个人回忆录《流言》。Chang, Eileen: *Written on water.* New York (2005): Columbia University Press, 1968, pp. 40-41.

必须经过公司股东大会讨论。[①]日本人威胁要纵火烧毁工厂，王启宇毫不退缩，最后还是保住了工厂。

让人难以置信的是，当时中日尚未正式宣战。日本偷袭珍珠港以后，英国、美国正式对日宣战。这样一来，上海的英国人就身处敌区。美国领事馆很快将美国公民撤离上海，但是英国政府却将1万国民留在“孤岛”。[②]当香港、新加坡，这些亚洲的主要港口沦陷以后，英国人四面楚歌。1942年底，约8 000名英国人被关进了集中营。[③]

战争将达丰的创始人逼到了绝境。董事会成员中有像阿诺德（H. E. Arnhold）这样出类拔萃的“上海人”，上海公共租界工部局最后一任主席（1929—1931年、1934—1937年在任）。[④]在珍珠港事件之前英国侨民享有极大的特权，现如今战争局势使他们身处险境。公共租界被日军占领以后，英国和美国公司被宣布为敌军物资。[⑤] 1943年6月威廉·查尔斯·戈默索尔被逮捕关押进龙华监狱。[⑥]还有一些英国人莫名其妙失踪。为了避免再受冲击，中纺纱厂必须再次转为中资企业。

王启宇把握时局。将达丰染织厂从集团分离出去，将中纺纱厂的运作交给儿子王芹荪。[⑦]自从达丰转为股份有限公司以后，王启宇一直未能直接管理自己一手创办的企业。第一任董事会主席余葆三1935年卸任，之后顾子槃继任。[⑧] 1938—1941年达丰由中纺纱厂董事会管理，当时的董事会主席是戈默索尔。1941年顾子槃去世，1943年戈默索尔被捕入狱。王启宇首次出任达丰董事会理事长。他上任以后做的第一件事，就是提升当初达丰创业伙伴的地位，这些都是他最信得过的人。第一个受提拔的是杨杏堤，是他负责将曹家渡的设备转移到公共租界区。第二个是崔福庄，在王启宇开始担任理事长的时候他担任总经理。[⑨]此时，中纺

① 王福元：《中国机器印染之首创者，故实业家王公启宇传略》，见政协舟山市委员会文史资料委员会等编：《舟山文史资料》（第一辑），浙江人民出版社1990年版，第122—123页。

② Bergère, Marie-Claire: *Histoire de Shanghai*. Paris: Fayard, 2002, p. 335.

③ Ibid., p. 316.

④ Bickers, Robert: *Britain in China*. Manchester: Manchester University Press. 1999, pp. 131-132.

⑤ Coble, Parks: *Chinese capitalists in Japan's new world*. Los Angeles: University of California Press, 2001, p. 76.

⑥ 在此期间戈默索尔从公司内部档案中消失，直到1945年公司为庆祝其两年半监禁生涯结束而召开欢迎会才再次出现，下文会进一步介绍。

⑦ 上海市档案馆藏，档案编号：Q199-3-164。

⑧ 上海市档案馆藏，档案编号：Q199-3-5。

⑨ 上海市档案馆藏，档案编号：Q199-3-4。

纱厂则由年轻一代人负责管理：王芹荪以及他的朋友兼合作伙伴，亲英派吴大卫（David Woo）。

1942年9月日本人再次发动军事进攻，因军事需要工厂被日军接管。厂房被征用为军用仓库，王启宇只能躲藏起来。尽管如此，黑市交易却没有停止。1942年底达丰召开的会议就有记录最近三个月一笔5 000布匹的贸易。[①]在此期间，所有不愿意与日军合作的企业家要么被绑架，要么遭到暗杀。根据王福元的回忆，王启宇一方面与日本人维持表面的妥协，一方面继续冒险秘密从事商贸活动，尽管当局对生产和销售有诸多限制。[②]

1943年4月，日本人及汪伪政权改变策略，开始寻求与中国实业家合作。许多原先被占据的工厂物归原主。达丰和中纺纱厂有限公司的工厂也归还了，股东大部分都是中国人（超过90%），因此不能被定性为外资公司或者敌国资产。5月29日，在静安区的一个宾馆里召开达丰和中纺纱厂股东大会。此次会议通过了一系列决策，对于公司长远发展无疑是一次新生。尽管电力和原材料还是限制供应，股东大会决议恢复生产。将不同种类的棉线混纺生产用于织造袜子、内衣的丝光棉。有趣的是，达丰的重生是恢复企业初创起步阶段的生产活动，这年恰逢达丰30周年庆。[③]

另一方面，1943年3月日本人和汪伪政府对贸易活动实行严格控制。首先创立“全国商业统制委员会”，制定了一系列条例，监控被日军认定为“战略物资”的商品运输，比如棉织品。[④]措施都是针对当时的非法交易，这对于“会所”“公馆”这样的地方商会来说无疑是沉重的打击，此类商人组织的功能在于协助商品交易、货物运输。因此，尽管工厂已经归还到企业家手中，他们却很难购买原棉，也很难将商品销售到上海以外的地区。即便如此，日本人的层层封锁终究不可能断绝上海企业家的所有生路。

---

① 上海市档案馆藏，档案编号：Q199-3-4。

② 王福元：《中国机器印染之首创者，故实业家王公启宇传略》，见政协舟山市委员会文史资料委员会等编：《舟山文史资料》（第一辑），浙江人民出版社1990年版，第123页。

③ 该档案详见上海市档案馆中达丰卷宗第一册，上海市档案馆藏，档案编号：Q199-3-1。负责卷宗整理的工作人员认为此次会议材料十分重要，将其作为所有卷宗之首。

④ 四大战略物资也被称为两白（棉花和盐）两黑（煤炭和石油）。日本人也寻找其他纺织材料比如羊毛、亚麻、麻等，还有油料、铁、煤油、医药、燃料、木料、粮食。Coble, Parks: *Chinese capitalists in Japan's new world*. Los Angeles: University of California Press, 2001, p. 41；黄汉民、徐新吾主编：《上海近代工业史》，上海社会科学院出版社1998年版，第253页。

1943年12月中纺、达丰召开第二次股东大会,大会决定将部分生产迁出上海。泰山公司是王启宇在战前创立的,资金和产权都属于中国人。主要负责人是以叶培之为代表的江苏商人,他也是达丰最早的会计之一。[①]叶培之祖籍江苏常熟,在上海附近主持建了两座小型工厂：常熟纱厂(位于常熟)和九龙纱厂(位于罗店靠近宝山)。[②]每个厂共有2 500纱锭并配备最基本的设施。泰山公司冒险将中纺纱厂的机器运往新厂址。[③]两厂都在附近村庄收购棉花,之后的产品也在当地销售。这种做法在当时并不是个案,只要是和武装势力有关系的商会或者贸易公司就能冒这个险,危机四伏又利润丰厚。[④]

这次股东大会还通过了购买瑞士立达子公司(Rieter)2万多锭(总价为140万瑞士法郎),以及向英国公司(Twedales & Smalleys)购买3万多纱锭(总价为20万英镑)的决议。虽然已经预付了一半的订金,然而由于战争,瑞士公司和英国公司都没能如约提供设备。[⑤] 1944年6月,日本军方征用了刚安置在延平路工厂的一个水箱和一个水泵。11月,中纺纱厂经理吴大卫(地位仅次于总经理王芹荪)给流亡在外的兄弟们写信。[⑥]这样一个出身优渥又身居要职的企业家,每天都在诉说经济困难:“上海物价非常高,一担米要2.5万块,一包20支棉纱55万。其他生活用品如油、醋价格贵得离谱。一个五口之家每月要花销5万才能勉强维持生计。”[⑦]

1945年2月,上海仅存的30家棉纺企业中只有16家在运转。荣氏兄弟的申新纺织公司开工率为2.6%；郭氏兄弟的永安开工率算是较高,有8.8%,中纺纱厂开工率高达10%,是所有企业中运作最良好的。[⑧]战争爆发之前,宝兴和振泰还只是有2万纱锭和数百台织机的中型企业,相较之下那时候的永安和申新已经是大型

---

① 1944年泰山公司转为股份制,见上海市档案馆藏,档案编号：Q199-3-14、15。

② 上海市档案馆藏,档案编号：Q199-3-69。

③ 上海市档案馆藏,档案编号：Q199-3-180；王福元:《中国机器印染之首创者,故实业家王公启宇传略》,见政协舟山市委员会文史资料委员会等编:《舟山文史资料》(第一辑),浙江人民出版社1990年版,第122页。

④ Wang, Ju: *Prospérité et déclin de l'industrie cotonnière nationale de Shanghai (1945-1949)*. Tesis doctoral, París: Ecole des Hautes Etudes en Sciences Sociales, 1997, p. 24.

⑤ 上海市档案馆藏,档案编号：Q199-3-180。1944年9月4日瑞士立达公司函表示依然无法发货。上海市档案馆藏,档案编号：Q199-3-166。

⑥ 上海市档案馆藏,档案编号：Q199-3-166。

⑦ 同上。

⑧ Wang, Ju: *Prospérité et déclin de l'industrie cotonnière nationale de Shanghai (1945-1949)*. Tesis doctoral, París: Ecole des Hautes Etudes en Sciences Sociales, 1997, p. 34.

企业了。但是通过英国人和宁波人的合作，以及江南商人的帮助，王启宇的企业一跃成为上海企业乱世生存的榜样。

1945年8月，所有的日本军队撤出上海，美国部队入驻。两个美国空军的军人邀请吴大卫在一家餐厅用餐，也帮他带信给自己的兄弟。[①]吴在信中说到工厂运转率10%是非比寻常的成就。不久之后，戈默索尔获释。1945年9月中纺纱厂和达丰召开总会。会上王启宇非常激动，为了欢迎英国工程师的回归，他发表了简短但是声情并茂的讲话：

> 今天，我们在荣耀和自由中相聚。——这是我们一生中最幸福的时刻，因为两者是人类生命的宝藏，否则生命毫无价值。如今，经过8年空前的奋斗和艰辛，我们终于找回了生命中最珍贵的东西——我们取得了胜利。我建议为我们的国家干杯酒——中国万岁……
>
> 今天，我代表C. C. M.（China Cotton Mills，中纺纱厂）欢迎我们的老朋友戈默索尔先生。众所周知，先生在太平洋战争爆发后被关押在集中营，战争刚刚以日本投降而告终。我们很高兴戈默索尔先生和他的家人身体健康，经历了两年半的磨难后历劫归来。戈默索尔先生和我相识多年，我想诸位清楚我们的朋友戈默索尔为公司做了什么——在非常困难时期，他伸出援手提供了不可估量的帮助。戈默索尔先生，我们感谢您的帮助以及您对这家公司所做的一切，我们要感谢您。圣人教导我们“贤人不忘初心”，正是怀着这种想法，即使时事变迁，我们诚挚地欢迎您回到我们身边。
>
> 现在我建议再次举杯……愿世界永远和平。最后祝各位朋友身体健康、万事如意——愿信昌机器工程和中纺纱厂更上一层楼。[②]

① 上海市档案馆藏，档案编号：Q199-3-166。

② 英文演讲稿由机打而成，真实再现王启宇的英文功底。上海市档案馆藏，档案编号：Q199-3-166。

第二节 企业、侨民和共产主义

一、国际环境：短暂的战后时期

国民党在战后地缘政治版图的衰弱可以说是始料未及。尽管之前有蛛丝马迹，但还是让当时的世界大国措手不及。亚洲的政治局势紧张起来，冷战格局初步形成。第二次世界大战之后，战胜国一方希望中国在美国和苏联之间保持独立，成为太平洋地区的缓冲地带。这种特殊的外交局面使中国的处境变得微妙起来。在此影响下，上海企业家再次陷入两难的境地：要么继续留在中国大陆，要么逃往台湾，要么移民到其他侨民国家。

1945年2月举行雅尔塔会议，初步奠定了战后的世界格局。彼时，重庆国民党政府差点被日本击溃，人民支持率前所未有地低下。美国政府看到中国严峻的形势，向国共两党施压促成国共合作，以期建立一个民主的中国。同时，美国用B-29对日本空袭，东京几乎被夷为平地。苏联已经准备好对日宣战，也支持美国的做法，但是作为出兵条件，乘机攫取了对千岛群岛和库页岛群岛的所有权。[①]英国一时之间无法适应世界格局的新变化，即使在第二次世界大战中惨遭折辱，丘吉尔依然坚持要求国民党政府归还曾经割占的香港。[②]

同年5月德国投降，10月联合国在旧金山正式宣布成立。虽然当时中国国力较弱，还是作为五大国之一成为联合国安理会常任理事国。宋子文带领的10人代表团中有国民党代表，其他党派成员以及共产党代表。联合国大会召开期间，中国如同世界所期待的那样以统一完整的国家形象出现。

8月美国在日本广岛投下原子弹，督促斯大林兑现承诺对日宣战。这样一来，

① Westad, Odd Arne: *Cold War and revolution: Soviet-American rivalry and the origins of the chinese civil war*. New York: Columbia University Press, 1993, p. 13. 苏联索要东北旅顺港口以及该地区的铁路权。详见Westad, op. cit., pp. 7-30。

② Louis, Roger William: "Hong Kong, the critical phase". *The American Historical Review* 102(4), 1997, p. 1063.

美国在亚洲的势力过于强大。8月14日《中苏友好同盟条约》签订，斯大林答应对伪满洲国出兵，并承诺一旦将日本人赶出东北以后就撤军，并且尊重中国的主权，不在东北设任何苏联港口。作为交换条件，苏方要求外蒙古独立，作为军事缓冲地带。美国的原子弹和苏联的出兵给日本带来巨大的威胁，日本很快宣布无条件投降。

同时，在中国广大的解放区内，军民开始了对日的全面反攻。1945年8月9日毛泽东发表《对日寇的最后一战》声明。其后准备在上海发动武装起义，虽然最终以失败告终，但撼动了这座城市。物资极端匮乏的工人和群众组成了中共上海地下组织，并且日益发展壮大。当时的国民党政府兵力极度虚弱，已经没有能力维持整个国家的社会稳定。[①]然而在广大的农村地区，尤其是北方农村，中共得到了农民的支持。共产党重新分配土地，赋予人民代表权利。但当时的国际政治并不愿意见到一个共产主义的中国。为了避免内战爆发，8月29日毛泽东和周恩来到重庆与蒋介石会谈，商定国共两党军事合作、和平建国。经过43天谈判后，双方达成"双十协定"，但在公布后不久即被蒋介石撕毁。协议破裂，内战无可避免。国民党装备精良，从一开始就得到了美国的大力支持。除了美国大量的军事援助以外，华盛顿政府通过联合国善后救济总署UNRRA（United Nations Relief and Rehabilitation Administration）补充当时中国大城市生活必需品和物资的短缺。

由于美国的援助，上海企业得以继续运营，这是上海资产阶级最后一个繁荣时期。1946年7月战火蔓延到江苏和安徽北部，再次将长江流域与内地联系切断。上海最后的"黄金时期"持续到1947年底。[②]战争局势对共产党十分有利：中共部队从山东反击，两股力量从南北夹击，自北平进军汉口，又从北平进军南京。马歇尔与海军陆战队撤回美国，但依然没有停止与国民党政府的贸易往来以及物资援助。国民党政府节节溃败，美国计划眼看就要泡汤。

国民党所有试图复苏经济的措施最后都以失败告终。货币不断贬值导致的严重通货膨胀，远比德国20世纪20年代的通货膨胀更为严峻。到1948年中国经济彻底崩溃。曾经的日资企业通通收归国有，政府对市场过度干预。私人棉纺企业必须按照政府规定的价格亏本销售，但如果企业将商品销往外国就能营利。由于

① Pepper, Suzanne: *Civil war in China: the political struggle, 1945–1949*. Lanham: Rowman & Littlefield, 1999, p. 12.

② Wang, Ju: *Prospérité et déclin de l'industrie cotonnière nationale de Shanghai (1945–1949)*. Tesis doctoral, París: Ecole des Hautes Etudes en Sciences Sociales, 1997, p. 7.

购买原棉越来越依赖国外市场，中国企业和美国贸易公司通过易货交易来规避损失：对外出口成品，对内进口原棉。中国工业与中国市场渐行渐远。

由于经济危机和战争的缘故，上海的电力常常切断，工人罢工潮一波又一波。国民党政府不断向企业家和工人施压，白色恐怖的阴影再次笼罩城市的上空。企业家的不满情绪日益高涨，开始逐渐向香港转移资产。当时的香港仍然被英国占领，外汇相对稳定，也欢迎外来投资。资金外流对于当时的国民经济无疑是致命一击。

上海革命党人遭到青帮的打击以后，从城市撤离分散到广大的农村地区。中共在农村取得了令人瞩目的工作成就。1948年起，中共又将目光投向了城市。虽然中共城市管理经验相对缺乏，但是河北张家口的治理成效出人意料。乞讨、卖淫、吸毒等社会问题得到根治。清算投敌分子和剥削资本家之后，工厂正常开工。虽然执行人民判决和审理，但是企业并没有被集体化。通货膨胀期间不再使用货币，工资以实物形式支付。①

1948年年中，中共加快了收复城市的脚步。1949年1月，共产党攻下北平、天津。同年4月，南京被攻克，5月上海解放。国民党政府的支持者对局面大失所望，他们先是跟着蒋介石跑到重庆，最后去了台湾。国民党政府的倒台引发了企业家的迁徙：台湾岛、香港、东南亚及世界各地。②同时，美国采取一切手段遏制红色势力在亚洲地区蔓延。

上海解放后，新政权第一年对经济的干预少于之前的国民党。政府要求工人接受企业减薪，以避免企业破产。工人们聚在工厂，他们熟悉这里，工厂为他们提供安全保障，在战乱中庇护他们，有时候还会发放救济食品。③上海市副市长潘汉年（1906—1977）是与上海企业界交往密切的中共党员。正因为他的缘故，1950年实业家荣毅仁（1916—2005）担任公职。中共在工业技术领域缺乏经验，新政权成立初期，获得企业家的信任确保工业正常运转才是首要任务。

---

① Pepper, Suzanne: *Civil war in China: the political struggle, 1945–1949*. Lanham: Rowman & Littlefield, 1999, pp. 333–347.

② Trolliet, Pierre: *La diaspora chinoise*. Paris: Presses Universitaires de France, 1994, p. 20; Wang, Gungwu: *China and the Chinese overseas*. Singapur: Times Academic Press, 1991.

③ 具体事例详见 Wing, Chung-ho: "From resistance to collective action in a Shanghai socialist 'model community'. From the late 1940s to early 1970s". *Journal of Social History* 40(1), 2006, pp. 85–119。

1950年朝鲜战争爆发，中国宣布抗美援朝，一切都发生了翻天覆地的变化。1951年在美国操纵下，联合国宣布对华禁运，1952年香港和上海之间的往来几乎被彻底切断。① 1957年最后一家英国企业撤离上海，所有生产型企业都实现国有化。②

二、黄金时代

1947年中国棉纺织工业的产量几近恢复到1937年的水平。战争初期，中国有550万纱锭，其中260万（47%）在上海。战争期间生产力下降了三分之二，之前仅存的30家企业只有租界的10家企业还在继续生产。1945年2月，总产量降到了1937年的十分之一不到。③到了8月，曾经的竞争对手日资企业全部消失，日本工厂被国民党政府接管。

1945年11月，国民党政府宣布国有中国纺织建设公司兼并所有的日资企业和投敌企业。④ 1947年该公司兼并了38家企业（18家上海企业，8家青岛企业，7家天津企业和5家东北企业）共计170万纱锭。⑤如此一来中国纺织建设公司一跃成为世界上最大的棉纺企业之一，同时具备发放公共信贷的资质，拥有原棉供应以及安全的官方销售渠道。⑥ 1946年底，上海共有51家私有棉纺企业在运营。虽然都是小型企业，很少有超过5万纱锭的规模，但纷纷开始购买设备，修复停产的机器。到了1947年国内总计500万纱锭，基本恢复到10年前的工业生产力。

在都市，人们依然为了食物、住所、燃料等基本的生活用品而苦苦挣扎。由于战争导致工业减产，上海25万工人失业。⑦ 1945年6月王启宇的三家工厂（中纺

---

① Murphey, Rhoads: *Shanghai, key to modern China*. Cambridge: Harvard University Press, 1953, p. 199.

② 关于上海最后一家英资企业的撤离详见Bickers, Robert: "Shanghailanders. The Formation and identity of the British Settler in Shanghai, 1843–1937". *Past and Present* 159(1), 1998, p. 210。

③ Coble, Parks: *Chinese capitalists in Japan's new world*. Los Angeles: University of California Press, 2001, p. 119.

④ Wang, Ju: *Prospérité et déclin de l'industrie cotonnière nationale de Shanghai (1945–1949)*. Tesis doctoral, París: Ecole des Hautes Etudes en Sciences Sociales, 1997, pp. 64–65.

⑤ Ibid., p. 67.

⑥ 黄汉民、徐新吾主编：《上海近代工业史》，上海社会科学院出版社1998年版，第263—265页；徐新吾、严有礼：《中国手工业布业的历史演变与特点》，《上海研究论丛》第2期，1989年，第64—78页。

⑦ Frazier, Mark: *The Making of the Chinese industrial workplace: state, revolution, and labor management*. Cambridge: Cambridge University Press, 2002, p. 84.

两家工厂以及一家染织工厂）几乎停产。企业首要任务就是储存至少能够维持四个月的食物，弄到引擎和燃料来维持设备。[①]失业工人到工厂寻求庇护，虽然工厂已经停产，但是工人可以在这里得到食物、住所、衣物以及保护，能够维持基本的生存。[②]但这给企业主造成严重的困扰，因为工人数量过于庞大而无法全部聘用。

中纺纱厂是较早恢复生产的棉纺企业之一。1945年2月，中纺的两家工厂恢复到1937年13%的生产规模；到了11月，恢复了30%；1946年恢复了80%的产量，4.6万的纱锭用于生产。[③]另外，企业在等待两单设备到厂：瑞士立达公司的2万纱锭，英国公司的3万纱锭。1945年的董事会上，戈默索尔、阿诺德、王启宇和王芹荪都为此感到不满。所以董事会召开之后不久，戈默索尔亲自前往英国督促设备发货。由于王启宇及其子王芹荪的谨慎管理，加上英国人的周旋，中纺纱厂很快恢复生产。[④]很多上海企业家都将中英合资的中纺纱厂作为榜样纷纷效仿。1947年申新的一份内部报告就表彰了中纺纱厂的生产系统，并且肯定了该厂的成绩。[⑤]

延平路的达丰染织厂依然由王启宇、崔福庄、杨杏堤管理。达丰厂消化中纺纱厂一部分的生产任务，供应给上海经销商。1945年8月达丰恢复了战前10%的生产水平：每月生产4 000布匹，完成15 000匹印染。[⑥]到了5月，产量恢复到每月10 000匹，印染30 000匹。工厂有59个职员，41个工头，443名工人，60个苦力。[⑦]工厂还不断收到失业工人投来的简历，于是招聘了一个之前在租界做警察的印度人担任员工宿舍的保安。[⑧]

---

① 上海市档案馆藏，档案编号：Q199-3-2。

② Frazier, op. cit., p. 66; Wing, Chung-ho: "From resistance to collective action in a Shanghai socialist 'model community'. From the late 1940s to early 1970s". *Journal of Social History* 40(1), 2006, pp. 85-119.

③ 上海市档案馆藏，档案编号：Q199-3-180。内部文件中的数据与Ju Wang（1997）的分析相吻合。Wang, Ju: *Prospérité et déclin de l'industrie cotonnière nationale de Shanghai (1945-1949)*. Tesis doctoral, París: Ecole des Hautes Etudes en Sciences Sociales, 1997, p. 34.

④ 上海市档案馆藏，档案编号：Q199-3-164。

⑤ 中国企业史缩微资料，3-30-001: 168-176。

⑥ 上海市档案馆藏，档案编号：Q199-3-10。

⑦ 同上。

⑧ 上海市档案馆藏，档案编号：Q199-3-130。

当时上海工厂主要问题之一就是工人过剩，而且大部分工人都挣扎在温饱线。工厂支付给工人的工资只是杯水车薪，因为在工人拿到之后很快就一文不值。戈默索尔曾回忆说：那段时间货币按每分钟1%的速度贬值，连寄封信都很困难，因为贴上邮票以后还没有到达目的地邮资就已经不够了。[①]此外，通货膨胀也导致公司账目非常荒谬。账目必须先由公司会计审核，将价格上浮计算在内。1946年2月，达丰将几个有5.6亿元资金的账户关掉。同年11月，该厂资产总额到了一个天文数字：2 410亿元。[②]

还有一种可能，战争爆发以后，达丰和中纺有一个“黑匣子”，向其他股东隐瞒真实利润，一部分利润兑换成黄金藏在英国银行的保险箱里。然而这只是猜测，目前没有找到证据证实。[③]引发这种猜测，是因为当时企业为了应对通货膨胀想尽一切办法，很多都会将黄金和外汇储备在外国银行里。

国民党政府试图用美元控制通货膨胀，比如像原棉、棉纱此类商品施行平价或者限价。[④]但是政府对棉纱限价产生了不良后果：随着通货膨胀的不断加剧，政府限价很快就低于生产成本。企业在中国市场销售只亏不盈，因而向东南亚市场寻找出路。为了便于产品销往东南亚，在香港设分公司就十分有必要。此外，虽然中国北方棉花产量过剩，但是由于国共内战的白热化，彻底将北方与上海的联系切断。蒋介石在无计可施的情况下二次向美国求助，为中国棉纺企业收购原棉。国民党政府国有企业优先采购原材料，私人企业则必须履行各种繁琐手续来进口原棉。中国内陆的煤炭也无法运达上海，企业只能进口美国燃料。[⑤]

1946—1947年，王启宇首次在上海棉纺协会拥有举足轻重的影响力。毫无疑问，在战争期间环境极其恶劣的情况下，王启宇展现出来的卓越领导才干实现了他社会地位的提升。之前的上海商会或者棉纺企业协会在战争期间都销声匿迹了，取而代之的是与汉奸政府合作的组织机构。抗日战争胜利后迫切需要重新成立企业协会弥补空白。王启宇强烈的凝聚力使其成为核心人物。1946年1月王启宇当

① 英国国家档案馆藏，档案编号：RIIA-8-1981。

② 上海市档案馆藏，档案编号：Q78-2-12417。

③ 相关资料来自 Wang, Ju: *Prospérité et déclin de l'industrie cotonnière nationale de Shanghai (1945-1949)*. Tesis doctoral, París: Ecole des Hautes Etudes en Sciences Sociales, 1997, pp. 142-143。

④ Bergère, Marie-Claire: "Les capitalistes shanghaïenes et la période de transition entre le régime Guomindang et les communistes (1948-1952)". *Études Chinoises* 8(2), 1989, p. 12.

⑤ 英国国家档案馆藏，档案编号：RIIA-8-1981。

选“第六区机器棉纺业同业会”会长。[①]同业会联合了127家棉纺企业，几乎囊括了全国现存的所有私营公司。新企业协会的诞生，是企业界对蒋介石政府错误经济政策的应对，其主要职能就是调节私有企业与国有企业之间的关系。国民党政策要求所有企业遵循政府制定的价格利润以及生产配额。为此民营棉纺企业和国有中国棉纺建设公司成立了数个监督委员会，王启宇在委员会中发挥重要作用。

王启宇也是上海宁波同乡会的重要人物之一。[②]当时上海所有的纺织企业协会都投身于城市重建。王启宇积极从事公益事业，捐助公共工程、卫生设施、救助难民，出资重建学校和医院。[③]王启宇和申新的荣鸿元（1906—1990）、永安的郭顺成为当时上海三大棉纺业巨头。[④] 1947年国民党政府的价格政策越发苛刻。4月王启宇和荣鸿元双双辞去监督委员职务以示抗议。[⑤]关于王启宇的辞职理由，一家杂志做了专访，他强烈谴责配额制度和限价制度。在他看来，目前中国的首要任务就是实现800万纱锭的产量，自主生产机械设备，健全电网以及通信。[⑥]然而国民党政府对这几项诉求完全无作为。

王启宇提出的几项措施旨在帮助当时的中国实现一定程度的自给自足。然而实际经济形势的发展却完全背道而驰。国内棉纺企业对国际市场的依赖越来越大，远超过国内市场。1947年底，政府通过易货形式向北美企业采购棉花。企业可以用成品（棉纱和纺织品）向外国贸易公司或者政府部门换购原棉。中纺纱厂因为与英国公司的关系而在此类贸易中受益颇丰。1947年12月，中纺纱厂将2 400匹棉产品（细布）换取285包印度棉。[⑦] 1948年初，国民党政府贸易政策进一步放宽。起初允许工厂四分之一的产量用于国际贸易，不久之后就允许企业将一半

---

① 上海市档案馆藏，档案编号：Q199-3-33; Wang, op. cit., pp. 75-76.

② 上海市档案馆藏，档案编号：Q117-33-21。

③ 王启宇参与了各种各样的团体协会，比如：基金保管委员会、上海市卫生委员会、江苏省水灾济赈委员会、万灾筹赈委员会、上海市救济委员会等。王启宇相关聘书详见上海市档案馆藏，档案编号：S30-1-25。

④ 上海市档案馆藏，档案编号：S30-1-25-24、S30-1-25-25。

⑤ Bergère, Marie-Claire: “Les capitalistes shanghaïenes et la période de transition entre le régime Guomindang et les communistes (1948-1952)”. *Études Chinoises* 8(2), 1989, p. 13.

⑥ 中国企业史缩微资料，6-04-34。

⑦ 上海市档案馆藏，档案编号：Q199 3 191。易货交易比委员会规定的汇率利润空间更大，24匹布能兑换1 100—1 150英镑的原棉，在英国人的斡旋下成交价格对中纺纱厂十分有利。Wang, Ju: *Prospérité et déclin de l'industrie cotonnière nationale de Shanghai (1945-1949)*. Tesis doctoral, París: Ecole des Hautes Etudes en Sciences Sociales, 1997, p. 200.

产量用于国际市场交易。1948年8月中纺纱厂用细布换取了500包美国棉花，当时这批细布在香港的估值是每匹41.31港币。到了11月，纱厂用194包棉纱换得了550包印度棉。1948年中纺纱厂国际易货额度为51 000匹布、1 027包棉纱，总金额超过50万港币。[①]

一些外国贸易公司因此大发横财。瑞典沃卡特兄弟公司（Volkart Brothers）从19世纪中期就开始做棉花买卖，在世界各个棉花产地都设有办事处：巴西、印度、巴基斯坦、埃及和美国。公司总部设在瑞士温特图尔。中纺纱厂每月都收到沃卡特公司不同产地原棉的详细报价：孟买、亚历山大、新奥尔良等。中纺知悉价格以后，再拟定易货条件。1948年3月王启宇收到沃卡特公司的一封函，获悉"马歇尔计划"即将在欧洲启动。美国政府将发超过200万包原棉帮助欧洲恢复被战争破坏的工业。来函目的就是告知王启宇原棉的价格不会因为"马歇尔计划"的实施而上涨。截至1949年2月，中资企业与沃卡特易货交易额总计高达500万美元。[②]越来越多的外国公司参与进来，比如印度公司（Umringar）和北美田纳西州孟菲斯安塞尔姆公司（Anselm & Company）。并不是所有的交易都是易货贸易，1949年2月中纺纱厂就出资156 250美元从安塞尔姆购买了1 000包原棉。[③]

20世纪40年代是上海资产阶级最后的黄金时代，最终上海资本家的大撤离也是史无前例。当时的上海工业对国际市场过度依赖与国内市场完全割裂，国内紧张的政治氛围使得企业界对政府的不满日益高涨。1948年蒋介石将上海市所有事务交于儿子蒋经国（1910—1988）打理。一开始王启宇对于新的执政者抱有期许，认为蒋经国能够让上海的经济和社会局势有所好转。[④]事实证明他错了。同年8月，蒋介石发行新货币"金圆券"，并且将国有纺织企业私有化，但是两项改革最终以失败告终：非但没能控制通货膨胀，反而加剧资金外流。原本计划施行私有制改革的国有企业只是简单辞去了一些人的职务而已。[⑤]经济政治改革失败，白色恐怖再次笼罩上海。永安的郭棣活（1904—1986）被迫以极低的价格将所有股票出售给国民党政府，荣鸿元因为非法购买外币而被逮捕。甚至有位企业家因为

---

① 上海市档案馆藏，档案编号：Q199-3-191。

② 上海市档案馆藏，档案编号：Q199-3-184。

③ 同上。

④ Wang, Ju: *Prospérité et déclin de l'industrie cotonnière nationale de Shanghai (1945-1949)*. Tesis doctoral, París: Ecole des Hautes Etudes en Sciences Sociales, 1997, p. 225.

⑤ Ibid., p. 217.

非法兑换外币而被处死。[①]将近3 000名上海市民由于将金圆券兑换为更加保值的外币而被监禁。[②]毫不意外，局势逼迫企业家在共产党进入上海之前就纷纷逃去了香港。

直到1947年底，中纺纱厂依然在等待抗战期间从欧洲购买的设备，最后瑞士设备发到了香港港口。虽然设备本来是为上海工厂购买的，但是到货以后就再也没有离开过香港。此外，中纺从1948年就开始出售两个厂的设备。[③]半年后股东大会解散，由于严重的货币危机，中纺向提出申请的股东退还股票而不是现金。总之，中纺纱厂正在逐步撤离上海。[④]

达丰厂的情况也大同小异，虽然染织厂没有发生货币外流的情况。1948年6月企业组织形式发生了重大的改革：每位股东都可以参选董事会成员，取消股东大会，根据产品库存对企业进行估值。此外，工人组成工会联合起来捍卫自己的权益。就此达丰成立了"达丰染织厂产业工会"。1947—1949年，工会向上海社会局提起十几起诉讼。[⑤]

事实上，工会对企业施压也是迫于生存的威胁。到了1947年10月，粮食开始出现短缺，在上海本地购买粮食非常困难，必须到上海外围的乡村，比如常熟等地，去收购价格相对便宜的粮食，但是把粮食运回上海又十分艰险。此外，达丰决定在停电停工的时候不支付工资，此举激怒工人，他们以罢工威胁厂方。工厂做出让步愿意支付半天工资。工人进一步要求支付加班工资，因为一旦恢复电力工厂就日夜开工，超过了10小时的工作时间。由于供电状况极不稳定，到1948年底达丰每周只能开工2～3天。[⑥]

1949年达丰和中纺纱厂的企业主都抛下产业转移去了香港，工人们必须自己组织起来。之前的低级管理人员负责工厂的运转，比较好的设备已经卖掉，现在厂里只剩笨重过时的机器，比如1921年购买的早已淘汰的詹姆斯·法默公司的设

---

① Wang, Ju: *Prospérité et déclin de l'industrie cotonnière nationale de Shanghai (1945-1949)*. Tesis doctoral, París: Ecole des Hautes Etudes en Sciences Sociales, 1997, pp. 231-234.

② Bergère, Marie-Claire: "Les capitalistes shanghaïenes et la période de transition entre le régime Guomindang et les communistes (1948-1952)". *Études Chinoises* 8(2), 1989, p. 10.

③ 上海市档案馆藏，档案编号：Q199-3-181。

④ 上海市档案馆藏，档案编号：Q199-3-2。

⑤ 达丰工人向上海社会局提出的诉讼材料，详见上海市档案馆藏，档案编号：Q6-8-1771。

⑥ 上海市档案馆藏，档案编号：Q6-8-1771。

备。许多工厂都发生类似的情况。工人们必须自己组织起来维持温饱维护设备。[①] 所以1949年春中共军队接管上海的时候，达丰以及上海的许多企业已经自行开始了集体化进程。

三、另辟蹊径

共产党统一全中国前夕，"大分散"是形容上海资产阶级状态的最佳词汇，他们面临艰难的抉择。无论如何，政权的更迭实现了。国民党政权眼看着上海已经无法挽回，试图将上海银行所有的黄金转移到台湾，将具有战略意义的企业也转移过去。但是由于操作困难加上工人的敌对情绪进行并不顺利，便开始破坏，比如像江南制造总局这样的一些工厂就直接被国民党摧毁。[②]另一些国有企业被工人占领并宣布罢工，等待中共进城接管。如此一来，上海解放之后有70多家国有企业以及逃亡国民党高官的企业立刻被中共接管了。[③]

共产党希望接管的企业能够立刻恢复生产，但是国民党在撤离上海的时候，用军舰将长三角地区包围起来，封锁船舶的出入，撤退的时候一路埋下地雷。[④]国民党的海上封锁和城市空袭一直持续到1950年，直到1950年底中共拿下舟山岛战略据点才解除。[⑤]由于缺乏原料、能源以及流动资金，上海大量工厂纷纷倒闭。到1949年6月，只有30%的企业正常开工。[⑥]国民党的海上封锁以及1950年2月对城市电力中枢的轰炸造成了毁灭性打击。[⑦]大多数企业开始撤离，几个工业大家族带着现款撤离到香港，只留下几个家庭成员管理上海的资产。比如上海两大棉纺织

---

① 详见Wing, Chung-ho: "From resistance to collective action in a Shanghai socialist 'model community'. From the late 1940s to early 1970s". *Journal of Social History* 40(1), 2006, pp. 85-119。

② Frazier, Mark: *The Making of the Chinese industrial workplace: state, revolution, and labor management*. Cambridge: Cambridge University Press, 2002, p. 99.

③ Bergère, Marie-Claire: "Les capitalistes shanghaïenes et la période de transition entre le régime Guomindang et les communistes (1948-1952)". *Études Chinoises* 8(2), 1989, p. 19.

④ Wang, Ju: *Prospérité et déclin de l'industrie cotonnière nationale de Shanghai (1945-1949)*. Tesis doctoral, París: Ecole des Hautes Etudes en Sciences Sociales, 1997, pp. 262-263; Frazier, op. cit., pp. 97-99.

⑤ Murphey, Rhoads: *Shanghai, key to modern China*. Cambridge: Harvard University Press, 1953, p. 200.

⑥ Bergère, op. cit., p. 19.

⑦ Bergère, Marie-Claire: *Histoire de Shanghai*. Paris: Fayard, 2002, p. 369.

家族就留下了荣毅仁和郭棣活,其余成员都去了香港或者美国。[①]

因工厂倒闭造成大量失业工人。工人要求支付工资并提供食物,但工厂依然停业。为了避免发生社会冲突,共产党决定向企业贷款,要求工人恢复生产,承诺给企业提供原料收购产品。更加出人意料的是,中共建议给工人减薪,但确保提供基本的生活必需品。[②]政府采用委托加工的形式向纺织厂订货。最后,新政府有效遏制了通货膨胀并成功发行了"人民币"。[③]

共产党履行承诺恢复生产建设上海。城市人口从1949年的500万增长到1952年的600多万。大量农村贫困人口向城市迁徙,寻找生存发展的机会。1952年第一个五年计划制定以后立刻实施,私营企业开始公私合营。

集体化是一个渐进的过程。最先开始的是国民党留下的企业,在中共军队进入上海以后直接被接管。接下来的就是企业主已经逃亡的工厂,比如中纺纱厂、达丰染织厂。在上海解放之前,这两处工厂就已经空置了。1948年下半年,中纺纱厂和达丰厂的内部档案就开始减少。到了年底,王启宇主持了达丰最后的几次董事会,而中纺纱厂的董事会则坚持到1949年3月。[④]会上悼念创始人之一离世的崔福庄,王启宇又任命新人何瑞棠负责染织厂,直至最后撤离上海。

其间,戈默索尔频繁往来于上海、香港、伦敦。1951年5月英国皇家国际事务协会(Royal Institute of International Affairs)邀请戈默索尔就上海局势做讲座。他的讲座题目是《中国商贸环境》,表示支持中共领导的新政权。[⑤]他在讲座中申明,新政府完全不同于国民党政府,是个高效、诚信的政府,保证火车运行、电力和原材料供应。尽管他看到工业建设困难重重,但认为英国与共产主义的中国将会有良好的贸易关系。他没有说明自己在上海究竟做什么,但是在演讲尾声部分反复申明,自己只是一个企业家。在他看来,中国解放给人民带来史无前例的巨变。

> 我的理论建立在伟大革命已经获得成功的这一前提。期待已久的中国已经重新觉醒,但出乎所有人的意料,不是旧政权的逐步演变和完善,也不是旧

---

① Bergère, Marie-Claire: "Les capitalistes shanghaïenes et la période de transition entre le régime Guomindang et les communistes (1948-1952)". *Études Chinoises* 8(2), 1989, p. 27.

② Frazier, Mark: *The Making of the Chinese industrial workplace: state, revolution, and labor management*. Cambridge: Cambridge University Press, 2002, p. 106.

③ Lardy, op. cit., pp. 150-151.

④ 上海市档案馆藏,档案编号:Q199-3-2、Q199-3-10.

⑤ 相关资料来自演讲内容,详见英国国家档案馆藏,档案编号:RIIA-8-1981。

> 党内出现一位伟大的领导人，而是突然的戏剧性的精神力量的创造——无论是好是坏还有待观察——彻底颠覆整个国家。在我看来，这场革命与法国大革命一样有预兆，但规模更大，且是以更温和更少的流血实现。[①]

同年，王启宇的次子王福元代表中纺纱厂、达丰厂以及家族企业大纬来到上海。王福元驻沪期间，“上海市棉纺织工业同业公会”成立。起初，委员会要求王福元“接受社会主义新路线的改造”，[②]之后开始审查公司业务。委员会认为工厂工人太多，有必要裁员削减开支，提高生产效率。对此，王福元提议企业主与工人合作。首先，三家企业的生产与经营完全衔接起来。也就是说，新公司应当是原棉进厂成衣出厂。其次，新公司应当实现“公私合营协调统一”。

当时上海大力推行合营计划，工作重点在于促成企业家和工人之间的合作。没有说“集体化”，而是“公私合营”。在清算了三家工厂（中纺纱厂的5万纱锭694台织机，达丰400台织机和整套的洗染设备，家族企业大纬400台织机）后，委员会承诺再购买500台织机。另外，将所有的机械设备集中到一起，使合营更加有效并节省开支。

委员会承认私人股东，然而在原有的公司结构中，还必须加入“公股”，就是工人和党派成员。委员会对150万人民币以及三分之一的资金（确切来说是33.7%）转移到了香港非常不满。此外，因大多数私人股东都不在上海，公股股东将是企业未来的决策人。

公股组成的工人委员会选举8名代表作为新的董事会成员。董事会上产生了主席、厂长、经理。王福元作为私股代表，可以任命助理经理。档案并没有记录最后他是否行使了该项权利。最后，会议尾声部分赞颂公私合营对国家产业和经济发展做出的巨大贡献。

王福元带着这些消息回到香港。一年后香港和上海之间的交通彻底瘫痪，流亡香港的企业家只能放弃上海的工厂。上海的达丰、中纺纱厂、大纬彻底改头换面更名改姓：公私合营达丰纺织印染股份有限公司，直到1966年名义上都是股份有限公司。[③]然而，新公司遇到一个问题，就是工厂设备陈旧过时，多数是20世纪20

① 英国国家档案馆藏，档案编号：RIIA-8-1981。

② 资料来自上海纺织工会档案，上海市档案馆藏，档案编号：S30-4-90-106。

③ 上海档案馆收藏了企业改名之后的相关发展情况。由此看来，中华人民共和国时期的达丰企业发展史也非常有研究价值；邹木法：《上海纺织工人运动史》，中共党史出版社1991年版，第658页。

年代工业化浪潮时期的旧机器。最先进的设备先后被日军、国民党征用,最后又被企业家运去了香港。此外,由于朝鲜战争和海上封锁,订购的西方设备无法运达上海。

新中国第一个五年计划重点发展重工业,由苏联和民主德国提供技术支持。消费品的生产放在次要地位(生活必需品除外),优先发展大型生产性产业如机械、冶金、电力、煤炭、石油和化工。[①] 1954年中国实行食品和服装定量供应制。[②]多数的工业中心都设立在远离海岸的内陆地区。企业被国有化,留下来的企业家则被改造成技术专家,分配到全国各地区负责筹建和管理新的工厂,旧工厂则乏人问津。

此时香港的情况正好相反。在大量上海企业家刚刚抵达的时候,香港还没有严格意义上的纺纱工业。1899年怡和洋行试图在香港建立一座棉纺工厂,但是最后没有成功而迁去了上海。[③]半个世纪以后,1947年8月上海大同的创始人李震之创办了香港第一家棉纺织企业。李震之靠着从北美购买的5 000纱锭起家,创建了中国南方纺织有限公司。[④] 1948年初荣氏家族到了香港,又创办了4家工厂。同年春,中纺纱厂利用从瑞士和英国新购得的37 000纱锭建起了全香港规模最大的棉纺企业。到1949年末,香港共计20万纱锭用于纺纱。[⑤]

香港人口从1945年的60万暴涨到1949年的200万,[⑥]其中增加的人口中就有为数众多的上海棉纺实业家。事实上,香港的工业化正是由上海黄金时代的缔造者移民香港以后实现的,香港78%的纺纱企业都由他们掌控。[⑦]虽说这些人都来自上海,但是很多是像王启宇一样祖籍宁波。大约有10%～16%的香港人来自宁波。[⑧]

---

① Lardy, Nicholas R.: "Economic recovery and the 1st Five-Year Plan". Macfarquhar, Roderick and John King Fairbank (eds.): *The Cambridge History of China. Volume 14. The People's Republic, Part 1: The emergence of revolutionary China, 1949–1965*. Cambridge: Cambridge University Press, 1987, p. 158.

② Ibid., pp. 172–176.

③ Wong, Siu-lun: *Emigrant entrepreneurs. Shanghai industrialists in Hong Kong*. Hong Kong: Oxford University Press, 1988, pp. 66–67.

④ Wang, Ju: *Prospérité et déclin de l'industrie cotonnière nationale de Shanghai (1945–1949)*. Tesis doctoral, París: Ecole des Hautes Etudes en Sciences Sociales, 1997, pp. 215–216.

⑤ Wong, op. cit., 3.

⑥ Nishida, Judith Mary: *The Japanese influence on the Shanghainese textile industry and implications for Hong Kong*. Tesis doctoral, Hong Kong: University of Hong Kong, 1990, p. 108.

⑦ Wong, op. cit., p. 13.

⑧ Ibid., p. 5.

在香港成为金融中心之前，纺织业是最重要的经济产业。[①]

从1948年开始，大量内地资本流向香港。信昌机器工程有限公司在大迁徙中起到关键作用，在上海公司和香港最大的英国汇丰银行之间调停。[②]戈默索尔非常擅长在中西文化之间斡旋，多年以来一直为中国客户购买英国设备。企业家要向银行贷款购买机器，信昌机器工程公司便出面代为办理。作为回报，信昌根据银行贷款给自己的利率(7%)再加价(9%)贷款给中国企业，从中赚取差价。[③]戈默索尔作为中纺纱厂的股东和董事会成员，很有可能为其争取到的信贷条件优于其他公司。[④]厉树雄此时也来到香港，由于他在哥伦比亚大学读书的经历，在信昌机器工程公司和新建纺织企业的贸易活动中发挥了重要作用。

信昌及其中国企业家在香港的投资回报率非常高，据戈默索尔称：让您了解一下他们的利润——纱厂用1万纱锭每月能够生产近600包纱线。一包纱线利润约为200美元。因此，每1万纱锭每月的总利润约为12万美元。1万锭的成本约为8万英镑。因此，机器的成本可以在两个月收回。[⑤]香港成为世界纺织中心之一。当1955年棉纺织业专家阿尔诺·S.皮尔斯访问香港的时候，对这里的盛况大为惊叹，生产设备非常先进，企业正在研发人造纤维，工厂使用空调来应对香港潮湿的气候。由于产品大量出口，香港经济欣欣向荣。[⑥]

在香港这个新舞台上，王启宇重整旗鼓东山再起。戈默索尔、阿诺德、埃利斯顿和王启宇父子出席了中纺纱厂董事会。1949年重建中国染织股份有限公司(China Dyeing Works)。[⑦]王氏家族进一步拓宽产业，兴建了半岛纱厂有限公司(Peninsula Spinners)、上海毛绒纺织厂(Shanghai Worsted Mill)等数家企业，是最早

① Nishida, Judith Mary: *The Japanese influence on the Shanghainese textile industry and implications for Hong Kong*. Tesis doctoral, Hong Kong: University of Hong Kong, 1990, p. 109.

② Nishida, Judith Mary: *The Japanese influence on the Shanghainese textile industry and implications for Hong Kong*. Tesis doctoral, Hong Kong: University of Hong Kong, 1990, p. 114. Wong, Siu-lun: *Emigrant entrepreneurs. Shanghai industrialists in Hong Kong*. Hong Kong: Oxford University Press, 1988, p. 212.

③ Wong, op. cit., pp. 52, 117–118.

④ 信昌机器工程公司账目及其参股王启宇多家企业的详细资料，见中国企业史缩微资料，6-08-11-337。

⑤ Nishida, op. cit., p. 114.

⑥ Ibid., p. 132.

⑦ Ibid., pp. 181、138.

开始尝试研发人造丝、精纺毛等人造纤维的企业。新办的家族企业使得王氏成为香港资产阶级中极具影响力的家族之一。王启宇慢慢将企业的管理移交给三个儿子：王福元、王芹荪、王统元。在当时的中国内地，服装大多只有灰、蓝、军绿三种颜色，而香港正流行"旗袍"款，王氏企业还向西方市场出口滑雪服。①

香港纺织业具有敏锐的市场嗅觉，洞觉到服装批量生产在未来市场上的繁荣前景。一开始工厂出售成卷的布匹，而后不久缝纫机流水线的作坊遍地开花。1954年，九龙纱厂更名香港纱厂有限公司。公司旗下品牌有利登制衣厂（生产男裤）和怡泰制衣（生产滑雪衫）。②王氏家族的部分成员去了美国之后也投身纺织产业，如Betty Wong创立了专做体育服饰的FERA。③香港的纺织品价格低廉极具竞争力，不仅出口东南亚国家，也远销英国、美国以及欧洲其他国家。

1965年王启宇逝于香港。据黄绍伦介绍，王先生最后葬于东华，是一处专门留给客死异乡人的墓地。④王氏家族再回故乡已经是1982年。随着改革开放，王福元终于再次回到了祖辈生活过的土地，距他1951年离开上海已经过去了30年。王福元出资30万元人民币在舟山定海建了一所中学，并以父亲王启宇的名字命名。⑤

---

① Clark, Hazel: "The cheung sam: Issues of fashion and cultural identity". At Steel, Valerie and Major, John S. (eds.): *China chic. East meets West*. New Haven: Yale University Press, 1999, p. 159.

② Nishida, op. cit., p. 144.

③ 舟山市政府曾给作者本人一张Betty Wong的名片，虽然并未能有幸与之取得联系。

④ Wong, Siu-lun: *Emigrant entrepreneurs. Shanghai industrialists in Hong Kong*. Hong Kong: Oxford University Press, 1988, p. 40

⑤ 王氏家族在学校建成以后还出资捐造了一座图书馆和一座体育馆。王福元：《中国机器印染之首创者，故实业家王公启宇传略》，见政协舟山市委员会文史资料委员会等编：《舟山文史资料》（第一辑），浙江人民出版社1990年版，第110页。

结　语

达丰企业的发展历程展现了洗染业从作坊到工厂的变化轨迹，该公司案例或许解答了本研究一开始时提出的问题。作为中国本土资本主义论战的核心内容，很少有人涉及该领域研究。从参考文献可以发现，目前关于纺织成品的研究较多，因此本书另辟蹊径更多关注棉花生产初级阶段的纺纱和织布。

自明朝以来，长三角地区就已经出现了家庭作坊从事纺纱、织布，以及城市专业洗染、熨烫的作坊。长三角地区是中国的经济引擎之一。地区性专业生产对于帝国经济发展至关重要，棉产品与粮食都是地区贸易流通的基本产品。在综合市场上买卖的棉产品规模已经能够满足当时世界上人口最多的国家。18世纪中国的经济以及棉纺织业的生产水平已经十分发达，尽管中国没有沿着西方资本主义所定义的道路继续发展。

中国在鸦片战争之前的经济模式是以人力劳动和国内贸易保证国内供给。此时正处于工业革命的欧洲开始资本的密集型生产，主要依赖对外贸易。因此，我们可以将长三角地区的经济定义为商业资本主义，不仅如此，它已经非常接近亚当·斯密所推崇的自由市场的理念。韦伯曾经提出，为什么中国自身没有向资本主义演变。答案就在于当时中国经济的特点。18世纪中叶的中国是世界第一的经济强国，为什么中国没有演变成欧洲那样的工业资本主义，因为中国已经具备自有的运行良好的经济模式。然而这种模式在19世纪中叶遇到了危机，多种因素导致其走向衰败。

首先，1830年开始自然灾害频发而清政府缺乏公共投资，依赖水路的国内贸易系统遭到破坏。黄河改道封锁了运输生活必需品的交通枢纽之一——大运河。运河淤积导致长三角地区余粮无法向北方运输，北方的原棉无法供给长江流域的棉纺织业。运输河道瘫痪、干旱以及洪水灾害，多个因素导致地区普遍贫困指数升高，逐步与其他地区形成隔离。

第二，经济危机引发多次起义，撼动了清王朝的统治。“太平天国”等农民运动给国家带来了巨大的动荡。由于社会动荡导致贸易交易成本提高,运输线风险增加,因此受到起义波及的地区贸易进一步被封锁。尽管清政府镇压了一些大规模叛乱,但是任何军事或者政治力量都无法保证中国内部地区的安全和稳定,直到1949年中国共产党解放中国,情况才有所改变。

第三,外国势力干涉,当时中国自然灾害频发、国内的农民运动此起彼伏。中国在两次鸦片战争中溃败,清政府必须接受所谓的“自由贸易”对外开放国内市场,向外商提供一系列对中国极为不利的特权。随着帝国主义列强的节节胜利,他们对中国市场充满信心,这里有四亿潜在消费者和无穷尽的自然资源,将为企业家、银行家和外国贸易商开放。

在这种时代背景下中国的工业化起步,于19世纪中叶开始产生萌芽,但最后以失败告终。也是在这种社会背景下,达丰从洗染作坊演变为现代化工厂。为了实现这一目标,达丰建造工业厂房,制定章程条例,采购现代化机器,聘请英国工程师,印刷海报向消费者宣传企业的品牌商标。整个过程可以用一个词概括:增长。伴随着达丰的兴起,中国的工业也得以发展。然而这一切并不足以改变当时中国的社会和经济。

工厂和作坊在经济运行方面存在巨大差异。工厂加速了每道生产工序,是其他生产形式根本无法想象的。这种指数级增长显示在达丰厂的投入(资本、劳动力和不动产)和输出(生产、分销渠道和商品销售)上。理论上来说,这种增长速度必须与同等水平的生产环境相适应,但显然当时的中国并不具备这种条件。上海和长三角地区的工业化发展产生的生产资料和消费品市场的需求无法得到满足。

工业化发展的自身特性与当时中国市场的现实情况完全相反。当时中国领土支离破碎,阻碍了大部分地区基本生活必需品的供应,在此情况下,人们为了自给自足而被牢牢束缚于生产劳作无法离开土地。另外,与英国不同的是,当时长三角的港口无法进口国内严重缺乏的粮食和棉花等生活必需品,只能进口工业制成品和鸦片。这就是为什么中国市场作为世界上最大的消费市场,变成了一个神话。中国北方的煤矿和原棉距离工业中心的长三角太遥远了。上海城市的繁荣与内陆地区的贫困形成了鲜明的对比,以农业为主、顽固的家庭生产模式持续了很长一段时间。

沿海经济中心与内陆地区脱钩的主要原因在于:内战导致的领土分裂,气候灾害和外国干涉。单靠分析外源性因素(如帝国主义)或者内源性的结构性因素(如中国企业的组织)都无法解释这种现象。必须全面分析1850—1949年钳制国家经济的所有历史偶发事件，才能真正理解中国工业化发展为什么没有推广到上海以外，推向其他地区的中心城市。

工业化进程需要拓展市场，当时的中国非但没有实现领土扩张，反而是在一次次的帝国主义侵略战争和地区冲突中不断失去主权。从19世纪中期开始，西方贸易公司就控制了海上运输，到了工业急剧发展的20世纪二三十年代，主导权才逐渐转给亚洲公司。但是日本作为亚洲工业最发达的国家，将本国的经济增长与对外扩张政策结合在一起，企图侵占中国部分领土。不可否认日本在工业化进程中取得了成功，至少在棉纺织业上如此，因此也导致了中国的工业化和棉纺织业的失败：日本掌控了中国北方的棉花产地，封锁了该地区中国工业产品和原料的流通和销售。随着工业化进程的加快，日本在控制中国北部地区以后，对上海的威胁和攻击也不断升级。

本研究也可以得出如下结论，即工业化发展不会破坏社团间的联系，反而促使人们以社团形式组织在一起。达丰的创始人是移居上海的宁波人。社团极具组织性，通过地域和行业联系构建起来，在鸦片战争之前就已然存在。随着英国移民的到来，宁波商人开始探索进口市场，通过不断发展直至演化为中国新兴的工业资产阶级。然而，宁波社团的关系网并没有伴随着工业化的发展而消失，也没有发生任何实质性的改变，同乡会和商会依然存在着。

另一方面，上海的英国人在中国工业化进程中起到了桥梁作用，他们与英国保持联系，当中国企业需要从英国购买设备时，就需要他们在中间沟通协调。然而，正是英国人率先制定了侵略者在这座城市的共存标准，建立了有利于本国商人的殖民体系。英国人有自己的领事馆、大型贸易公司、专为英国人服务的高级俱乐部，甚至还有自己的军队。总之，尽管在上海推行国际自由主义，英国人仍然以社团的形式捍卫自己的利益。

达丰转型成为一个现代化企业，就必须规范公司结构，明确规章制度，确定编制人数以及股东成员。理论上讲，之前的社会关系被公司等级制度、职业道德规范和追逐利润作为唯一目标取代了。尽管企业管理推行理性主义世界观，本研究依然试图证明社团联系的持久存在。在某种程度上讲，工作领域的科学管理无法解决实际问题，比如抵制英国货，或者抗议1931年日本对中国东北的侵略。此外，达丰作为按照中国法律注册并且完全由中国资本注资的公司，管理过程中有英国工程师参与进来，与其中资身份看似不匹配。但这种双重性如同达丰的救生圈，一旦政治环境发生变化，无论是向英国社团还是中国的公所会馆，达丰都可以寻求保护。本研究呈现了企业家在处理这些复杂关系时的微妙手段，一次次地峰回路转，正是这些复杂交错的社会关系才使得达丰在动荡的社会环境中生存了将近40年的时间。

错综的国际社交网络具现到个人，就是威廉·查尔斯·戈默索尔和王启宇，1949年他们决定将达丰搬迁到香港。事实上迁徙整个企业是不可能的。流动资金和达丰公司的所有者可以转移，但是固定资产和工人只能留在上海。此处我们不再展开讨论，针对这个问题笔者希望未来有学者能够在本研究的基础上继续深入调研，再现达丰的发展脉络。值得一提的是，直到20世纪上半叶香港都没有出现能够媲美上海的工业。1949年随着上海企业家的大迁徙，香港成为向工业化城市成功转型的典范，即便在英国和美国的市场，香港纺织业都展现出空前强大的竞争力。香港就此成为一个繁荣的国际化大都市，虽然与内地分离，但与英国和北美的贸易公司保持联系，英美努力维护港口保障储备和分销各类货品。

香港展示了中国工业化的另外一面。上海工业发展早期，中国商人不具备相关工业知识，不懂如何管理现代化工厂。但并不意味着他们没有管理能力，正如达丰的发展，就是中国民族企业家不断适应新的现实环境的过程。通过不断学习和反复试验，中国工厂已经有能力与同领域的英国工厂竞争，其品质也能与进口商品媲美。许多英国公司在华创立初期就倒闭，如1924年的老公茂纱厂，就证明了一个事实：即便有不平等条约、口岸协议规定的诸多特权，英国人也不能主宰中国市场的命运。19世纪晚期，最早建立的一批中国工厂确实遭遇诸多问题，但是到了20世纪20年代初，企业就步入正轨并且运营情况不断好转，企业家用他们一步步走来所积累的经验，在50年代的香港再次成为世界上最有竞争力的制造商。从此香港资本经济繁荣发展，并且完全面向国际市场。

中国工业化最初的目的就是摆脱对外国市场的依赖，也恰恰是在这个时候，肩负着振兴民族这一政治使命的工业化发展道路以失败告终。最早出现在中国的工厂都是外国人建造，由于清政府和民众的抵制而发展困难。不久之后，为了制造现代化武器和蒸汽船，洋务派开始开办工厂使用西方生产技术，就此诞生中国最早的一批船厂、丝绸厂、印刷厂、面粉厂、造纸厂和纺织厂，始终以抵制洋货和实业强国为目标。

为了抵制在上海码头卸载的进口货物，中国的工业化在上海起步。在政治方面是想避免中国市场受外国势力的支配，为此产生了蒸汽运输企业（轮船招商局），垄断了从南到北的粮食运输；诞生了第一家纺织企业（上海机器织布局），试图垄断棉织品工业生产。总之,这是出于国家战略利益考虑。然而这些零星的萌芽未成气候,在清王朝末期经济走向崩溃时影响甚微。

随着革命的兴起,20世纪二三十年代中国工业化进程迈开了重要的一步,数据显示,二三十年代的工业增长接近9%,较之前有了显著的质的提高。总体而言,当时的社会环境对于私人创业十分有利,也正是这些早期工业资产阶级推动了社会进步,他们是现代企业建设的中坚力量。另一方面,正是产业发展的推动,将这些成分不一的新兴阶级凝聚起来成为一股社会力量。

达丰的起源具体展示了这一新兴社会阶层如何产生以及在何处产生。先是上海本地棉花商人对进口商品产生兴趣,然后开始与外国人打交道。由于割据导致中国的市场被割裂,国货在国内市场的交易遭到阻碍。于是,"买办"开始购买进口产品,学习外国先进生产方法。总之,从清朝洋务派开始,就在坚持"祖宗"的治国思路的同时,认为学习西方科学技术、使自身受益并巩固国家的经济是非常有必要的。这项政治目的在李鸿章和王启宇这样的第一、第二代实业家的主张中都有所体现。

但是这一理念与现实情况相违背。上海实业家从来没能完全摆脱对外国公司和国际市场的依赖,也无法引领中国其他地区走向工业现代化。地方割据导致领土不完整,中国资产阶级最后不得不放弃上海以外的地区,放弃实业强国的理想。日军侵略中国导致这种趋势进一步加剧,上海变成一座"孤岛"。抗日战争胜利后,上海企业家对北美公司的依赖更甚于中国市场。从某种意义上可以将其理解为中国资产阶级对民族主义理想的背叛。他们的经历坐实了实业救国最终只能以失败告终。无论是实业救国,还是企业家向香港流亡,都是中国人寻求发展的长征的又一步。

附　录

1. 达丰主要固定资产分布图

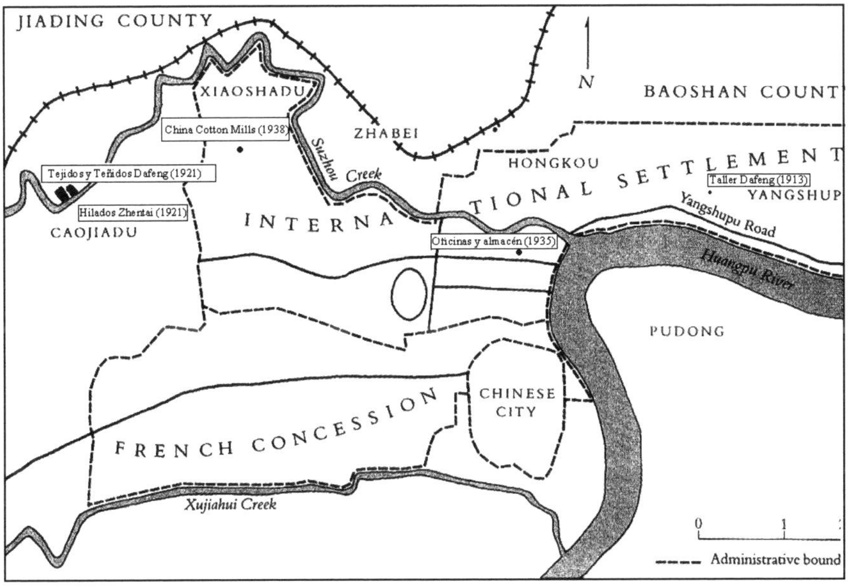

Map 2. Shanghai, 1919

资料来源：Honig, Emily: *Sisters and strangers: Women in the Shanghai cotton mills, 1919–1949*. Stanford: Stanford University Press, 1986, p. 20，本书作者参考此书制作此图。

2. 达丰染厂简章（1920年）

达丰染厂简章

开办工厂纯以提倡实业为主旨，金钱上之出入最宜调查明白。一钱之微必须审慎而后出之，无滥用，亦不吝惜。名誉为吾人第二生命。金钱上如能交代清楚，不仅专为公家着想，实为办事人之名誉计也。

处理工人须以严正为主，待遇彼辈则以诚实为归。事无巨细，皆须认真办理，苟且敷衍为误事之母。厂中无论何人皆有定务即无论何人皆负有定责，越俎代庖固属不可，放弃责任之在所必罚。人人皆须谨守厂章，即人人皆无越出厂章范围以外之意，责任心、义务心不可无，自私自利之见不可不泯灭于胸也。

厂事非一人所能办好，全仗同事诸人之共力合作，乃克有济，不尚意气，不存嫌疑，一举一动皆须以公事为前提。将来厂务发达，岂止股东诸公获益已也，同事者皆亦兴有容焉。谨草厂章于左兴，诸执事共守之。

资料来源：上海市档案馆藏，档案编号：Q199-20-95。

3. 曹家渡达丰染织厂平面图

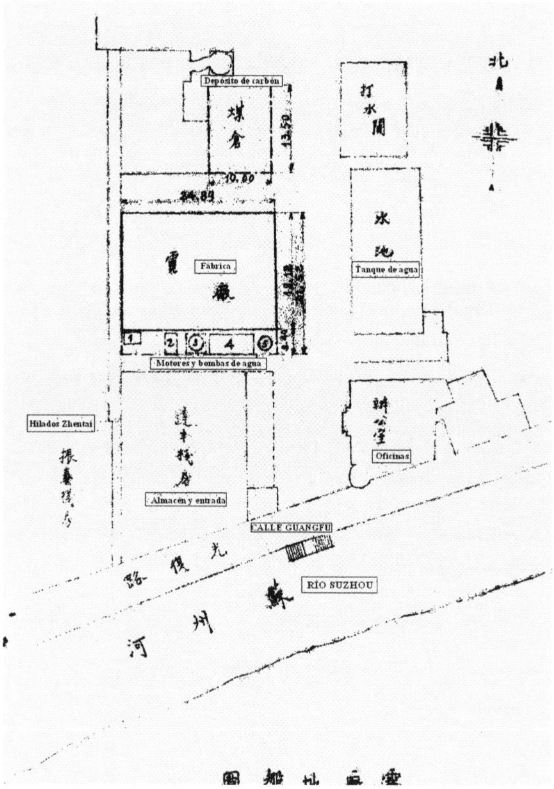

资料来源：上海市档案馆藏，档案编号：Q199-3-151。

4. 达丰出口账目(1928年)

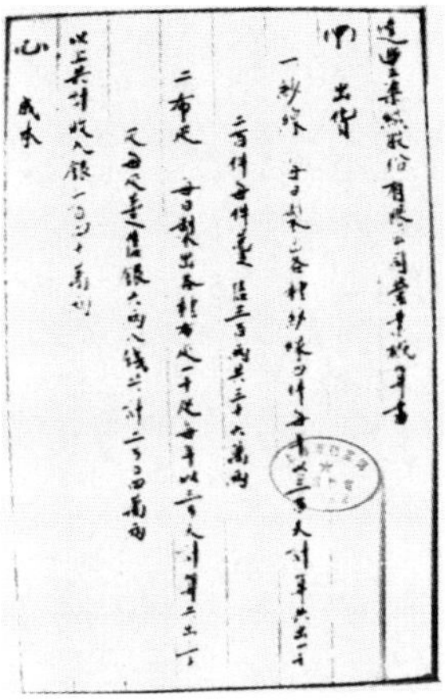
達豐染織股份有限公司營業概算書
(甲)出貨
一紗線 全年出各種紗線[illegible]
[illegible]
二布疋 全年出各種布疋[illegible]
又每疋售銀六兩八錢共計二百四萬兩
以上共計收入銀二百四十萬兩
(乙)成本

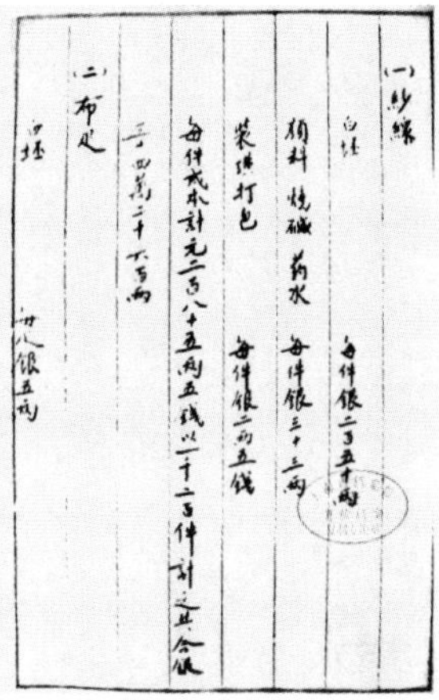
(一)紗線
白坯 每件銀二百五十兩
顏料 燒鹼 藥水 每件銀三十三兩
裝璜打包 每件銀二兩五錢
每件成本計元二百八十五兩五錢以一千二百件計之共合銀
三十四萬二千六百兩
(二)布疋
白坯 每疋銀五兩

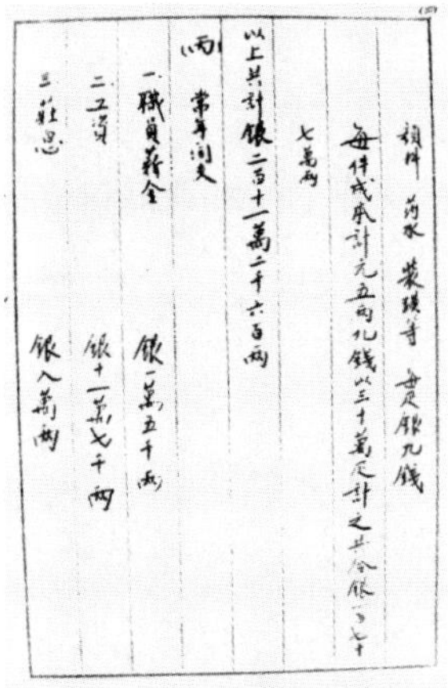
顏料 藥水 裝璜等 每疋銀九錢
每件成本計元五兩九錢以三十萬疋計之共合銀一百七十
七萬兩
以上共計銀二百十一萬二千六百兩
(丙)常年開支
一職員薪金 銀一萬五千兩
二工資 銀十一萬七千兩
三莊息 銀八萬兩

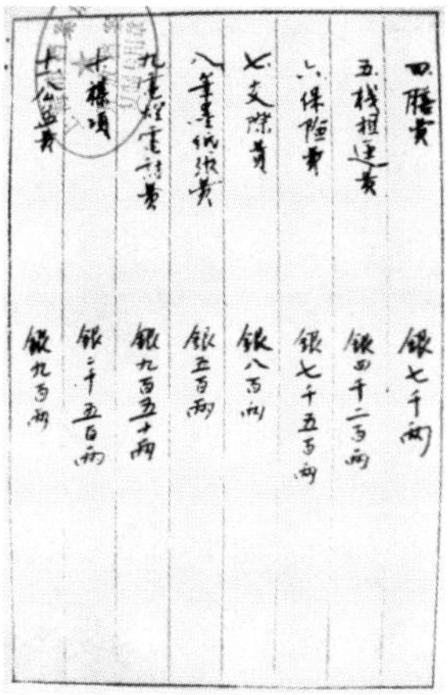
四膳費 銀七千兩
五棧租運費 銀四千二百兩
六保險費 銀七千五百兩
七交際費 銀八百兩
八筆墨紙張費 銀五百兩
九燈電話費 銀九百五十兩
十雜項 銀二千五百兩
十一公益費 銀九百兩

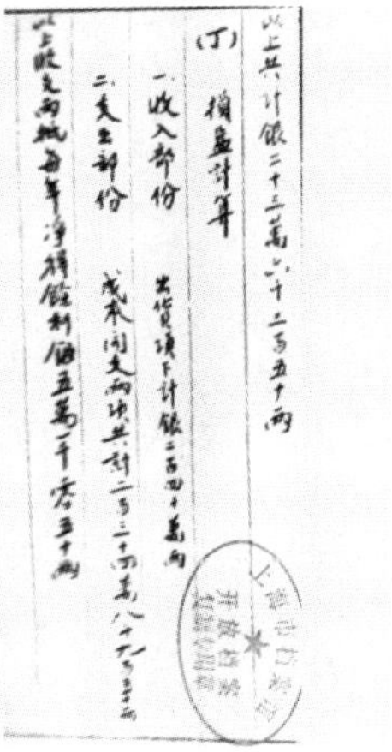
以上共計銀二十三萬六千二百五十兩
(丁)損益計算
一收入部份 出貨項下計銀二百四十萬兩
二支出部份 成本開支兩項共計二百三十四萬八千九百五十兩
以上收支兩抵每年淨積餘利潤五萬一千零五十兩

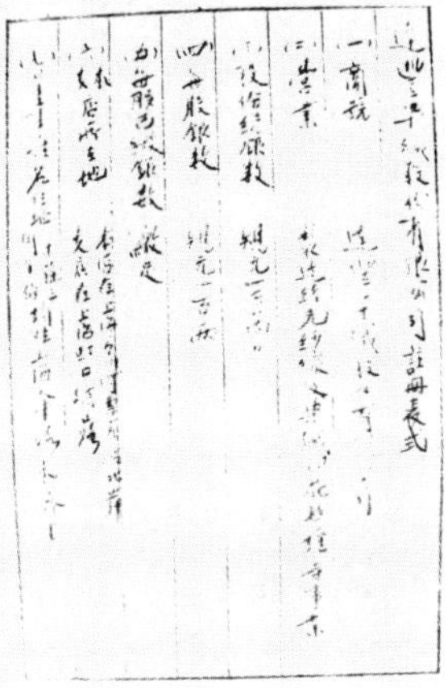
達豐染織股份有限公司註冊表式
一商號 [illegible]
二[illegible] [illegible]
三股份總額數 [illegible]
四每股銀數 [illegible]
五已繳銀數 [illegible]
六[illegible]
[illegible]

资料来源:上海市档案馆藏,档案编号:Q199-20-91。

5. 英国领事馆证明(1932年)

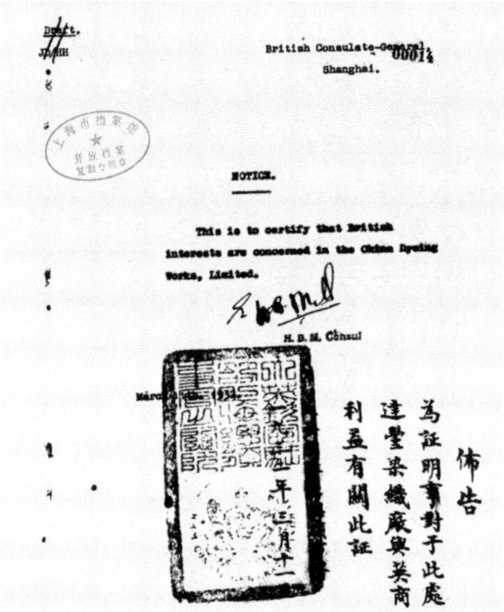

Draft.
JD/BH

British Consulate-General,
Shanghai.
00014

NOTICE.

This is to certify that British interests are concerned in the China Dyeing Works, Limited.

H. B. M. Consul

March ... 1932.

佈告

為証明事對于此處達豐染織廠與英商利益有關此証

资料来源：上海市档案馆藏，档案编号：Q199-3-181。

6. 达丰厂行政管理图(1935年)

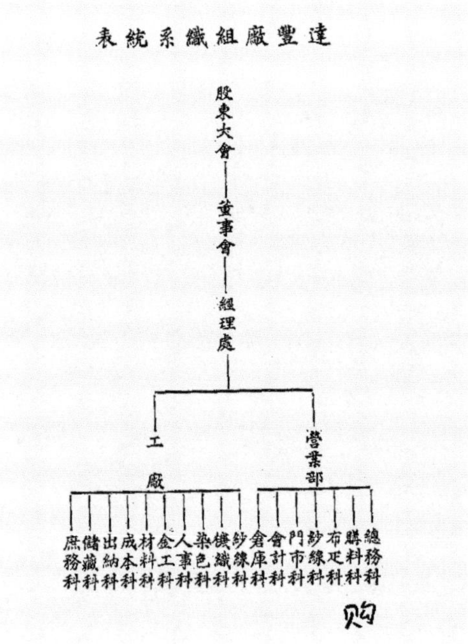

资料来源：《工商史料》，上海总商会，1935年，第189页。

7. 中纺纱厂股份有限公司1940年12月31日损益表

China Textile Manufacturing Company Limited

Liabilities					**Assets**			
Capital					Fixed assets	Land, building, machinery, 31-XII-1939	562.289,73	
	Authorized 25.000 shares of $100 each	2.500.000,00				Addition during the year	56.366,69	618.656,42
						Less: machinery sold	96.645,31	522.011,11
	Issued 15.105		1.510.500,00			Addition: furnitures	2.039,65	
						Investments:	800.000,00	1.324.050,76
Profit & loss account					Current Assets	Yarn	198.682,21	
	Balance 31-XII-1940	16.268,50			Stocks	Chemicals	6.703,41	
	Less: directors and auditors fees	3.000,00	13.268,50			Oil, coal	22.546,95	
	Add net profit, december 1940	36.642,15	49.910,65			Stores	10.390,06	238.322,63
Sundry creditors				1.560.410,65	Deposits		786,00	
	Textile sales agency	231.984,92			China Cotton Mills Limited		184.861,04	
	China Spinners Limited	19.160,48			Insurance repaid		4.630,39	
	Sundries	5.348,36		256.493,76	Cash at bank		50.057,78	
(Signed: W. C. Gomersall, C. Y. Wong)					Cash on hand		14.195,81	492.853,65
				1.816.904,41				1.816.904,41

资料来源：上海市档案馆藏，档案编号：Q199-3-179。

8. 1941年中纺纱厂股东构成

中纺纱厂股份有限公司1941年6月股东名单

		股 份	占比(%)
中国股东		**1 415 424**	**94.36**
外籍股东	英国	74 489	4.97
	美国	7 361	0.49
	意大利	935	0.06
	日本	650	0.04

续　表

		股　份	占比(%)
外籍股东	瑞典	558	0.04
	瑞士	300	0.02
	荷兰	150	0.01
	法国	50	0.00
	丹麦	30	0.00
	澳大利亚	25	0.00
	苏联	20	0.00
	德国	8	0.00
	外国股份	84 576	5.64
	总计股份	1 500 000	100

中纺纱厂股份有限公司1941年6月英国股东股份表

英国股东	股份	英国股东	股份
A. R. Burkill & Sons, Ltd.	125	Clarke, Eric George	50
Abraham, Joseph Hayim	1 500	Davy, Frederick Richard	250
Arhnold, Edwin Lester	1 000	Elliston, Eric Shaftesbury	2 102
Arhnold, Harry Edward	467	Flood, John Stanley	30
Beale, Norman Greenville	250	Florence, Elisabeth Cox	500
Bell, Robert Dixon	250	Godfrey Hoffman, Eric Frank	20
Benavitch, Maurice	30	Gomersall, Dorothy	1 000
Bouverie Valentine Golding, Cecil	20	Gomersall, Elisabeth	1 000
Brook, J. T. W.	30	Gomersall, William Charles	5 732
Cameron, Robert Evan, Jr.	30	Granville Trust Ltd.	2 250
China Agencies Ltd.	10 500	Hall, Jeanie	500
China Engineers, Ltd.	15 000	Hayim, Ellis	6 500
China Spinners Ltd.	2 590	Hoffman, Elsa Marie	30
China Textile Manufacturing Co., Ltd.	225	John, Robert Jones	21

续 表

英 国 股 东	股份	英 国 股 东	股份
Kindness, Evelyn Katherine	20	Raw Cotton Traders, Ltd.	4 000
Kindness, John	30	Robert Jones, James	30
Leith, Alexandra	400	Rogers, Harry	20
Leith, Alister Cameron	400	Rustom, Viccajee	50
Mabel May, Doris	30	Rustomji, Ardeshit	30
Manners, Agnes Margaret	500	Shanghai Stock Exchange	3 381
Marshall, Robert Calder	21	Stalker, James Furces	50
McMeekin, H. W. P.	200	Umrigar, Bahadoor Cursetji	50
Mollison, Charles Philip	30	Umrigar, Cursetji Hormusji	2 000
Nowat Jones, Margaret	20	Umrigar, Rustom Cursetji	1 500
Peacock, Charles Edward	250	Ward, William Johnstone	125
Pearson, Ruby Cox	20	Yantgse Finance Co Ltd.	9 300
Pedder, Norman	30	总计	74 489

出处：上海市档案馆藏，档案编号：Q199-3-18、Q199-3-195。

9. 棉纱布料换购原棉合同(1947—1948年)

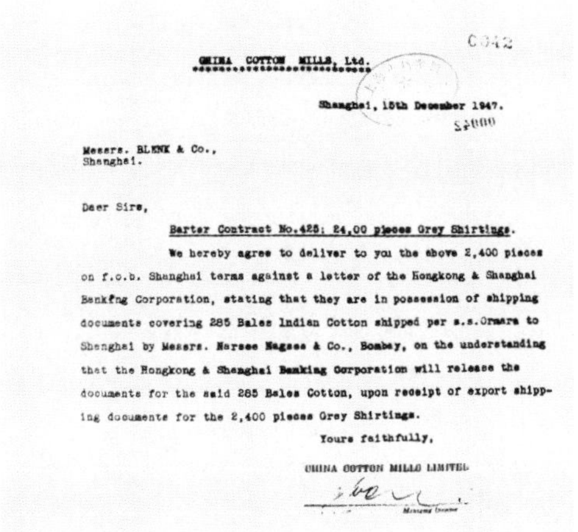
C042

CHINA COTTON MILLS, Ltd.

Shanghai, 15th December 1947.

Messrs. BLENK & Co.,
Shanghai.

Dear Sirs,

Barter Contract No.425; 24,00 pieces Grey Shirtings.

We hereby agree to deliver to you the above 2,400 pieces on f.o.b. Shanghai terms against a letter of the Hongkong & Shanghai Banking Corporation, stating that they are in possession of shipping documents covering 285 Bales Indian Cotton shipped per s.s.Ormara to Shanghai by Messrs. Narsee Nagsee & Co., Bombay, on the understanding that the Hongkong & Shanghai Banking Corporation will release the documents for the said 285 Bales Cotton, upon receipt of export shipping documents for the 2,400 pieces Grey Shirtings.

Yours faithfully,

CHINA COTTON MILLS LIMITED

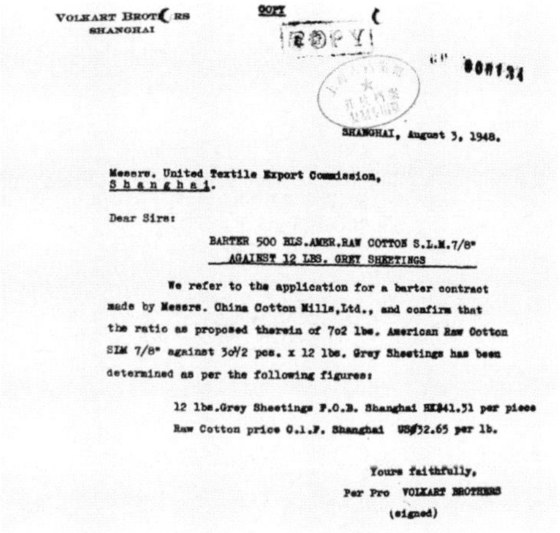
VOLKART BROTHERS
SHANGHAI

COPY

SHANGHAI, August 3, 1948.

Messrs. United Textile Export Commission,
Shanghai.

Dear Sirs:

BARTER 500 BLS.AMER.RAW COTTON S.L.M.7/8"
AGAINST 12 LBS. GREY SHEETINGS

We refer to the application for a barter contract made by Messrs. China Cotton Mills,Ltd., and confirm that the ratio as proposed therein of 7o2 lbs. American Raw Cotton SLM 7/8" against 30½ pcs. x 12 lbs. Grey Sheetings has been determined as per the following figures:

12 lbs.Grey Sheetings F.O.B. Shanghai HK$41.31 per piece
Raw Cotton price C.I.F. Shanghai US$32.65 per lb.

Yours faithfully,
Per Pro VOLKART BROTHERS
(signed)

资料来源：上海市档案馆藏，档案编号：Q199-3-191。

10. 中纺、达丰、大纬公司公私合营计划书(1951年)

中纺、达丰、大纬三厂资方及资方代理人，在总路线光辉照耀下，明确认识到资本主义工商业应在人民政府及国营经济领导下，接受工人群众的监督，进一步改善企业的经营管理，搞好生产，在必要与可能和自愿的原则下，争取国家资本主义高级形式！公私合营，从而改变生产关系，发挥工人阶级生产积极性和企业设备的潜在力，为国家创造更多的财富。伴随着国家社会主义工业化的发展，逐步地由私人所有制转变为社会主义所有制，由企业的改造而得到个人的改造。通过总路线学习后，明确了企业的改造必须急步前进，既不可以急躁冒进，亦不可以等待不前，因此我们要在申请公私合营获得批准以前，充分做好一切准备工作，创造有利条件，以迎接合营的到来。

资料来源：上海市档案馆藏，档案编号：S30-4-90-106。

参考文献

一、中文文献

著作

白光主编:《中外早期广告珍藏与评析》,中国广播电视出版社2003年版。
陈旭麓等主编:《上海机器织布局·盛宣怀档案资料选辑之六》,上海人民出版社2001年版。
陈真编:《中国近代工业史资料·第四辑》,生活·读书·新知三联书店1961年版。
承载、吴健熙编选:《老上海百业指南——道路机构厂商住宅分布图》,上海社会科学院出版社2008年版。
郭绪印:《老上海的同乡会团体》,文汇出版社2003年版。
华梅:《中国服装史》,中国纺织出版社2007年版。
黄汉民、徐新吾主编:《上海近代工业史》,上海社会科学院出版社1998年版。
乐承耀:《近代宁波商人与社会经济》,人民出版社2007年版。
李瑊:《上海的宁波人》,上海人民出版社2000年版。
刘大钧:《上海工业化研究》,商务印书馆1940年版。
马长林主编:《老上海行名辞典》,上海古籍出版社2005年版。
马长林编:《租界里的上海》,上海社会科学院出版社2003年版。
上海市档案馆编:《日伪上海市政府》,档案出版社1986年版。
上海市档案馆编:《近代上海工商业概览》,1992年内部发行。
上海市宁波同乡联谊会等编:《创业上海滩》,上海科学技术文献出版社2003年版。
《上海1932:城市记忆·老地图》,学苑出版社2005年版。
《上海纺织工业志》编纂委员会编:《上海纺织工业志》,上海社会科学院出版社1998年版。
孙毓棠:《中国近代工业史资料第三辑》,科学出版社1957年版。
陶水木:《浙江商帮与上海经济近代化研究:1840—1936》,上海三联书店2000年版。
王垂芳:《洋商史:上海:1843～1956》,上海社会科学院出版社2007年版。

（元）王祯撰，缪启愉、缪桂龙译注：《东鲁王氏农书译注》，上海古籍出版社2008年版。
徐鼎新：《近代中国商业社会史史迹追踪》，香港天马出版有限公司2005年版。
徐矛：《中国十买办》，上海人民出版社1996年版。
徐新吾主编：《江南土布史》，上海社会科学院出版社1992年版。
严中平：《中国棉纺织史稿》，科学出版社1955年版。
叶量：《中国纺织品产销志》，1935年版。
张锡昌：《美女月份牌》，锦绣文章出版社2008年版。
张忠民等：《近代中国的企业、政府与社会》，上海社会科学院出版社2008年版。
郑祖安：《上海历史上的苏州河》，上海社会科学院出版社2006年版。
《中国大百科全书·纺织》，中国大百科全书出版社1984年版。
周振鹤：《上海历史地图集》，上海人民出版社1999年版。
政协舟山市委员会文史资料委员会等编：《舟山文史资料》（第一辑），浙江人民出版社1990年版。
邹木法：《上海纺织工人运动史》，中共党史出版社1991年版。
左旭初：《老商标》，上海画报出版社1999年版。

论文

沈祖炜：《上海租界房地产业的兴起》，《上海研究论丛》1989年第2期。
樊树志：《明清江南市镇的"早期工业化"》，《复旦学报（社会科学版）》2005年第4期。
樊树志：《上海古镇探微》，《上海研究论丛》1989年第二期。
高洪兴：《近代上海的同乡组织》，《上海研究论丛》1990年第五辑。
高王凌：《棉业历史与清代农村经济结构》，《清史研究》1997年第4期。
黎霞：《旧上海染织业巨匠——王启宇》，《上海档案》1997年第3期。
李伯重：《英国模式、江南道路与资本主义萌芽》，《历史研究》2007年第1期。
李伏明：《明清松江府棉布产量与市场销售问题新探》，《史学月刊》2006年第10期。
罗苏文：《高郎桥：1914—1949年沪东一个棉纺织工人生活的形成（上）》，《社会科学》2005年第1期。
罗苏文：《高郎桥：1914—1949年沪东一个棉纺织工人生活的形成（下）》，《社会科学》2006年第1期。
罗苏文：《轮船招商局官督商办经营体制形成的原因及影响》，《史林》2008年第2期。
熊月之：《辛亥革命：上海城市的特点与地位》，《史林》2002年第1期。
徐鼎新：《旧上海商会馆、公所、同业公会的历史考察》，《上海研究论丛》1990年第五辑。

徐鼎新:《上海总商会史事记要1921—1929》,《上海研究论丛》1989年第二辑。
徐新吾、严有礼:《中国手工业布业的历史演变与特点》,《上海研究论丛》1989年第二辑。
张秀莉:《"颜料大王"周宗良的家居生活》,《史林》2004年第1期。
张秀莉:《19世纪上海外商企业中的华董》,《史林》2004年第4期。
张秀莉:《论郑观应的道教信仰与经世实务之关系》,《史林》2007年第6期。
张秀莉:《上海外商企业中的华董研究》,《史林》2006年第6期。
赵冈:《历史文献对班枝花与木本亚洲棉的混淆》,《农业考古》1996年第1期。
赵冈:《唐代西州的布价》,《幼狮月刊》,1977年12月46卷第6期。
郑祖安:《近代闸北的兴衰》,《上海研究论丛》1989年第二辑。
邹依仁:《买办研究札记》,《上海研究论丛》1989年第二辑。

报刊、网站

《申报》
《工商半月刊》
《工商史料》,上海总商会,1935年。
上海市地方志办公室: http: //www.shtong.gov.cn/。
余氏家族: http: //imyu.cn/。
《约翰年刊》

二、外文文献

Allen, Robert C., Bengtsson, Tommy and Martin Dribe (eds.): *Living standards in the past. New perspectives on well-being in Asia and Europe*. New York: Oxford University Press, 2005.

Allen, Robert C.: *The British industrialization in global perspective.* Cambridge: Cambridge University Press, 2009a.

Allen, Robert C.: "Agricultural productivity and rural incomes in England and the Yangzi Delta, c. 1620-1820". *Economic History Review.* 2009b, 62(3).

Allsen, Thomas S.: *Commodity and exchange in the Mongol Empire. A cultural history of Islamic textiles*. Cambridge: Cambridge University Press, 1997.

Ampalavanar, Rajeswary: *Capital entrepreneurship in Sout-East Asia*. London: MacMillan, 1994.

Arrighi, Giovanni; Hamashita, Takeshi and Selden, Mark (eds.): *The Resurgence of East*

Asia: 500, 150 and 50 Year Perspectives. London: Routledge, 2003.

Arrighi, Giovanni: "States, markets, and capitalism, East and West". *Positions* 15(2), 2007a.

Arrighi, Giovanni Arrighi: *Adam Smith en Pekín. Orígenes y fundamentos del siglo XXI*. Madrid: Akal, 2007b.

Arrighi, William S.: "International bullion flows and the Chinese economy circa 1530–1650". *Past and Present* 95, 1982.

Ballard, J. G.: *El imperio del sol*. Barcelona (2008): Ediciones Minotauro, 1984.

Baran, Paul: *La economía política del crecimiento*. México: Fondo de Cultura Económica, 1957.

Battuta, Ibn (mediados del siglo XIV): *A través del Islam*. Madrid (2005): Alianza Literaria, XIV.

Bayly, Christopher. A.: *Indian society and the making of the British Empire. The New Cambridge History of India*. Cambridge: Cambridge University Press, 1988.

Bayly, Christopher A.: *Forgotten armies. The fall of British Asia, 1841–1945*. London: Allen Lane, 2004.

Belfanti, Carlo Marco: "Was fashion a European invention?". *Journal of Global History* 3, 2008.

Beltrán Antolín, Joaquín: *Los Ocho inmortales cruzan el mar: chinos en extremo occidente*. Barcelona: Edicions Bellaterra, 2003.

Bergère, Marie-Claire: *Capitalisme national et impérialisme. La crise des filatures chinoises en 1923*. Paris: Éditions de l'École des Hautes Études en Sciences Sociales, 1980.

Bergère, Marie-Claire: "On historical origins of Chinese underdevelopment". *Theory and Society* 13(3), 1984.

Bergère, Marie-Claire: *L'âge d'or de la bourgeoisie chinoise, 1911–1937*. Paris: Flammarion, 1986.

Bergère, Marie-Claire: "Les capitalistes shanghaïenes et la période de transition entre le régime Guomindang et les communistes (1948–1952)". *Études Chinoises* 8(2), 1989.

Bergère, Marie-Claire: *Histoire de Shanghai*. Paris: Fayard, 2002.

Bickers, Robert and Jeffrey N. Wasserstrom: "Dogs and Chinese not admitted" sign: Legend, history and contemporary symbol. *The China Quarterly* 142: 1995.

Bickers, Robert: "Shanghailanders. The Formation and identity of the British Settler in Shanghai, 1843-1937". *Past and Present* 159(1), 1998.

Bickers, Robert: *Britain in China*. Manchester: Manchester University Press. 1999.

Blue, A. D.: "Early steamships in China". *Journal of the Hong Kong Branch of the Royal Asiatic Society* 13, 1973.

Bordo, Michael, Taylor, Alan and Williamson, Jeffrey G. (eds.): *Globalization in historical perspective*. Chicago: The University of Chicago Press, 2003.

Bowen, H. V.: "Sinews of trade and empire: The supply of commodity exports to the East India Company during the late eighteenth Century". *The Economic History Review* 55(3), 2002.

Brandt, Loren: "From household behavior, factor markets, and the distributive consequences of commercialization in Early-Twentieth Century China". *The Journal of Economic History* 47(3), 1987.

Brandt, William: "The United States, China and the world market". *Pacific Affairs* 13(3), 1940.

Braudel, Fernand: *Civilisation matérielle.* Paris: Armand Colin. 3 Vol, 1979.

Braudel, Fernand: *La dinámica del capitalismo.* Madrid: Alianza Editorial, 1985.

Bray, Francesca: *Technology and gender: fabrics of power in late imperial China.* Berkeley: University of California Berkeley Press, 1997.

Brenner, Robert and Isett, Christopher: "England's divergence from China's Yangzi Delta: property relations, microeconomics, and patterns of development". *The Journal of Asian Studies* 61(2), 2002.

British Parliamentary Papers (1857-1859). London (1859): Harrisson & Sons.

Broadberry, Stephen and Gupta, Bishnupriya: "The early modern great divergence: wages, prices and economic development in Europe and Asia, 1500-1800". *Economic History Review* 59(1), 2006.

Broadberry, Stephen and Gupta, Bishnupriya: "Lancashire, India, and shifting competitive advantage in cotton textiles, 1700-1850: the neglected role of factor prices". *Economic History Review* 61(2), 2009.

Brook, Timothy: *Collaboration: Japanese agents and local elites in wartime China.* Cambridge: Harvard University Press, 2005.

Brown, J. (ed.) *The Twentieth Century. The Oxford history of British empire Vol. Ⅳ*. New

York: Oxford University Press, 1999.

Brown, Shannon R.: "The transfer of technology to China in the Nineteenth century: the role of direct foreign investment". *Journal of Economic History* 39(1), 1979.

Buck, John Lossing: *Land utilization in China. A study of 16.786 farms in 168 localities and 38.256 farm families, in twenty-two provinces in China, 1929–1933*. Taipei (1986): Southern Materials Center Inc. 3 Vol, 1937.

Buck, Pearl S.: *La buena tierra*. Barcelona (2006): El Aleph, 1931.

Burke Ⅲ, Edmund and Pomeranz, Kenneth (eds.): *The environment and world history*. Berkeley: University of California Press, 2009.

Bush, Richard: *The politics of cotton textiles in Kuomintang China, 1927–1937*. New York: Garland Publishing Company, 1982.

Cartier, Michel: "À propos de l'histoire du coton en Chine. Approche technologique, économique et sociale". *Études chinoises* 13(1–2), 1994.

Chan, Anthony B.: "The consortium system in Republican China 1912–1913". *Journal of European Economic History* 6(3), 1997.

Chan, Kay Yiu: *Business expansion and structural change in pre-war China: Liu Hongsheng and his enterprises, 1920–1937*. Hong Kong: Hong Kong University Press, 2006.

Chan, Kenneth S.: "Foreign trade, commercial policies and the political economy of the Song and Ming dynasties of China". *Australian Economic History Review* 48(1), 2008.

Chandler, Alfred D.: *La mano visible. La revolución de la gestión en la empresa norteamericana.* Barcelona (2008): Belloch, 1977.

Chang, Eileen: *Written on water.* New York (2005): Columbia University Press, 1968.

Chang, John K.: *Industrial Development in pre-Comunist China. A quantitative analysis.* Edinburgh: The University Press, 1969.

Chao, Kang (Zhao Gang): *The development of cotton textile production in China*. Cambridge: Harvard University Press, 1977.

Chao, Kang: "La Production Textile dans la Chine traditionnelle". At Mazzaoui, Maurenn Fennell (eds.): *An expanding world: The European impact on world history. Textiles: Production, trade and demand*. Brookfield: Ashgate Aldershot, 1998.

Chapman, S. D. (ed.): *The textile industries*. London: I. B. Tauris. 3 Vol., 1997.

Chen, Zhongping: "The origins of Chinese chambers of commerce in the Lower Yangzi region". *Modern China* 61(2), 2001.

Cheng, Weiji (ed.): *History of textile technology of ancient China*. New York: Science Press, 1992.

Chesneux, Jean: *Mouvements populaires et sociétés secrètes en Chine aux XIXe et XXe siècles*. Paris: François Maspero, 1970.

Clark, Gregory: "Why isn't the whole world developed? Lessons from the cotton mills". *The Journal of Economic History* 47(1), 1987.

Clark, Gregory: *A farewell to alms. A brief economic history of the world*. Princeton: Princeton University Press, 2007.

Clifford, Nicholas R.: *Spoilt children of empire. Westerners in Shanghai and the Chinese revolution of the 1920s*. Hanover: Middlebury College Press, 1991.

Coase, R. H.: "The nature of the firm". *Economica* 4(16), 1937.

Coble, Parks: "The Kuomintang regime and Shanghai capitalists, 1927–1929". *China Quarterly* 77, 1979.

Coble, Parks: *Chinese capitalists in Japan's new world*. Los Angeles: University of California Press, 2001.

Cochran, Sherman(ed.): *Inventing Nanjing Road. Commercial Culture in Shanghai, 1900–1945*. Cornell: Cornell East Asia Series, 1999.

Cochran, Sherman: *Encountering Chinese networks: Western, Japanese, and Chinese corporations in China, 1880–1937*. Berkeley: University of California Press, 2000.

Cohen, Paul A.: *China unbound: evolving perspectives on the Chinese past*. London: Routled ge Curzon, 2003.

Comte, August: *Catéchisme positiviste*. Paris (1966): Flammarion, 1852.

Crow, Carl: *400 million customers. The experiences, some happy, some sad, of an American in China and what they taught him*. Norwalk (2003): East Bridge, 1937.

Crow, Carl: *Foreign devils in the Flowery kingdom*. London: Hamish Hamilton, 1941.

Czernin, Ferdinand: *Versailles, 1919. The forces, events and personalities that shaped the treaty*. New York: G. P. Putnam's Sons, 1964.

Davis, Mike: *Los holocaustos de la época victoriana tardía. El Niño, las hambrunas y la formación del Tercer Mundo*. Valencia (2006): Publicacions de la Universitat de València, 2001.

Dennys, N. B.(ed.): *The Treaty Ports of China and Japan. A complete guide to the open ports of those countries, together with Peking, Yedo, Hongkong and Macao, forming a guide book & Vade Mecum for travellers, merchants and residents in general.* London: Trübner and Co., 1867.

Dos Passos, John: *Trilogía USA*. Barcelona (2007): Edhasa, 1933–36.

Duus, Peter, Myers, Ramon H. and Peattie, Mark (eds.): *The Japanese informal empire in China, 1895–1937*. Princeton: Princeton University Press, 1989.

Elvin, Mark: *The pattern of the Chinese past*. Stanford: Stanford University Press, 1973.

Elvin, Mark and Skinner, William G. (eds.): *The Chinese city between two worlds*. Stanford: Stanford University Press, 1974.

Elvin, Mark: *Another history: essays on China from a European perspective*. Sidney: Wild Peony Pty Ltd, 1996.

Embree, A. and Gluck, T. C. (eds.): *Asia in Western and World History*. New York: M. E. Sharpe, 1997.

Enríquez, Martín: *Carta del virrey de México a Felipe II, México, 5 de diciembre de 1573*. Disponible en China en España. Elaboración de un corpus digitalizado de documentos españoles sobre China de 1555 a 1900, 1573.

Fairbank, John King: *Trade and diplomacy on the China coast, 1842–1854*. Cambridge: Harvard University Press, 1953.

Fairbank, John King and Teng, Ssu-yü (eds.): *China's response to the West. A documentary survey, 1839–1923*. Cambridge (1984): Harvard University Press, 1954.

Fairbank, John King, Bruner Katherine Frost and McLeod Matheson (eds.): *The I.G. in Peking: letters of Robert Hart Chinese maritime customs, 1868–1907*. Cambridge: The Belknap Press, 1975.

Fairbank, John King (ed.): *The Cambridge History of China. Vol. 10: Late Ch'ing, 1800–1911. Part 1*. Cambridge: Cambridge University Press, 1978.

Fairbank, John King and Kwang-ching Liu (eds.): *The Cambridge History of China. Vol. 11: Late Ch'ing, 1800–1911. Part 2*. Cambridge: Cambridge University Press, 1980.

Fairbank, John King and Twitchett, Denis (eds.): *The Cambridge History of China. Vol. 12: Republican China, 1912–1949. Part 1*. Cambridge: Cambridge University Press, 1983.

Fairbank, John King and Feuerwerker, Albert (eds.): *The Cambridge History of China. Vol. 13. Republican China, 1912–1949. Part 2*. Cambridge: Cambridge University Press,

1986.

Fairbank, John King: *China, una nueva historia*. Barcelona (1996): Andrés Bello, 1992.

Farnie, Douglas A. and David J. Jeremy (eds.): *The fibre that changed the world. The Cotton industry in international perspective, 1600–1990s*. New York: Oxford University Press, 2004.

Fei, Xiaotong: *Peasant life in China. A field study of country life in the Yangtze Valley*. London: George Routledge & Sons, 1939.

Feliu, Gaspar and Carles Sudrià: *Introducció a la història econòmica mundial*. València: PUV, 2006.

Feuerwerker, Albert: *China's Early Industrialization. Sheng Hsüan-huai (1844–1916) and Mandarin Enterprise*. Cambridge: Harvard University Press, 1958.

Feuerwerker, Albert: "Handicraft and manufactured Cotton textiles in China, 1871–1910". *The Journal of Economic History* 30(2), 1970.

Feuerwerker, Albert: "The state and the economy in late imperial China". *Theory and Society* 13, 1984.

Feuerwerker, Albert: *The Chinese Economy, 1870–1949*. Michigan: An Arbor Center for Chinese Studies, 1995.

Finnane, Antonia: "What should a Chinese woman dress?". *Modern China* 22(2), 1996.

Finnane, Antonia: *Changing clothes in China. Fashion, history, nation*. New York: Columbia University Press, 2008.

Folch, Dolors: *La construcció de Xina. El període formatiu de la civilització xinesa*. Barcelona: Empúries, 2001.

Fontana, Josep: *La Història després de la fi de la història: reflexions i elements per a una guia dels corrents actuals*. Barcelona: Institut Universitari d'Història Jaume Vicens Vives, 1992.

Fortune, Robert: *A journey to the tea countries*. London (1987): Mildmay Books, 1852.

Frank, Andre Gunder: *Re-orientar: la economía global en la era del predominio asiático*. Valencia (2008): Universitat de València, 1998.

Frazier, Mark: *The Making of the Chinese industrial workplace: state, revolution, and labor management*. Cambridge: Cambridge University Press, 2002.

Gandhi, M. K.: *The gospel of Swadeshi*. Edición de Anand T. Hingorani. Mumbai (1998): Bhavan's Book University, 1916–1947.

Gardella, Robert: "Squaring accounts: commercial bookkeeping methods and capitalist rationalism in late Qing and Republican China". *The Journal of Asian Studies* 51(2), 1992.

Gernet, Jacques: *El mundo chino*. Barcelona (2005): Crítica, 1972.

Gerth, Karl: *China made. Consumer culture and the creation of the nation*. Cambridge: Harvard University Press, 2003.

Glass, D. V. and Eversley, D. E. C. (eds.): *Population in history. Essays in historical demography*. London: Edward and Arnold, 1965.

Goodman, Bryna: *Native place, city, and nation. Regional networks and identities in Shanghai, 1853–1937*. Berkeley: University of California Press, 1995.

Grossman, Joan and Paul Rosdy: *Zuflucht in Shanghai. The Port of Last Resort*. Audiovisual, New York: Pinball Films, 1998.

Grove, Linda and Esherick, Joseph W.: "From feudalism to capitalism: Japanese scholarship on the transformation of Chinese rural society". *Modern China* 6(9), 1980.

Grove, Linda and Daniels, Christian (eds.): *State and society in China*. Tokyo: University of Tokyo Press, 1984.

Hahn, Emily: *The Soong sisters*. New York: Doubleday, Doran & Co, 1941.

Hao, Yen-ping: *The commercial revolution in Nineteenth-Century China: The rise of Sino-Western mercantile capitalism*. Berkeley: University of California Press, 1986.

Harley, C. Knick: "Cotton textile prices and the Industrial Revolution". *The Economic History Review*, 51(1), 1998.

Hayes, Peter: "Carl Bosch and Carl Krouch: chemistry and the political economy of Germany, 1925–1945". *The Journal of Economic History* 47(2), 1987.

H. D. Fong (方显廷): *Cotton industry and trade in China*. Tianjin: Chihli Press, Inc., 1932.

Heerman, Paul: *Tecnología química de los textiles: estudio de los procedimientos de blanqueo, teñido, mercerización, estampado, apresto y acabado de los tejidos y de las fibras textiles*. Barcelona (1925): Gustavo Gili.

Henriot, Christian: *Shanghai 1927–1937, Élites locales et modernisation dans la Chine nationaliste*. Paris: Éditions des hautes Études en Sciences Sociales, 1991.

Henriot, Christian (ed.): *Shanghai années 30*. Paris: Autrement, 1998.

Henriot, Christian (ed.): *In the shadow of the rising sun: Shanghai under Japanese occupation*. Cambridge: Cambridge University Press, 2004.

Hinsch, Bret: "Textiles and female virtue in early imperial Chinese history writing". *Nan Nü* 5(2), 2003.

Hobsbawm, Eric: *La era del capital, 1848–1875*. Barcelona (2003): Crítica, 1975.

Hobson, John A.: *Estudio del imperialismo*. Madrid (1981): Alianza, 1902.

Honig, Emily: "The contract labor system and women workers: Pre-Liberation cotton mills of Shanghai". *Modern China* 9(4), 1983.

Honig, Emily: "Burning incense, pledging sisterhood: Communities of women workers in the Shanghai cotton mills, 1919–1949". *Signs* 10(4), 1985.

Honig, Emily: *Sisters and strangers: Women in the Shanghai cotton mills, 1919–1949*. Stanford: Stanford University Press, 1986.

Honig, Emily: Invisible inequalities: The status of Subei People in contemporary Shanghai". *The China Quarterly* 122, 1990.

Hook, Brian and Twitchett, Denis: *The Cambridge Encyclopedia of China*. New York: Cambridge University Press, 1982.

Howard, Michael: *La Primera Guerra Mundial*. Barcelona: Crítica, 2003.

Hsiao, Liang-lin: *China's foreign trade statistics, 1864–1949*. Cambridge: Harvard University Press, 1974.

Huang, Philip: *The peasant family and rural development in the Yangzi Delta, 1350–1988*. Stanford: Stanford University Press, 1990.

Huang, Philip: "Review: development or involution in Eigtheenth Century Britain and China? A Review from Kenneth Pomeranz, The Great Divergence: China, Europe and the making of the world economy". *The Journal of Asian Studies* 61(2), 2002.

Isaacs, Harold: *La Tragédie de la révolution chinoise, 1925–1927*. Paris (1967): Gallimard, 1938.

Johnson, Linda Cooke (ed.): *Cities of Jiangnan in late imperial China*. Albany: State University of New York Press, 1993.

Johnson, Linda Cooke: *Shanghai. From market town to treaty port, 1074–1858*. Stanford: Stanford University Press, 1995.

Keynes, John Maynard: *Las consecuencias económicas de la paz*. Barcelona (1991): Crítica, 1919.

Köll, Elisabeth: *From cotton mill to business enterprise: The emergence of regional enterprises in Modern China*. Cambridge: Harvard University Press, 2003.

Koo, Shou-eng: *Tariff and the development of cotton industry in China*. New York: Garland Publishing Inc, 1982.

Kraus, Richard A.: *Cotton and cotton goods in China, 1918–1936*. New York: Garland Publishing Inc, 1980.

Ku, Hung-ting: "Urban mass movement: The May Thirtieth Movement in Shanghai". *Modern Asian Studies* 13(2), 1979.

Kubo, Toru: "Chinese Cotton Industry in the 20th Century". Working Paper, Osaka: *Global Economic History Network*, 2004.

Lai, Cheng-chung and Gau, Jr-Shiang: "The Chinese silver standard economy and the 1929 Great Depression". *Australian Economic Review* 43(2): 2003.

Lenin, Vladimir Ilich: *El Imperialismo, fase superior del capitalismo*. Madrid (1974): Fundamentos, 1916.

Li, Bozhong: *Agricultural development in Jiangnan, 1620–1850*. New York: St. Martin's Press, 1998.

Li, Lillian M.: "Integration and disintegration in North China's grain markets, 1738–1911". *The Journal of Economic History* 60(3), 2000.

Lin, Justin Yifu: "The Needham puzzle: why the industrial revolution did not originate in China". *Economic Development and Cultural Change* 43(2): 1995.

Liu, Kwang-ching: "Steamship enterprise in Nineteenth Century China". *The Journal of Asian Studies*, 18(4), 1959.

Lorence, James J.: "Organized business and the myth of the China market: the American Asiatic Association, 1898–1937". *Transactions of the American Philosophical Society* 71(4), 1981.

Louis, Roger William: "Hong Kong, the critical phase". *The American Historical Review* 102(4), 1997.

Lu, Aiguo: " *China and the global economy since 1840*. Helsinki: UNU/Wider, 2000.

Lu, Hanchao: Arrested development: Cotton and cotton markets in Shanghai 1350–1843". *Modern China* 18(4), 1992.

Lu, Hanchao: *Beyond the neon lights: Everyday Shanghai in the early Twentieth Century*. Berkeley: University of California Press, 1999.

Ma, Min and Ai, Xianfeng: "Zhang Jian and the World Exposition in the early years of the 20th Century — An inter-cultural historical observation". *Trans-Pacific Relations:*

East Asia and the United States in the 19th and Early 20th Centuries. Princeton, 8–10 de septiembre, 2006.

Maine, Henry Sumner: *Village-communities in the east and west*. New York (1987): Henry Holt and Co, 1871.

Mallory, J. P. and Mair, Victor H.: *The Tarim mummies. Ancient China and the mystery of the earliest people from the west*. London: Thames & Hudson, 2000.

Malraux, André: *La condición humana*. Barcelona (1988): Edhasa, 1933.

Malthus, Thomas Robert: *Un assaig sobre el principi de població*. Barcelona (1985): Edicions 62, 1798.

Manela, Erez: "Imagining Woodrow Wilson in Asia: dreams of East-West harmony and revol". *American History Review* 111(5), 2006.

Mann, Susan: *Local merchants and the Chinese bureaucracy, 1750–1950*. Taipei: Southern Materials Center, Inc., 1987.

Marmé, Michael: "Survival through transformation: how China's Suzhou-centred economy weathered the general crisis of the seventeenth century". *Social History* 32(2), 2007.

Martin, Brian G.: "The Green Gang and the Guomindang state: Du Yuesheng and the Politics of Shanghai, 1927–1937". *The Journal of Asian Studies* 54(1), 1995.

Martin, Brian G.: *The Shanghai Green Gang. The politics of organized crime, 1919–1937*. Berkeley: University of California Press, 1996.

Martínez Robles, David: *La participación española en el proceso de penetración occidental en China: 1840–1870*. Tesis doctoral no publicada, Barcelona: Universitat Pompeu Fabra, 2007.

Marx, Karl and Friedrich Engels: *El manifiesto comunista*. Madrid (1976): Editorial Ayuso, 1848.

Marx, Karl and Friedrich Engels: *Colonialismo y guerras en China*. México (1974): Ediciones Roca, 1850–1865.

Marx, Karl: *El Capital. Crítica de la economía política*. Madrid (1967): EDAF. 2 Volúmenes, 1867–1894.

Mau, Chuan-hui: "L'introduction en Chine des techniques européennes de l'industries de la soie, de la guerre de l'Opium au début du XXe siècle". *Études Chinoises* 20(1–2), 2001.

Meng, Yue: *Shanghai and the edges of empire*. Minneapolis: University of Minnesota

Press, 2006.

Mochón Morcillo, Francisco: *Economía. Teoría y política*. Madrid: McGraw-Hill, 1993.

Mokyr, Joel: *Twenty-five centuries of technological change. An historical survey*. Poststrasse: Harwood Academic Publishers, 1990.

Mokyr, Joel (ed.): *The Oxford encyclopedia of economic history*. New York: Oxford University Press, 2003.

Morse, H. B.: *The trade and administration of the Chinese empire*. Taipei (1975): Ch'eng-wen Publishing Company, 1907.

Murphey, Rhoads: *Shanghai, key to modern China*. Cambridge: Harvard University Press, 1953.

Murphey, Rhoads: *The outsiders. The Western Experience in India and China*. Michigan: Ann Arbor, 1977.

Murray, Alexander: *Doings in China being the personal narrative of an officer in the late Chinese expedition from the recapture of Chusan in 1841 to the peace of Nankin in 1842*. London: Richard Bentley, 1843.

Myers, Ramon H.: "Cotton Textile Handicraft and the Development of the cotton textile industry in Modern China". *The Economic History Review* 18(3), 1965.

Nadal, Jordi: *El fracaso de la Revolución Industrial en España*. Barcelona (1990): Ariel, 1975.

Needham, Joseph (ed.) (1954–): *Science and civilization in China*. Cambridge: Cambridge University Press. 7 Volúmenes, 1986.

Nishida, Judith Mary: *The Japanese influence on the Shanghainese textile industry and implications for Hong Kong*. Tesis doctoral, Hong Kong: University of Hong Kong, 1990.

North, Douglass: *The rise of the Western world: a new economic history*. Cambridge: Cambridge University Press, 1973.

North, Douglass: *Institutions, institutional change and economic performance*. New York: Cambridge University Press, 1990.

Odell, Ralph M.: *Cotton goods in China*. Washington: Bureau of Foreign and Domestic Commerce. Special Agents Series n° 107, 1916.

Ohno, Kenichi: *The economic development of Japan*. Tokyo: National Graduate Institute of Policy Studies, 2006.

Orchard, Dorothy J.: "China's use of boycott as a political weapon". *Annals of the*

American Academy of Political and Social Science 182, 1930.

Osterhammel, Jürgen: "Imperialism in transition. British business and the Chinese authorities, 1931–1937". *The China Quarterly* 98, 1984.

Parry, Clive: *The consolidated treaty series*. New York: Oceana, 1969.

Parthasarathi, Prasannan: *The transition to a colonial economy. Weavers, merchants and kings in south India, 1720–1800*. Cambridge: Cambridge University Press, 2001.

Peng, Juanjuan: "Yudahua: the growth of an industrial enterprise in Modern China (1870–1958)". *Chinese Business History,* 17(1). University of Massachusetts Darmouth, 2007.

Perry, Elisabeth J.: *Shanghai on strike: The politics of Chinese labor*. Stanford: Stanford University Press, 1993.

Polo, Marco: *Viajes*. Madrid (1998): Akal Ediciones, s. XIII.

Pomeranz, Kenneth: *The making of a hinterland. State, society and economy in inland North China, 1853–1937*. Berkeley: University of California Press, 1993.

Pomeranz, Kenneth: "'Traditional' Chinese business forms revisited: family, firm, and financing in the history of the Yutang Company of Jining, 1779–1956". *Late Imperial China* 18(1), 1997.

Pomeranz, Kenneth: *The Great Divergence. China, Europe and the making of modern world economy*. Princeton: Princeton University Press, 2000.

Pomeranz, Kenneth: "Is there an east Asian development path? Long-term comparisons, constraints, and continuities". *The Journal of the Economic and Social History of the Orient* 44(3): 2001.

Pomeranz, Kenneth: "Beyond the East-West binary: Resituating development paths in the eighteenth century world". *Journal of Asian Studies* 61(2), 2002.

Pomeranz, Kenneth: "Labor Intensive industrialization in Yangzi Delta: Late imperial patterns and their modern fates". Working Paper, Helsinki: XIV International Economic History Congress, 2006.

Pomeranz, Kenneth and Topik, Steven: *The world that trade created. Society, culture and the world economy, 1400 to the present*. New York: M. E. Sharpe, 2006.

Qian, Zhongshu: *La fortaleza asediada*. Barcelona (1992): Anagrama, 1947.

Qin, Shao: *Culturing modernity. The Nantong model*. Stanford: Stanford University Press, 2004.

Rawski, thomas G.: *Economic Growth in Prewar China.* Berkeley: Berkeley University Press, 1989.

Rawski, Thomas G. and Lillian M. Li (eds.): *Chinese history in economic perspective.* Berkeley: University of California Press, 1992.

Rawski, Thomas G. (ed.): *Economics and the historian.* Berkeley: University of California Press, 1996.

Riello, Giorgio: "Asian knowledge and the development of calico printing in Europe in the seventeenth and eighteenth centuries". *Journal of Global History* 5, 2010.

Roberts, Claire (ed.): *Evolution and revolution. Chinese Dress, 1700s–1990s*. Sidney: Powerhouse Publishing, 1997.

Rostow, W. W.: "The stages of economic growth". *The Economic History Review* 12(1), 1959.

Rousseau, Jean-Jacques: *Discurso sobre el origen y los fundamentos de la desigualdad entre los hombres y otros escritos*. Madrid (2001): Editorial Tecnos, 1755.

Roux, Alain: "Ecrire l'histoire de Shanghai: un chantier qui s'ouvre". *Historiens et Géographes* 340, 1993.

Rowe, William T.: *Hankow conflict and community in a Chinese city, 1796–1895*. Stanford: Stanford University Press, 1989.

Said, Edward: *Orientalism*. New York: Vintage Books, 1978.

Schell, Orville: "China: Humiliation & the Olympics". *The New York Review of Books* 13(55), 2008.

Skinner, G. William (ed.): *The city in late imperial China*. Stanford: Stanford University Press, 1977.

Shiroyama, Tomoko: *China during the Great Depression. Market, state and the world economy, 1929–1937.* Cambridge: Harvard University Press, 2008.

Shiue, Carol H.: "Transport costs and the geography of arbitrage in Eighteenth Century China." *The American Economic Review* 92(5), 2002.

Shiue, Carol H. and Wolfgang Keller: "Markets in China and Europe on the eve of the Industrial Revolution". Working Paper, Cambridge: National Bureau of Economic Research, 2007.

Short, Philip: *Mao*. Barcelona: Crítica, 2007.

Simmel, Georg: *Sobre la aventura. Ensayos de estética*. Barcelona (2002): Edicions 62, 1905.

Skinner, William G. (ed.): *The city in late imperial China.* Stanford: Stanford University Press, 1977.

Schottenhammer. A. (ed.): *Trade and transfer across the East Asian "Mediterranean"*. Wiesbaden: Harrassowitz Verlag, 2005.

Solow, Robert M.: "A contribution to the theory of Economic Growth". *Quarterly Journal of Economics* (70): 1956.

Spence, Jonathan D.: *The search for modern China*. New York: Norton & Company, 1990.

Steel, Valerie and Major, John S. (eds.): *China chic. East meets West.* New Haven: Yale University Press, 1999.

Sugihara, Kaoru: "The economic motivations behind Japanese aggression in the late 1930s: Perspectives of Freda Utley and Nawa Toichi". *Journal of Contemporary History* 32, 1997.

Sugihara, Kaoru (ed.): *Japan, China, and the growth of the Asian international economy, 1850–1949*. Oxford: Oxford University Press, 2005.

Sugihara, Kaoru: "The Second Noel Butlin lecture: Labour-intensive industrialisation in Global History". *Australian Economic History Review* 47(2), 2007.

Swan, David M.: "British cotton mills in pre-second world war China". *Textile History* 32(2), 2001.

Taylor, Arthur J. (ed.): *El nivel de vida en Gran Bretaña durante le Revolución Industrial.* Madrid (1985): Ministerio de Trabajo y Seguridad Social, 1975.

Taylor, Jay: *The Generalissimo. Chiang Kai-shek and the struggle for modern China.* Cambridge: Harvard University Press, 2009.

Terje Tvedt: "Why England and not China and India? Water systems and the history of the Industrial Revolution". At *Journal of Global History*, 5, 1, 2010.

Tomlinson, B. R.: *The Economy of modern India, 1860–1970. The New Cambridge History of India*. Cambridge: Cambridge University Press, 1993.

Tönnies, Ferdinand: *Comunitat i associació*. Barcelona (1984): Edicions 62, 1887.

Trolliet, Pierre: *La diaspora chinoise.* Paris: Presses Universitaires de France, 1994.

Twitchett, Denis and Mote, Frederick W. (eds): *The Cambridge History of China. Vol. 8 The Ming Dinasty. Part 2*. Cambridge: Cambridge University Press, 1998.

Utley, Freda: *Lancashire in the Far East.* London: George Allen & Unwin Ltd., 1931.

Vainker, Shelagh: *Chinese silk. A cultural history*. London: The British Museum Press,

2004.

Veblen, Thorstein: *Teoría de la clase ociosa.* Madrid (2004): Alianza, 1899.

Vries, Jan de: "The industrial revolution and the industrious revolution". *The Journal of Economic History* 54(2): 1994.

Vries, Jan de: *The industrious revolution. Consumer behaviour and the household economy 1650 to the present.* New York: Cambridge University Press, 2008.

Vries, Peer: *Via Peking back to Manchester: Britain, the Industrial Revolution, and China.* Leiden: Research School of Asian, African, and Amerindian Studies, 2003.

Wakeman, Frederic Jr.: *Policing Shanghai, 1927–1937.* Berkeley: University of California Press, 1995.

Wakeman, Frederic Jr.: *Shanghai badlands. Wartime terrorism and urban crime.* Cambridge: Cambridge University Press, 1996.

Wang, Gungwu: *China and the Chinese overseas.* Singapur: Times Academic Press, 1991.

Wang, Ju: *Prospérité et déclin de l'industrie cotonnière nationale de Shanghai (1945–1949).* Tesis doctoral, París: Ecole des Hautes Etudes en Sciences Sociales, 1997.

Wasserstrom, Jeffrey N.: "Is global Shanghai 'good to think'? Thoughts on comparative History and post-socialist cities". *Journal of World History* 12(2), 2007.

Weber, Max: *Ensayos sobre sociología de la religión.* Madrid (1998): Taurus. 3 Vol., 1920.

Wiens, Mi Chü: "Cotton textile production and rural transformation in Early Modern China". *Journal of the Institute of Chinese Studies of the Chinese University of Hong Kong,* 1974.

Wildman, Rounsevelle: *China's open door. A sketch of Chinese life and history.* Boston: Lothrop Publishing House, 1900.

Wing, Chung-ho: "From resistance to collective action in a Shanghai socialist 'model community'. From the late 1940s to early 1970s". *Journal of Social History* 40(1), 2006.

Wong, Siu-lun: *Emigrant entrepreneurs. Shanghai industrialists in Hong Kong.* Hong Kong: Oxford University Press, 1988.

Wrigley, Edward Anthony: *Cambio, continuidad y azar: carácter de la revolución industrial inglesa.* Barcelona, 1993: Crítica, 1988a.

Wrigley, Edward Anthony: 'Two kinds of capitalism, two kinds of growth". *L.S.E. Quarterly* 2: 1988b.

Wright, Tim: “Coping with the World Depression: the Nationalist government’s relationship with Chinese industry and commerce, 1932–1936”. *Modern Asian Studies* 25(4), 1991.

Wright, Tim (ed.): *The Chinese economy in the Twentieth Century. Recent Chinese Studies.* London: The Macmillan Press Ltd, 1992.

Wu, Chengming and Dixin Xu(eds.): *Chinese Capitalism, 1522–1840.* New York: St Martin’s Press, 2000.

Wu, Leonard T. K.: “The crisis in the Chinese cotton industry”. *Far Eastern Survey* 4, 1935.

Xiao, Qian: *Selected English writings.* Beijing (2001): Beijing Yuyan Wenhua Chubanshe, 1930–1945.

Xiao, Zhiwei: “Movie etiquette reform in Early-Twentieth-century China”. *Modern China* 32(4), 2006.

Xu, Guoqi: *China and the Great War: China’s pursuit of a new national identity and internationalization.* Cambridge: Cambridge University Press, 2005.

Xu, Xinwu and Byung-kun Min: “The struggle of the handicraft cotton industry against machine textiles in China”. *Modern China* 14(1), 1988.

Yeh, Wen-hsin: “Shanghai modernity”. *The China Quarterly* 150, 1997.

Ye, Xiaoqing: “Shanghai before nationalism”. *East Asian History* 3, 1992.

Yonekawa, Shin’ichi: “Flotation booms in the cotton spinning industry, 1870–1890: A Comparative Study”. *Business History Review* 61, 1987.

Yung, Wing: *My life in China and America.* New York: Henry Holt Company, 1909.

Zelin, Madeleine: *The merchants of zigong.* New York: Columbia University Press, 2006.